Rike Pätzold
Ohne festen Boden

RIKE PÄTZOLD

Ohne festen Boden

Wie wir mit Ungewissheit besser umgehen und warum wir sie brauchen

Kösel

Sollte diese Publikation Links auf Webseiten Dritter enthalten, so übernehmen wir für deren Inhalte keine Haftung, da wir uns diese nicht zu eigen machen, sondern lediglich auf deren Stand zum Zeitpunkt der Erstveröffentlichung verweisen.

Wir haben uns bemüht, alle Rechteinhaber an den aufgeführten Zitaten ausfindig zu machen und verlagsüblich zu nennen. Sollte uns dies im Einzelfall nicht möglich gewesen sein, bitten wir um Nachricht durch den Rechteinhaber.

Bitte beachten Sie: Sollte Sie von Borderline, einer posttraumatischen Belastungsstörung, Panikstörung oder anderen psychischen Erkrankung betroffen sein, kann auch eine einfache Achtsamkeitsübung zu einer Verschlimmerung der Symptome führen. Bitte klären Sie das mit Ihrem Arzt oder Therapeuten ab, bevor Sie Achtsamkeit praktizieren.

Penguin Random House Verlagsgruppe FSC® N001967

Copyright © 2021 Kösel-Verlag, München,
in der Penguin Random House Verlagsgruppe GmbH,
Neumarkter Str. 28, 81673 München
Umschlaggestaltung: Weiss Werkstatt München
Umschlagmotiv: © alien-tz / Shutterstock.com
Umschlagklappe innen vorne: Karte © Peter Palm, Berlin
Umschlagklappe innen hinten: Fotos © privat
Redaktion: Antje Korsmeier
Satz: Satzwerk Huber, Germering
Druck und Bindung: CPI book GmbH, leck
Printed in Germany
ISBN 978-3-466-34776-6
www.koesel.de

Inhalt

Meiner wunderbaren Familie

Vorwort

Herzlich willkommen, wie schön, dass Sie dieses Buch aufgeschlagen haben. Vielleicht haben Sie es in die Hand genommen, weil Sie wie ich von den Themen Uneindeutigkeit, Offenheit und Ungewissheit fasziniert sind und gerne mehr darüber erfahren möchten. Vielleicht möchten Sie sich aber auch deshalb genauer darüber informieren, weil Sie in letzter Zeit vermehrt Erfahrungen mit Unerwartetem, mit plötzlichen und unvorhergesehenen Veränderungen und Ungewissheit machen mussten. Unsere Lebensumstände scheinen mehr und mehr plötzlich auftretenden Phänomenen unterworfen, mit denen die wenigsten gerechnet haben. Neben einer weltweiten Pandemie haben wir es zunehmend mit Extremwetterlagen und wirtschaftlichen oder politischen Instabilitäten zu tun, die uns unmittelbar betreffen und unser Sicherheitsgefühl in den Grundfesten erschüttern. Auch technologische Entwicklungen tragen dazu bei, dass Häufigkeit, Tiefe und Geschwindigkeit von Veränderungen zunehmen.

So wurde schon vor Corona von der sogenannten VUKA-Welt gesprochen: Diesem Akronym zufolge wird unser Leben zunehmend von Volatilität, Ungewissheit, Komplexität und Ambiguität geprägt. Der Begriff entstand in den 90ern in militärischen Kreisen zur Charakterisierung der Welt nach dem Ende des Kalten Krieges, breitete sich später im Kontext strategischer Führung von Unternehmen und anderer Organisationen aus und beschreibt mittlerweile, wie viele inzwischen den Alltag erleben: zunehmend verunsichernd, uneindeutig und unbeständig.[1]

Selbstverständlichkeiten haben sich besonders in der jüngsten Vergangenheit in Luft aufgelöst, Pläne mussten aufgegeben oder angepasst werden, und uns wird eine kaum gekannte Flexibilität und Anpassungsfähigkeit abverlangt. Das Fliegen auf Sicht wird vermehrt Teil der »neuen Normalität« und hat Jahresurlaubsplanung und Quartalsziele fürs Erste abgelöst. Der Boden scheint zu schwanken.

Auch bei mir hat die Pandemie einiges durcheinandergewirbelt, umgeschmissen, aufgebrochen, aber auch Überraschendes und Neues in mein Leben gespült. Ursprünglich wollte ich dieses Buch auf unserem Segelboot schreiben, denn nirgends bin ich so frei im Kopf wie dort, wo ich um mich herum nur den Horizont sehe und meine Gedanken nicht an Wänden abprallen. Ich hatte mir das also sehr schön ausgemalt. Aber erstens kommt alles anders, und zweitens als man denkt. Denn das Boot, auf das ich später noch ausführlicher zu sprechen kommen werde, liegt nun pandemiebedingt schon eine Weile fast unerreichbar weit weg. Und so musste ich einen Großteil dieses Buches zu Hause und manchmal unter wenig idealen Bedingungen schreiben.

Überhaupt habe ich diese Idee mittlerweile mehr als einmal verflucht: ein Buch über Ungewissheit zu schreiben, verständlich und alltagsnah. Gerne praktisch und alles gut recherchiert und belegt. Aber da Sie dieses Buch nun in der Hand halten, habe ich wohl nicht aufgegeben!

Warum also will ich gerade über Ungewissheit schreiben? Und was hat das mit dem bewussten Segelboot zu tun? Nun, viele der Erkenntnisse und Entdeckungen, die ich auf den nächsten zweihundert Seiten mit Ihnen teile, stammen aus meiner Zeit auf genau diesem Boot, aber eigentlich begann meine Liebesbeziehung mit der Ungewissheit schon viel früher.

Kopfüber und mit Anlauf

Seit ich denken kann, bin ich immer in alles reingesprungen. So mit Anlauf und kopfüber, ohne zu wissen, wie es dort, wo ich mich hineinstürzte, überhaupt aussah. Das war nicht immer ideal, so viel kann ich im Rückblick sagen. Für jede gute Entscheidung gab es zwei nicht so gute. Andererseits, was weiß ich schon? Vielleicht waren die vermeintlich blöden Entscheidungen genau die richtigen. Und wenn man sich so lange mit dem Thema Ungewissheit beschäftigt wie ich, verschwimmen Kategorien wie gut, schlecht, richtig oder falsch ohnehin; sie verlieren ihre absolute Bedeutung.

Jedenfalls gehöre ich zu den Menschen, die sich von Ergebnisoffenheit geradezu magisch angezogen fühlen. Ich war in meinem ganzen Leben nicht einen Tag fest angestellt, dabei hatte ich mehrere Anläufe unternommen. Aber so richtig wusste ich wohl nie, wie ich es anstellen musste, um mich gut zu verkaufen. Möglicherweise hat meinen Interviewpartnern bei Bewerbungsgesprächen auch der Eindruck von Verlässlichkeit und Beständigkeit gefehlt. Dabei kann ich loyal sein bis zur Selbstaufgabe, nur hat das mein Lebenslauf nie widergespiegelt.

Vielleicht kommt mein Enthusiasmus für ungewisse Zustände daher, dass ich mich von Anfang an mit der Ungewissheit verbünden musste: Ich wurde ohne Schilddrüse geboren. Das kommt auch heutzutage noch relativ selten vor, ist aber meist keine so große Sache mehr. Damals aber war ich – so wurde es mir zumindest erzählt – das erste Baby in Deutschland, bei dem durch den damals gerade eingeführten Fersenpieks gleich nach der Geburt festgestellt wurde, dass ihm etwas fehlte. Zuvor wurden Athyreosen – so der Fachbegriff für das vollständige Fehlen der Schilddrüse – erst deutlich später entdeckt, und dann ließen sich Folgeschäden oft nicht mehr verhindern. Meine arme Mutter verbrachte mit mir Wochen im Krankenhaus und schleppte mich von einer Untersuchung zur nächsten. Ich kann mich natürlich an keine konkreten Situationen mehr erinnern, aber was mir durchaus noch präsent ist, ist ein Gefühl von Verunsicherung, gepaart mit ganz großer Offenheit und vielen Fragezeichen. Meine Eltern wussten nicht, wie ich mich entwickeln würde, ob ich »normal« wachsen und wie alle anderen Kinder zur Schule gehen würde.

Vielleicht hätte ich auch mit einer Schilddrüse denselben Hunger nach Neuem und dieselbe Faszination für ungewisse Ausgänge entwickelt. Vielleicht gibt es auch hier keine Linearität, keine Ursache-Wirkung-Beziehung, sondern nur Zufall und Gleichzeitigkeit. Wie dem auch sei, meine ausgeprägte Experimentierfreude war nicht unanstrengend für meine Eltern, das werden sie nicht müde zu erzählen. Ich wollte alles ausprobieren und alles erleben. Natürlich gab es deshalb ständig Streit, weshalb ich mich mit 15 Jahren für einen Schulbesuch in England bewarb und meine Eltern überredete, mich gehen zu lassen. Ich kannte England nur aus zwei Wochen Sprachferien, Jane-Austen-Büchern und Byron-Gedichten, aber ich wollte unbedingt hin. (Als ordentlicher Teenie litt ich natürlich unsäglich unter meiner bürgerlichen Wohlstandssituation, aus der ich mich in Gedichte und Romane flüchtete, in denen ich die ganze Melodramatik meiner Existenz ausgedrückt sah.)

Und obwohl meine Zeit in England nichts, aber auch rein gar nichts mit der erhofften Internatsromantik zu tun hatte, erlebte ich dort eine wirklich gute Zeit, die meinen Hunger nach Abenteuern noch weiter befeuerte.

Zum Abitur wünschte ich mir ein Flugticket und am Tag nach der Abschlussfeier ging es nach Mittelamerika. Den großen Plan hatte ich nicht, nur die Idee, Spanisch zu lernen, und ein Zimmer bei einer wundervollen Familie in einer costa-ricanischen Kleinstadt, bei der ich vorerst unterkommen konnte. Und so ging es immer weiter von einer Reise zur nächsten Beziehung, zur nächsten Idee. In der Universität tauchte ich eher sporadisch auf, viel lieber verbrachte ich Zeit in der japanischen Galerie, in der ich nebenbei jobbte und wo dauernd etwas los war.

Die ständige Veränderung war aufregend, aber auch anstrengend, zumal es mir zunehmend schwerer fiel, mich nicht sofort zu langweilen, wenn etwas nicht mehr neu und interessant war. Und nicht alle Abenteuer blieben ohne Konsequenzen: Mit 22 wurde ich ungeplant schwanger und tauschte dieses neue Abenteuer gegen alle weiteren Abenteuer ein. Es kam, wie es kommen musste, nach einer Weile war auch das Muttersein nicht mehr neu und ganz so aufregend, eine neue Herausforderung musste her – warum nicht ein Auslandssemester in Taiwan mit einem knapp Zweijährigen dabei?

Es hat alles immer irgendwie geklappt, aber es war auch ermüdend, besonders für die Menschen um mich herum. Mehr als eine meiner Beziehungen ist in die Brüche gegangen, weil ich mich eingesperrt fühlte und Angst hatte, etwas zu verpassen. Es sollte noch viele Jahre und weitere Auslandsaufenthalte dauern, bis ich begriff, dass es in meinem Leben auch Beständigkeit geben darf, ohne dass es dadurch langweilig und vorhersehbar wird. Dass es möglich ist, mit jemandem *zusammen* Abenteuer zu erleben.

Als ich mit Ende zwanzig meinen jetzigen Partner kennenlernte, einen abenteuerlustigen Meeresbiologen, genau wie ich alleinerziehend, waren wir beide gerade nach München zurückgekehrt, er aus England, ich mal wieder aus Taiwan. Der Grund für die Rückkehr waren jeweils die Kinder – wir selbst fühlten uns in München etwas verloren. Es dauert nicht lange und wir waren ein Paar beziehungsweise eine Patchwork-Familie.

Als unser Leben nach einem Jahr langsam alltäglich wurde, fand ich bei ihm ein Buch über eine Segelreise. Mein Freund ist begeisterter Segler (und Taucher, Schnorchler und Windsurfer) und hatte bereits vergeblich versucht, mich für gemeinsame Segelferien zu gewinnen. Mir wird in eigentlich allen Fahrzeugen schlecht, deshalb waren mir bei aller Abenteuerlust Boote stets sehr suspekt.

Da ich aber gerade nichts anderes zu lesen und mein Freund anderweitig zu tun hatte, schnappte ich mir das Buch und verzog mich auf die Couch. Schon nach wenigen Seiten war ich wie gebannt. Es ging um ein schwedisches Paar, das sich ein Boot gekauft und mit seinen Kindern ein Jahr lang den Nordatlantik umrundet hatte. Sie besuchten fremde Länder, begegneten wundervollen Menschen, unterrichteten die Kinder an Bord.

Zu dem Zeitpunkt haderte ich gerade sehr mit dem deutschen Schulsystem, und die Idee, die Schulbank der Jungs durch ein Segelabenteuer zu ersetzen und gleichzeitig als Patchworkfamilie mehr zusammenzuwachsen, fiel bei mir auf fruchtbaren Boden. Auf der letzten Seite angekommen, war für mich klar: Das machen wir auch, Seekrankheit hin oder her – *Challenge accepted!*

Ich setzte meinen Freund über meine neue Idee in Kenntnis. Falls er – was ich ihm bis heute scherzhaft unterstelle – das Buch absichtlich hatte herumliegen lassen, um mich zu einem Urlaub an Bord zu gewinnen, war seine Strategie voll aufgegangen. Allerdings hatte er wohl nicht damit gerechnet, dass ich sofort ein gebrauchtes Boot kaufen, renovieren, darauf leben und um die Welt segeln wollte.

Wir hatten zunächst keine Ahnung, wie wir unsere Idee finanzieren sollten, ob das angesichts der Schulpflicht überhaupt machbar wäre, ob wir unsere Jobs damit vereinbaren könnten und so weiter. Aber plötzlich war der Alltag nicht mehr alltäglich. Wir hatten ein gemeinsames Abenteuer, einen Traum, auf den wir hinarbeiteten. Wir planten, recherchierten, besichtigten Boote, entwarfen Routen, zogen zusammen, um Geld zu sparen, und lasen einander abends aus Törnberichten vor. Ich machte den Sportbootführerschein, lernte theoretisch alles übers Segeln und über Bootsmotoren und ging meinem Freund mit meinem angelesenen Halbwissen ordentlich auf die Nerven.

Unser Freundes- und Familienkreis fand unsere neueste Idee verständlicherweise etwas befremdlich. Schließlich ist Segeln im süddeutschen Teil der Republik nicht dasselbe wie an Nord- und Ostsee, wo viele Kinder ganz selbstverständlich mit Booten aufwachsen. Hier in München denkt man dabei eher an Schickeria und Schampus auf dem Starnberger See. Weniger Abenteuer, dafür mehr Elite. Zumindest war das bei mir so, bevor ich meinen Freund kennenlernte; Segeln stand auf meiner Schnöselskala gleichauf mit Golf und Tennis.

Von allen Seiten kamen Fragen. Fragen zur Sicherheit, zur Schule, zum Geld, zu den Jobs, Fragen zum Danach. Einige konnten wir beantworten, über andere machten wir uns zum damaligen Zeitpunkt noch keine großen Gedanken. Wir fanden es zum Beispiel nicht beunruhigend, dass wir uns aus Deutschland abmelden mussten, um der Schulpflicht zu entgehen. Auch die Tatsache, dass wir keine Ahnung hatten, wo wir nach dem Segelabenteuer landen würden, fanden wir eher aufregend (dass es am Ende wegen der Jungs doch wieder München werden würde, lag damals noch außerhalb unserer Vorstellung).

In dieser Situation wurde mir zum ersten Mal bewusst, dass es hinsichtlich des Umgangs mit Ungewissheit etwas zu erforschen gab. Ich fing an, mich damit zu beschäftigen. Ich lernte, dass die Eigenschaft, die einem hilft, ungewisse Situationen nicht nur gut auszuhalten, sondern sogar bewusst zu suchen, Ungewissheitstoleranz oder Ambiguitätstoleranz genannt wird, wobei Ambiguität Mehrdeutigkeit bedeutet. Diese Eigenschaft kannte ich schon (wenn auch noch nicht unter ihrer genauen Bezeichnung) von meinen Auslandsaufenthalten, die mich in Kontakt mit anderen und fremden Kulturen gebracht hatten. Da hilft es nämlich auch, Uneindeutigkeiten auszuhalten und sich von ihnen nicht aus dem Konzept bringen zu lassen.

Ungewissheitstoleranz also. Ich war angefixt, denn es musste doch Strategien geben, wie man diese Toleranz lernt! Und anscheinend hatte ich, ohne es zu wissen, schon ein paar davon entdeckt.

Ich musste also bloß herausfinden, welche das waren und sie dann anderen Menschen vermitteln – war doch ganz einfach! Dachte ich zumindest. Und so warf ich mich in die Erforschung der Ungewissheitstoleranz. Ich suchte und erprobte Konzepte, sprach mit Menschen, die Ungewissheit lieben, und mit anderen, die sie am liebsten loswerden wollen. Die Themenfelder wurden immer mehr und immer umfassender. Sie reichten von Komplexitätsforschung über Risikoabschätzung, Zukunftswissenschaften und Quantenphysik bis hin zum Daoismus, um nur ein paar zu nennen. Auf all das werde ich in den folgenden Kapiteln noch mehr oder weniger ausführlich zurückkommen.

Bei all dem war das Segeln mein zugleich gnadenlosester, aber auch geduldigster Lehrmeister, der mir schon bald nach Beginn unserer Reise zeigen sollte, dass es im Umgang mit Ungewissheit doch nicht mit ein paar Strategien getan war, aber auch davon später mehr.

Segeln als Lehrmeister

Segeln als Analogie zu verwenden ist natürlich ganz schön abgegriffen, fast schon platt. Es gibt eine ganze Reihe Management- und Selbst-Coaching-Bücher, die vor Segelmetaphern nur so strotzen: Ein gutes Team brauche einen stabilen Rumpf, sonst sinkt es, ein Kompass ist nötig, damit man auf dem Ozean (des Lebens) nicht verloren geht, man muss die Leinen losmachen, um voranzukommen, und so weiter und so fort. Ich bin keine Freundin solcher Postkartensprüche, aber auch ich musste feststellen: Nach einer gewissen Zeit auf dem Wasser wird man entweder bekloppt oder philosophisch (oder beides), und gute Steilvorlagen für Lebensweisheiten bietet das Segeln reichlich. Für den Philosophen Michel Foucault stellten Schiffe und die mit ihnen verbundenen Abenteuer die Idealvorstellung sogar eine »Heterotopie« dar, eine auf einen bestimmten Raum begrenzte Utopie. Ohne Schiffe, so meinte er, würden die Träume einer Zivilisation austrocknen.[2]

Dass wir Menschen mit Segelanalogien so viel anfangen können bzw. unsere Träume mit ihnen verbunden sind, hat sicher auch damit zu tun, dass diese Art der Fortbewegung Jahrtausende lang die menschliche Geschichte beeinflusste. Die Ägypter waren wohl vor 5.000 Jahren die Ersten, die Windkraft nutzten, um auf dem Wasser voranzukommen. Es folgten die Phönizier und dann die Griechen und schließlich die Römer, die mit ihren Schiffen die Mittelmeerküste entlangsegelten, Gebiete eroberten und lebhaft Handel trieben. Segelschiffe spielten über Jahrhunderte eine Schlüsselrolle für Kriegsführung, Fischfang und Handel. Es entstanden Hafenstädte, die zu regen Umschlagplätzen für Waren und Ideen sowie zu Begegnungsstätten für Menschen verschiedenster Herkunft wurden.

Man war Wellen, Wind und Wetter ausgeliefert, die Navigation erfolgte über die Beobachtung der Sterne und der Umgebung (der Wolken, Strömungen, Tiere), bis irgendwann Werkzeuge wie der Kompass und der Sextant dazukamen. Über Monate hinweg befand man sich auf offener See, ohne Kommunikationsmöglichkeiten mit dem Festland, ohne Vorstellung davon, wie es am Ziel aussehen und wie lange man dahin brauchen würde. Auf alten Seekarten stand dort, wo die vermessene Welt endete: »Hic sunt Dracones« – ab hier gibt es Drachen und andere Monster!

Auch als die Küsten und Gewässer schon besser erforscht und kartiert waren und die Zeit der größten Segelexpeditionen vorbei war, blieben die Überfahrten auf dem Segelschiff noch lange ein Wagnis. Erst Mitte des 19. Jahrhunderts wurde die kommerzielle Segelschifffahrt mit dem Aufkommen der Dampfschifffahrt obsolet, dennoch gab es immer wieder vereinzelte Abenteurer, die sich (manchmal sogar auf selbst gebauten Schiffen oder im Falle Thor Heyerdahls auf einem Floß!) auf die Ozeane wagten.

Segeln hat heute natürlich nicht mehr viel mit früheren Segelreisen zu tun. Zum Beispiel haben gerade die neuen Technologien in den letzten Jahren große Veränderungen mit sich gebracht. Während Ende des 19. Jahrhunderts das selbst gezimmerte Boot des berühmten Einhandseglers[3] Joshua Slocum selbstverständlich noch nicht über Elektrizität verfügte[4] und das bekannte Seglerpaar Larry und Lin Pardey in den 1970er-Jahren des letzten Jahrhunderts noch mit Sextant und Seekarten auf ihrer ebenfalls selbst gebauten und motorlosen *Seraffyn* um die Welt segelten,[5] gehören heute GPS, Satellitentelefon, Autopilot, Radar, Automatische Identifikationssysteme, Rettungssender und einiges mehr zur Grundausstattung. Auch kommen die heute immer größer werdenden Segelyachten meist gar nicht mehr ohne Motor aus. Zum einen werden zwar die Boote größer, nicht aber die Häfen, in denen sie anlegen wollen, zum anderen braucht es für einige mittlerweile als unentbehrlich geltende Annehmlichkeiten Strom, der zu einem guten Teil über den Motor generiert werden muss. Wenige Segler haben noch die Seekarten aller angesteuerten Reviere an Bord – zu teuer, zu sperrig. Die meisten verlassen sich ganz auf die Technik. Zugegebenermaßen sind wir ebenfalls auf unserer Segelreise immer nachlässiger geworden, gerade mit Blick auf die immer leerer werdende Bordkasse verzichteten wir zunehmend auf die Karten und navigierten nur noch elektronisch.

Selbst die meisten angesteuerten Orte haben viel von ihrem Geheimnis verloren. Wo es noch vor zwanzig Jahren ein kleines Abenteuer war, sich per Augapfelnavigation durch den schmalen Durchgang in ein Atoll vorzutasten, kann man heute zu sehr vielen vormals schwer zugänglichen Ankerplätzen Blogartikel, Fotos, Videos und sogar Drohnenaufnahmen finden. Zudem ist in den letzten Jahren die Zahl der Segelkanäle explodiert: Familien, Paare, Einhandsegler – alle dokumentieren ihre Reise über selbst produzierte Videos, was wieder viele weitere dazu inspiriert, ebenfalls ein Boot zu kaufen und loszusegeln.[6] Und darüber wieder Videos zu produzieren, die wieder andere inspirierten. Und so weiter.

In der Folge steigt die Zahl der Menschen, die den Atlantik auf einem Segelboot überqueren oder gleich die Welt umrunden, mit jedem Jahr.[7] Man könnte sagen, über den Atlantik zu segeln gehört inzwischen zu den beliebten Zutaten eines interessanten Lebenslaufs und liefert sich ein hartes Kopf-an-Kopf-Rennen mit der Besteigung des Mount Everest. Das sogenannte Blauwassersegeln, also das mobile Leben auf dem Segelboot, liegt im Trend.[8]

Doch auch wenn in den Industrieländern das Segeln eher zu einem Hobby geworden ist und bei Weitem nicht mehr so viel mit neuen Ufern, unbekannten Gewässern und gefährlichen Unwägbarkeiten zu tun hat wie früher, steht es doch nach wie vor für Abenteuer und den Aufbruch ins Unbekannte. Auch für mich war die Zeit auf dem Boot voller Entdeckungen und Erkenntnisse in Bezug auf den Umgang mit der Ungewissheit.

Auf dem Boot gab und gibt es für mich immer wieder Momente, in denen Gefühle des Ausgeliefertseins, des Respekts und der Demut deutlich ausgeprägter spürbar waren und sind als jemals zuvor an Land. Da wirken zum einen die Unberechenbarkeit der Naturgewalten, die riesigen Entfernungen und die gewaltige Ausdehnung der Ozeane, die man wohl nur auf einem langsamen Gefährt wie einem Segelboot wahrnimmt. Zum anderen ist der Eindruck von Abgeschnittenheit wohl nirgends größer als auf dem offenen Ozean. Schließlich macht einem das unmittelbare Erleben noch einmal klar, wie wenig wir immer noch über diese Welt wissen, vor allem über den Teil unterhalb der Wasseroberfläche.

Auf unserem Weg über den Atlantik lagen unter uns streckenweise 4.000 Meter Wasser, was im Vergleich mit anderen Stellen auf der Erde noch nicht einmal besonders tief reicht. Im Marianengraben bei den Philippinen, weltweit die vermutlich tiefste Stelle, wurden 11.000 Meter gemessen. Ich aber fand schon »unsere«

4.000 Meter beeindruckend und manchmal beklemmend. Stellen Sie sich vor, am oberen Rand dieser Buchseite läge ein Zuckerkörnchen, das wäre unser Boot. Die ganze restliche Seite darunter entspräche dann in etwa proportional der Wassersäule, die uns vom Meeresgrund trennt. Der oberste Zentimeter davon wäre die sogenannte euphotische Zone, die noch lichtdurchflutet ist, die vier Zentimeter darunter spiegelten die nur schwach durchleuchtete sogenannte dysphotische Zone oder auch Dämmerzone wider,[9] und dann, den größten Teil der Seite einnehmend: ewige und undurchdringliche Schwärze in der aphotischen Zone, die sich außerdem durch große Kälte und einen extrem hohen Druck auszeichnet.

Die Tiefsee ist das größte Ökosystem der Erde, aber wir haben nur sehr eingeschränkte Kenntnisse davon, was sich da unten abspielt. Tatsächlich wissen wir mehr über die Rückseite des Mondes als über diesen Teil unseres eigenen Planeten. Gerade mal fünf Prozent des Meeresgrunds sind bisher erforscht, und von den rund 300 Millionen Quadratkilometern, die er umfasst, sind die Karten ziemlich ungenau.

Aber nicht nur die Tiefsee gibt uns Rätsel auf, auch über die anderen Zonen unserer Meere wissen wir noch wenig. Ab und an werden Riesenkalmare, Angler- oder Bandfische nach oben gespült oder ein Kragenhai geht Fischern als Beifang ins Netz.[10] Über diese in der Tiefsee beheimateten Lebewesen ist kaum etwas bekannt, genauso wenig über deren Lebensräume.

Auch auf unserem Segeltörn ist uns immer wieder Unerwartetes, Erstaunliches, Rätselhaftes, aber auch Beunruhigendes begegnet (wenn auch nicht so spektakulär und filmreif wie ein zehn Meter langer Kraken). Zum Beispiel kamen wir auf unserer zweiten Atlantiküberquerung von New York zu den Azoren in die durch das Azorenhoch gelieferte Flaute, der Atlantik war spiegelglatt und lockte mich, eine Runde baden zu gehen. Mein Freund bekam das glücklicherweise rechtzeitig mit und meinte trocken, ins Wasser deutend: »Das würde ich mir noch mal überlegen.« Da sah ich sie erst, die portugiesischen Galeeren – Hunderte der violett-bläulichen Schwimmblasen schwebten im Wasser, so weit das Auge reichte. Die fremdartigen und gruselig schönen Quallen haben bis zu fünfzig Meter lange Tentakel, deren Kontakt für Menschen sehr schmerzhaft sein kann. Wir hatten bis dahin immer nur welche vereinzelt im Wasser oder gestrandet an Land gesehen.

Gleichzeitig hatten wir in den vorangegangenen zehn Tagen gerade mal einen einzigen Fisch geangelt. Auch andere Segler, die wir später auf den Azoren trafen, berichteten das Gleiche: ein Meer voller Quallen, dafür aber kaum Fische. Möglicherweise besteht hier ein Zusammenhang. Wir sind wohl unmittelbar Zeugen gleich mehrerer Auswirkungen des gestörten Gleichgewichts auf unserem Planeten geworden, denn nicht nur die Überfischung, sondern auch der Temperaturanstieg der Meere durch die globale Erwärmung und das vermehrte Algenwachstum durch Überdüngung tragen wahrscheinlich zu der beobachteten Quallenblüte bei. So bot das Meer während unserer Reise immer wieder Rätsel und Überraschendes und erinnerte uns gleichzeitig an die Unberechenbarkeit und an die Komplexität lebendiger Systeme.

Neben der Ungewissheit unterhalb der Wasseroberfläche, die uns vor allem *faszinierte*, hatten wir mit anderen Ungewissheiten eher zu *kämpfen*: mit unklaren Wetterlagen, unerwarteten Bootsproblemen, nicht einzuhaltenden Zeitplänen und natürlich mit der ständig leeren Bordkasse, die uns vor immer neue Fragen stellten: Wie würde es weitergehen? Wovon würden wir die nächste Reparatur, das nächste Ersatzteil bezahlen, wenn wieder was kaputtging? Immer und immer wieder mussten wir Pläne loslassen, Ziele anpassen, improvisieren statt resignieren.

Als wir es schließlich mit Unterbrechungen nach drei Jahren »endlich« geschafft hatten, auf dem Boot den Nordatlantik zu umrunden,[11] und ich mit all meinen Erkenntnissen über Ungewissheit und

Ungewissheitstoleranz zurückkehrte, interessierte das die allermeisten zunächst herzlich wenig. Fast immer wurde abgewunken: Ein recht spannendes Thema, so exotisch! Aber man habe derzeit ja alles ganz gut im Griff, also danke, nein danke. So oder so ähnlich waren die Reaktionen, die ich erntete, wenn ich versuchte, meine Mitmenschen von meinen spannenden Erkenntnissen zu begeistern bzw. ihnen begreiflich zu machen, wie sehr sie von ihnen profitieren könnten. Ich hätte dann gern gerufen: »Aber das ist doch genau der Punkt! In dem Moment, in dem du denkst, du hättest alles unter Kontrolle, hast du schon ein Problem!«, jedoch habe ich mir das nicht getraut. Nach dem zwanzigsten Gespräch war ich ziemlich frustriert. Einige meinten es gut und rieten mir, mein Thema umzubenennen, Ungewissheit klinge einfach nicht sexy, das wolle doch keiner hören.

Und dann kam die Pandemie. Ein kleines Virus hebelte schlagartig unsere Selbstverständlichkeiten und gewohnten Abläufe aus. Das Frühjahr 2020 war ein einziger Crashkurs in Epidemiologie, Komplexität und exponentiellem Wachstum, gleichzeitig wirkte Covid-19 als Kontrastmittel für die Schwachstellen unserer Systeme. Ungerechtigkeiten wurden sichtbar gemacht, Ungereimtheiten aufgedeckt und vieles mehr.

Plötzlich stand Ungewissheit auf jeder Tagesordnung, ich erhielt Interviewanfragen, Einladungen zu Vorträgen und Gesprächsrunden. Die Fragen wurden erst leise, hinter verschlossenen Türen gestellt, dann nicht nur mir immer lauter und offensiver: Warum haben wir das nicht kommen sehen? Warum waren wir so schlecht vorbereitet? Und wie können wir verhindern, dass uns so etwas noch einmal dermaßen unvorbereitet trifft?

Ich freue mich über diese Fragen, auch wenn ich mir bestimmt nicht anmaße, die Antworten zu kennen. Mein Gefühl sagt mir allerdings, dass sie viel mit Ungewissheitstoleranz und unserem Umgang mit dem Unberechenbaren zu tun haben. Mit diesem Buch möchte ich Sie also mitnehmen auf meine Reise in dieses weite Themenfeld.

Wir werfen darin einen näheren Blick auf die Welt, in der wir leben, und erkunden unsere Annahmen bezüglich dessen, was uns vermeintlich Sicherheit verleiht. Wir sehen uns unseren eigenen Umgang mit Ungewissheit genauer an und experimentieren mit Strategien, die uns dabei helfen können. Und vielleicht entdecken Sie am Ende dieser Reise sogar die Schönheit des Nicht-Wissens. Denn wenn nichts gewiss ist, dann ist zugleich alles möglich.[12]

»Haftungsausschluss«

Bevor ich Sie aber auf diese Reise nehme, möchte ich Ihnen gerne noch ein paar Dinge mitgeben, die mir wichtig sind: Meine Perspektive ist von Natur aus begrenzt. Als westlich geprägte, weiße Frau mitteleuropäischer Herkunft, bei der das Leben bislang kaum Narben hinterließ und die oft wohl mehr Glück als Verstand hatte, ist mein Blick auf die Welt und das Leben entsprechend gefärbt und beschränkt. Auch bin ich keine »echte« Seglerin. Zwar liebe ich das Bootsleben, habe mit meiner Familie das Mittelmeer segelnd durchquert und den Nordatlantik umrundet, aber ich bin bestenfalls leidenschaftliche Mitseglerin (manchmal mit mehr *Leiden* als mir lieb ist). Weder bin ich mit oder auf Booten aufgewachsen, noch sind meine Segelfähigkeiten selbst nach zwei Atlantiküberquerungen besonders ausgereift. Dafür werde ich seekrank und scheue mich bis heute davor, das Boot alleine anzulegen.

Zudem bin ich keine Wissenschaftlerin und habe weder Quantenphysik, Evolutionsbiologie noch Netzwerkforschung studiert. Ich habe mich durch Lektüre, Seminare, Vorträge und interessante Gespräch an diese Themen angenähert, weil ich von Natur aus neugierig bin, aber um mich ganz in sie zu vertiefen, ist meine Aufmerksamkeitsspanne – gefühlt mein Leben – viel zu kurz. Zu jedem der diesem Buch zugrundeliegenden Fachgebiete gibt es allein Dutzende von Büchern, und ich bin mir sicher, dass es zu so ziemlich allem, was in den folgenden Kapiteln angerissen wird, Experten gibt, die jeden einzelnen Punkt auseinandernehmen könnten. Und das ist für mich total in Ordnung. Ich habe mich durch das Studium einschlägiger Quellen bemüht, weitestgehend wissenschaftlichen Konsens abzubilden und Sachverhalte richtig wiederzugeben, aber vergleichbar des schönen englischen Ausspruchs »Jack of all trades, master of none«, gilt für mich, dass ich von *vielem ein bisschen* verstehe, aber bei Weitem *nicht alles* von einer Sache. Daher freue ich mich über Hinweise, sollten beispielsweise mein begrenztes Wissen und meine eingeschränkte Perspektive mich zu falschen Schlüssen verleitet haben. Wenn ich übergehe und übersehe, was eigentlich sichtbar gemacht werden sollte. Verdrehe, was sich vielleicht anders verhält.

Tatsächlich passt es meiner Meinung nach nicht zum Thema der Ungewissheit, auf die eigene Deutungshoheit zu bestehen. Vielleicht ist etwas so, vielleicht ist es auch ganz anders.

Ich wünsche mir, dass Sie das Buch genauso lesen: mit einem weiten Blick und einem offenen Herzen. Ich höre mir gerne an, wenn Sie mir mitteilen, was nicht funktioniert, solange Sie offen für das sind, *was* funktioniert. Wir sind so daran gewöhnt, anderer Leute Fehler aufzudecken und deren Ideen kritisch zu beleuchten, dass es uns schwerfällt, uns einfach mal einzulassen. Ich weiß das schon deshalb, weil ich mich selbst immer wieder dabei erwische, bei anderen den Rotstift auszupacken, wenn ich meine, etwas besser zu wissen. Ungewissheit zu feiern ist eine Sache, sie wirklich durchgängig zu leben und sich nicht immer wieder in eigene vermeintliche Gewissheiten zu verlieben, eine ganz andere.

Dieses Buch bietet keinen Zehn-Punkte-Plan für einen »erfolgreicheren Umgang mit Ungewissheit«, weil das Attribut »erfolgreich« und Ungewissheit für mich nicht zusammengehören. Das Buch ist auch keine Anleitung dafür, Ungewissheit zu »managen« oder gar zu minimieren, weil für mich Ersteres ein Widerspruch und Letzteres unmöglich ist. Zugleich möchte ich Ihnen Sichtweisen eröffnen und Erfahrungen an die Hand geben, die mir und anderen, mit denen ich bisher zusammenarbeiten durfte, geholfen haben.

Im Kern ist dieses Buch eine Liebeserklärung an die Offenheit, und es ist eine Einladung zu einer Entdeckungsreise zu Ungewissheit, Chaos, Komplexität und Zukunftsgestaltung.

Nun aber genug der einleitenden Worte – ich würde sagen, klar zum Ablegen!

Von Unbekannten in der Gleichung

Ich bin auf einer Party und erzähle, dass ich mich leidenschaftlich mit dem Thema Ungewissheit beschäftige. Der Gesichtsausdruck meines Gegenübers spiegelt ein Gefühl irgendwo zwischen verkniffener Abwehr und gruseliger Faszination. Ich könnte auch sagen, ich sei als Ärztin auf eingewachsene Zehennägel spezialisiert, die Reaktion wäre vermutlich die gleiche. Aber das bin ich inzwischen gewohnt, denn zwar nicht alle, aber ein Großteil der Menschen, mit denen ich darüber spreche, gibt an, Ungewissheit furchtbar zu finden. Auch meine Gesprächspartnerin ist nicht begeistert. Ob mich das nicht stressen würde, mich ständig mit so etwas Unangenehmem zu beschäftigen?

Lange Zeit haben mich diese Reaktionen irritiert. Wie konnte es sein, dass ich in Ungewissheit so viel Positives sehe und andere dabei vor allem an Negatives denken? Irgendwann dämmerte mir, dass andere Menschen Ungewissheit deshalb schrecklich finden, weil sie damit etwas ganz anderes verbinden als ich. Während Ungewissheit für mich vor allem Offenheit und Möglichkeit bedeutet, assoziieren viele damit Unsicherheit. Ja, sie setzen die beiden Begriffe gleich. Das ist natürlich nicht völlig falsch, weil Ungewissheit – sich einer Sache nicht gewiss zu sein – zu einem Gefühl von Verunsicherung führen kann. Aber bei näherer Betrachtung zeigt sich, dass es hier ein paar spannende Entdeckungen zu machen gibt.

Ungewiss und komplex

Worin genau der Unterschied zwischen Unsicherheit und Ungewissheit liegt, konnte ich trotz Wälzen einiger Nachschlagewerke nicht abschließend klären, da sind die Linguisten unterschiedlicher Meinung. Also liegen schon bei der Begriffsdefinition eine Ungewissheit und fehlende Trennschärfe vor. Wie passend. Klar ist aber, dass Ungewissheit und Unsicherheit keine Synonyme sind. Und eigentlich ist es auch egal, was Herr Duden und Kollegen sagen. Denn hilfreich ist es auf jeden Fall, wenn man Ungewissheit und Unsicherheit in Kopf und Herzen voneinander getrennt hält. Dann ist Ungewissheit zunächst einmal nur der Zustand der Nicht-Gewissheit. Des Nicht-Wissens. Da steckt noch kein Gefühl drin, keine emotionale Wirkung. Man sagt nicht: »Ich fühle mich ungewiss.« Anders liegt der Fall bei der Unsicherheit. Unsicherheit beschreibt, wie man sich fühlt – nämlich nicht sicher. Ich kann sagen: »Ich fühle mich unsicher.« Sich nicht sicher zu fühlen, ist für niemanden schön, auch ich will mich nicht unsicher fühlen.

Da Ungewissheit und Unsicherheit nicht dasselbe sind, ist Sicherheit auch nicht das Gegenteil von Ungewissheit. Falls Sie ob dieser Formulierung einen Knoten im Gehirn bekommen, keine Sorge. Einfach ausgedrückt heißt das nur, dass es möglich ist, Sicherheit in der Ungewissheit herzustellen. Halt zu finden, auch ohne festen Boden. Wonach wir alle suchen und uns sehnen, ist *das Gefühl* von Sicherheit. Dieses Gefühl von Sicherheit kommt aber nicht durch äußere Gewissheit (die gibt es nicht und kann es gar nicht geben, wie ich später noch genauer erklären werde), sondern es kann nur von innen kommen. Um allerdings mit Ungewissheit gut umgehen zu können, ist es wichtig, das, was außerhalb unserer Kontrolle und unseres Verständnisses liegt, anzuerkennen und als geschätzte Unbekannte in unsere Gleichung mit aufzunehmen.

Gewissheit ist eine Illusion, und das ist gut so! Das Leben wäre nicht lebenswert, wüssten wir immer schon genau im Voraus, was passiert. Fehlende Gewissheit wird erst dann zum Problem, wenn wir uns dadurch verunsichern lassen.

Mit diesem leidenschaftlichen Plädoyer versuche ich meinen jeweiligen Partybekanntschaften das Thema Ungewissheit schmackhaft zu machen, und tatsächlich wird damit die Neugier geweckt: »Warum gibt es denn keine Gewissheit?«, ist dann die Frage. »Klar, immer wissen, was passiert, das wäre ja langweilig. Aber so ein bisschen Kontrolle?« Ich wackele dann mit dem Kopf. »Planbarkeit?« Mein Kopfwackeln geht in ein Schütteln über. »Echt nicht?« Jetzt schwingt doch ein bisschen Verzweiflung mit. Fast schon entschuldigend erkläre ich dann: Das Leben ist halt komplex und damit nicht vorhersehbar.

Doch was heißt das eigentlich? Bedeutet das nicht einfach, dass das Leben schwer zu verstehen, also kompliziert ist? Ist komplex nicht dasselbe wie kompliziert? Nein, auch zwischen diesen beiden Begriffen gibt es einen wesentlichen Unterschied. Und ihn zu verstehen, ist tatsächlich eine der wichtigsten Voraussetzungen dafür, in unserer immer unübersichtlicheren Welt die Orientierung zu behalten. Um zu begreifen, warum sich die Zukunft unmöglich vorhersagen und berechnen lässt und zu verstehen, wie wir trotzdem damit zurechtkommen.

Der Unterschied zwischen den beiden Begriffen verläuft an der Grenze zwischen linearen und nichtlinearen Systemen.

Ein lineares System ist beispielsweise eine Maschine wie Ihre Spülmaschine, der Motor Ihres Autos oder auch das Uhrwerk Ihrer mechanischen Armbanduhr. In einer solchen Maschine besteht ein ganz klares Ursache-Wirkungs-Verhältnis, auf A folgt B, C folgt B. Maschinen und Geräte können kompliziert sein, wenn man ohne Spezialwissen nicht erkennen kann, wie sie funktionieren oder warum nicht. Wer sich nicht auf Uhren spezialisiert hat, sollte das Uhrwerk einer Schweizer Armbanduhr besser nicht auseinandernehmen. Die Chancen stehen gut, dass er es nie wieder zusammengesetzt bekommt. Auch wenn Ihre Waschmaschine plötzlich den Geist aufgibt, muss wahrscheinlich ein Experte ran. Die meisten Geräte und Maschinen sind jedoch trotzdem »nur« lineare Systeme.[13] Sie bestehen aus einer bekannten Anzahl unterschiedlicher Faktoren, die sich immer auf vorhersagbare Art und Weise verhalten.

Komplexe Systeme sind dagegen nichtlinear. In ihnen lässt sich keine klare Ursache-Wirkung-Beziehung erkennen, Dinge ereignen sich synchron, ohne klaren Zusammenhang, und stehen miteinander in ständiger Wechselwirkung. Komplexe Systeme sind wie Gleichungen mit lauter Unbekannten. So kann man ein Fußballspiel nicht vorausberechnen. Sein Ausgang lässt sich nicht zuverlässig vorhersagen,[14] denn der hängt von einer Reihe bekannter und unbekannter Faktoren ab, die sich gegenseitig auf nicht prognostizierbare Art und Weise beeinflussen. Wetter. Laune der Spieler. Laune der Spielerfrauen. Mondphase. Qualität des Rasens. Qualität des Torwartschlafs in der Nacht vor dem Spiel. Stimmung im Publikum. Schiedsrichterverdauung.

Das macht ein Fußballspiel überhaupt erst interessant (für diejenigen, die sich für Fußball interessieren). Diejenigen, die sich weniger für die wichtigste Nebensache der Welt erwärmen können, interessieren sich vielleicht für folgendes Beispiel: Das Klima ist ebenfalls ein komplexes System. Deshalb lässt sich sehr schwer sagen, wie sich welche Faktoren genau worauf auswirken. Das wird von Klimawandelskeptikern schnell als Beweis für die Fehlerhaftigkeit der Klimawissenschaft ausgelegt, dabei haben sie schlicht nicht verstanden, was Komplexität bedeutet: Sie lässt sich schon per Definition nicht vorausberechnen. In einem komplexen System wirkt eine unbekannte Zahl verschiedener Faktoren auf nicht vorhersagbare Art und Weise aufeinander ein.

In der Komplexitätsforschung gibt es dafür den Begriff des Mehrkörperproblems. Der geht zurück auf den Mathematiker und Philosophen Henri Poincaré, der schon 1892 zeigte, dass es, wenn drei Körper, etwa Planeten, aufeinander einwirken, zu chaotisch instabilen Verläufen kommen kann.[15] Das Ergebnis wiederum nennt sich nichtlineare Dynamik und bedeutet einfach, dass wir zwar wissen, dass etwas passieren wird, aber nicht genau, was.

*Nicht*lineare Systeme und *nicht*lineare Dynamik also. Als ob Linearität in der Welt der Normalfall wäre und Nichtlinearität lediglich die Abweichung, der Sonderfall. Das Gegenteil ist der Fall: Alles Lebendige ist nichtlinear, komplex und unberechenbar.

Da die Systeme sehr unterschiedlich sind, unterscheiden sich auch die Lösungsansätze für Probleme in komplizierten und komplexen Systemen entsprechend.

Für ein kompliziertes Problem gibt es einen *richtigen* beziehungsweise mehrere *richtige* Lösungswege, es gibt Anleitungen, Handbücher und Gebrauchsanweisungen. Es gibt Spezialisten, die genau wissen, was zu tun ist. Das Problem wird entdeckt, analysiert und behoben. Je besser sich die Spezialisten auskennen, je tiefer sie in die Materie eingearbeitet sind, desto schneller werden sie ein kompliziertes Problem lösen können.

Bei komplexen Problemen gibt es dagegen nicht die eine richtige Lösung oder Antwort, je nach Situation und Gegebenheiten ändern sich die Lösungswege. Es müssen verschiedene Dinge versucht, deren Wirkung beobachtet und Lösungsmöglichkeiten aus den Beobachtungen abgeleitet werden.[16]

Wenn wir versuchen, mit den uns bekannten mechanischen Methoden Komplexität in den Griff zu bekommen, stoßen wir uns schnell die Nase blutig. Wie bei einem Knoten, den wir im verzweifelten Versuch, ihn zu lösen, durch Ziehen an beiden Enden nur noch unlösbarer machen, braucht es für die Bewältigung von Komplexität eine andere Herangehensweise. Ein neues Denken. Eine Vielheit unterschiedlicher Perspektiven.

Komplexität ist – vereinfacht ausgedrückt – die Tochter von

Kompliziertheit und Chaos. Oder mit den Worten der Philosophin Natalie Knapp ausgedrückt: »Komplex ist kompliziert in dynamisch.«[17] Direkt am Rand des Chaos können sich die komplexesten Systeme bilden, die einerseits einen so hohen Ordnungsgrad aufweisen, dass sie stabil sind, andererseits aber ein hohes Maß an Flexibilität und Überraschung innehaben.[18]

Leben und alles Lebendige ist komplex und bewegt sich unentwegt am Rand des Chaos. Und manchmal schwappt das Chaos über, so wie wir es zum Beispiel durch die Corona-Pandemie erlebt haben und in der Folge immer noch erleben. Dann gerät das, was wir für Ordnung gehalten haben, plötzlich durcheinander und alles steht Kopf. Dann zeigt das, was wir für Berechenbarkeit und Stabilität gehalten haben, seine wahre Natur.

Denn diese Berechenbarkeit und Vorhersagbarkeit sind eben bloß Geschichten, die wir uns vor allem in der westlichen Gesellschaft erzählen, um nachts ruhig schlafen zu können. Die uns die Illusion von Kontrolle geben. Wir meinen, wir haben unser Leben in der Hand, wir müssten nur gut genug planen und alles im Griff haben.

Was wir nicht kontrollieren können, ängstigt uns, was wir nicht wissen und kennen, verunsichert uns. Unsere Standardantwort darauf ist noch mehr Kontrolle und Perfektion. Wenn aber die Angst vor dem Unbekannten einen zu großen Raum in uns selbst und in unserer Gesellschaft einnimmt, dann bleibt kein Platz mehr für Kreativität. Die brauchen wir aber – dringend –, um mit den wachsenden Herausforderungen umgehen zu können, die uns und den Folgegenerationen in den nächsten Jahren und Jahrzehnten bevorstehen.

Wenn der Boden schwankt

Haben Sie schon mal ein Erdbeben miterlebt? Ich selbst habe nur ein paar schwächere Beben während unserer Zeit in Taiwan mitbekommen, aber bereits die fand ich überhaupt nicht lustig. Ich dachte damals, wenn ich mich schon bei diesem bisschen Bodenwackeln so fühle, wie muss es dann Menschen gehen, die viel stärkeren Beben ausgesetzt sind? Wenn plötzlich der Boden unter den Füßen richtig stark in Bewegung gerät? Wenn das, was wir für sicher und stabil halten, das plötzlich nicht mehr ist?

Ich fand das schon im Kleinen ein ganz grauenvolles Gefühl, zumal es kein Entkommen gibt, der Boden wackelt drinnen genauso wie draußen. Bei meinem ersten Beben wurde mir schwindelig und sogar etwas schlecht, mein Körper und meine Psyche haben sich vehement dagegen gewehrt. Das kann einfach nicht sein, das darf nicht sein.

Als im Frühjahr 2020 die Corona-Pandemie weltweit ihre volle Wucht entfaltete, hat bildlich gesprochen für uns alle der Boden geschwankt. Vieles, von dem wir ausgegangen sind, dass es so weitergeht, brach mit einem Mal weg. Geschäfte waren geschlossen, man durfte sich nicht mit haushaltsfremden Personen treffen, Verreisen ging auch nicht mehr. Wir konnten plötzlich nicht mehr selbstbestimmt handeln, sondern mussten uns ganz neuen Umständen anpassen. Vor allem war noch nicht klar, womit wir es überhaupt zu tun hatten: Wie ansteckend war dieses neue Virus? Wie gefährlich? Ich kann mich an das Gefühl von Bedrohlichkeit erinnern, das über allem lag. Hinzu kam für die einen die Vereinsamung und für viele andere die Enge während des Lockdowns – wochenlang gemeinsam in der Wohnung eingepfercht zu sein. Die Überforderung, die Kinder zu Hause zu unterrichten und ihnen immer wieder erklären zu müssen, dass sie leider weder ihre Freunde noch Opa und Oma sehen durften. Die Sorge um die Lieben, die erkrankt waren oder zu einer Risikogruppe gehören oder vielleicht sogar beides zugleich. Die wirtschaftliche Not vieler, die aufgrund der Pandemie ihrem Beruf nicht mehr nachgehen konnten, die ihre Firma zumachen mussten. Die plötzlich nicht mehr wussten, wovon sie die nächsten Monate leben sollten. Über all dem schwebte die große Ungewissheit, wie lange das dauern würde. Wie es weitergehen würde.

Und genau wie bei einem Erdbeben war auch in der Pandemie der erste Impuls, sich an irgendetwas festzuhalten, ob das nun Zahlen, Statistiken, Expertenmeinungen oder Verschwörungstheorien waren. Diese Dinge geben uns Halt, wir fühlen uns dadurch bestärkt und einer Gruppe zugehörig. Verschwörungstheorien liefern uns sogar einen Schuldigen, auf den oder die wir unsere ganze Wut und Verzweiflung richten können.

Und nicht nur die Pandemie wirft uns aus der Bahn: Einst klar abgegrenzte Kategorien wie Herkunft und Geschlecht verschwimmen. Vormals an den Rand gedrängte Menschengruppen nehmen zunehmend am öffentlichen Diskurs teil und verschaffen sich Gehör. Auch wenn das eine sehr begrüßenswerte Entwicklung ist, verwirren diese neuen Themen sowie die mit ihnen einhergehende, zunehmende Uneindeutigkeit viele Menschen und lassen sie nach klaren Mustern suchen.

Nun haben wir in Mitteleuropa ja das große Glück, dass starke Erdbeben hier kaum eine Bedrohung darstellen. Deshalb fehlt uns möglicherweise die Erfahrung, wie es sich anfühlt, wenn sich das, was wir für fest und sicher gehalten haben, mit einem Mal bewegt. Das Schwindelgefühl und die Übelkeit, die ich bei meinem ersten Beben erlebte, waren beim zweiten Mal schon um einiges schwächer. Die Situation war zwar nicht weniger beängstigend, aber sie war nicht mehr *neu*. Abgesehen von der Kriegsgeneration kennen wir hierzulande diese Art von Verunsicherung nicht, deshalb treffen uns solche Erfahrungen vielleicht besonders hart. Und so wie mein Körper und meine Psyche sich gegen den Verlust festen Bodens aufgelehnt haben, lehnt sich in Pandemiezeiten alles in uns gegen den Verlust unseres festen Lebensgerüsts auf. Es ist ungeheuerlich und inakzeptabel und soll aufhören, sofort.

Warum aber fällt es uns so schwer, Ungewissheit auszuhalten?

Wenn wir uns auskennen und meinen, alles unter Kontrolle zu haben, sind wir in unserer sogenannten Komfortzone. Wird uns das genommen und wir wissen plötzlich nicht mehr, wie es weitergeht, werden wir aus dieser Komfortzone herausgerissen.

Die schwer auszuhaltende Verunsicherung, die das mit sich bringt, hat nicht zuletzt physiologische Gründe. Wenn wir uns an eine Situation gewöhnen, wenn sich etwas vertraut anfühlt, hängt das damit zusammen, dass unser Gehirn auf eingespielte Transfermechanismen zurückgreifen kann: Auf schönen, breiten neuronalen Autobahnen werden die elektrischen Signale von A nach B übermittelt. Haben wir es hingegen mit einer fremden Situation zu tun, muss unser Gehirn neue Nervenverbindungen schaffen. Oder wenig genutzte Nervenverbindungen ausbauen, und das kostet ganz schön viel Energie.

Nun ist unser Gehirn supereffizient und versucht, wo es geht, Energie zu sparen. Wir erleben diese Energiesparversuche als Widerstände, als Unwohlgefühl. Typischerweise besinnen wir uns in solchen Situationen auf das, was uns vertraut ist, und fallen in gewohnte Verhaltensweisen zurück. Ein geübter Skifahrer, der sonst durch seinen eleganten Parallelschwung auf jeder Piste glänzt, wendet unter hohem Stress die ursprünglich gelernte Pflug-Technik an. Auch Heimweh und Kulturschock sind nichts anderes als Sehnsucht nach dem, womit wir uns auskennen und was wir für normal halten. Gleichzeitig sind auch sie ein Energiesparversuch unseres Gehirns, da es sonst auf Hochtouren an der Anpassung an die neue Situation arbeiten müsste. Wenn nun das Heimweh oder der Kulturschock ganz besonders schlimm werden, können wir das Unwohlsein auflösen, indem wir nach Hause fahren. Das ist unser Zufluchtsort, dort sind wir zurück in der Komfortzone.

In einer globalen Pandemie gibt es keinen Zufluchtsort. Das Zuhause, nach dem wir uns sehnen, liegt in der Vergangenheit und ist unverfügbar. Das ist erst einmal bitter, denn der Anpassungsprozess, durch den wir gehen müssen, ist dadurch unvermeidlich. Wir haben zwei Möglichkeiten: Wir können ganz und gar in den Widerstand gehen – dadurch verschwindet die unangenehme Situation aber nicht, sondern das Unwohlgefühl wird eher noch schlimmer.

Oder wir nehmen den Widerstand zur Kenntnis und vertrauen darauf, dass das unangenehme Gefühl vorbeigeht. Weil wir wissen, dass wir uns mitten in einem Anpassungsprozess befinden und wir uns langsam an das Neue gewöhnen müssen.

Der Buddhismus kennt eine Formel, die im Kern beschreibt, worum es geht:

Leid = Schmerz mal Widerstand

Jedes Beben hat ein Ende, jede Instabilität geht irgendwann wieder in eine neue, eine andere Stabilität über. Das zu wissen und darauf zu vertrauen, ist eine der wichtigsten Einsichten, die uns helfen, mit Ungewissheit souverän umzugehen. Manche Menschen tun sich damit sehr schwer, anderen wiederum fällt es von Natur aus leicht, das ist also einerseits Veranlagung. Andererseits kann es auch gelernt und geübt werden. Dabei kann erst einmal helfen, sich genauer anzusehen, was es denn ist, das uns so verunsichert.

Die Komplexität steigt

Was sind das für Zeiten, in denen wir leben? Was meinen wir, wenn wir von der Moderne sprechen? Wieso scheint in der heutigen Welt alles immer komplizierter und unübersichtlicher zu sein?

Mir persönlich hilft es beim Navigieren durch Ungewissheit, wenn ich glaube, zumindest den Kontext verstanden zu haben. In den letzten Jahrhunderten, und insbesondere im 20. Jahrhundert, hat es einige umwälzende Entwicklungen gegeben, die ich im Folgenden in einen Zusammenhang mit der heutigen Verunsicherung setzen möchte.

Denn meines Erachtens bildet den Kern der Verunsicherung das Aufeinandertreffen von veränderten äußeren Umständen und einem Weltbild, das sich nicht in derselben Geschwindigkeit entwickelt hat. Mit anderen Worten: Auf der einen Seite ist da die kontinuierlich zunehmende Komplexität der Verhältnisse und auf der anderen Seite ein Weltbild, das noch dem kolonial-mechanistischen Zeitalter verpflichtet ist. Das klingt jetzt wahrscheinlich etwas sperrig, aber lassen Sie mich ein wenig ausholen, dann wird klarer, was ich damit meine.

Komplexität zu definieren ist per se eine heikle Angelegenheit. Natalie Knapp hat es einmal schön auf den Punkt gebracht, als sie sinngemäß sagte, dass das Maß an Komplexität bestimmt wird durch die Zahl an Überraschungen, auf die wir gefasst sein müssen.[19] Das finde ich anschaulich, es bricht dieses abstrakte Thema auch auf unseren Alltag herunter.

Ich bin nicht so tief in die Komplexitätsforschung eingestiegen, als dass ich sagen könnte, ob man messen kann, inwieweit die Welt insgesamt gesehen komplexer wird. Vielleicht ist Komplexität auch etwas, das pulsiert. Vielleicht ist es eine Eigenart von dynamischen Systemen, dass sie immer komplexer werden, bis sie irgendwann kollabieren. Und das, was wir gerade erleben, ist nur eine winzige Momentaufnahme in einem Prozess, der sich über so große Zeiträume erstreckt, dass er für uns nicht wahrnehmbar ist. Klar ist jedoch, dass gewisse Entwicklungen Komplexität begünstigen.

Der erste Faktor, der die Komplexität unseres Lebens zunehmen lässt, ist die Globalisierung. Der 6. September 1522 ist laut Bundeszentrale für Politische Bildung das offizielle Startdatum der Globalisierung (wie sinnvoll so eine Datierung ist, sei dahingestellt). An diesem Tag erreichte das einzige Schiff, das von Magellans dreijähriger Weltumsegelung übrig geblieben war, Sevilla. Damit war bewiesen, dass die Welt tatsächlich eine Kugel ist und man sie komplett umrunden kann. Magellan selbst erlebte das übrigens nicht mehr, er war auf den Philippinen bei einer militärischen Auseinandersetzung ums Leben gekommen.[20]

Doch seine Expedition hatte Vorläufer. Seit dem frühen Mittelalter betrieben Menschen grenzüberschreitenden Handel mit Stoffen, Farben, Gewürzen und vielem mehr. Nach und nach entwickelte sich ein weltweites Netz an Verflechtungen und Abhängigkeiten, das heute so eng geknüpft ist, dass wir mittelbar und unmittelbar von Entwicklungen auf der anderen Seite des Erdballs betroffen sind.

Einen ganz besonders starken Einfluss darauf hatte die Globalisierung der Wirtschaft und der Finanzmärkte Mitte der 1980er-Jahre. Nur ein Jahrzehnt davor konnte es einer Näherin in Herzogenaurach ganz und gar gleichgültig sein, was eine Näherin in Bangladesch verdiente. Inzwischen sind in Herzogenaurach so gut wie keine Näherinnen mehr beschäftigt, weil die entsprechenden Arbeitsschritte nach Bangladesch und andere Länder ausgelagert wurden, in denen die Lohnkosten drastisch niedriger liegen.

Wenn wir heute ein T-Shirt bei einer schwedischen Modekette kaufen, hat es viele Tausende Kilometer zurückgelegt. Seine Baumwolle wird zum Beispiel in der Türkei angebaut, zum Spinnen des Garns geht es weiter nach Indien, gefärbt wird in China und genäht in Bangladesch. Wie fragil diese Lieferketten sind, hat sich durch die Pandemie gezeigt. Plötzlich waren nicht mehr ausreichend medizinische Gesichtsmasken verfügbar und die Lieferzeit von wichtigen Ersatzteilen für alles Mögliche lag schnell bei über drei Monaten.

Nicht nur die Waren reisen. Flugzeuge bringen uns in wenigen Stunden an Orte, zu denen unsere Vorfahren Wochen und Monate auf dem Schiff und über Land unterwegs waren. Und auch Krankheitserreger erreichen so innerhalb kürzester Zeit die entlegensten Ecken des Planeten. Die Spanische Grippe Anfang des 20. Jahrhunderts breitete sich innerhalb weniger Jahre auf dem ganzen Globus aus, was im Vergleich mit der mittelalterlichen Pest atemberaubend schnell war, verglichen mit Covid-19 jedoch in fast gemütlichem Tempo ablief.

Die Globalisierung erhöht die Geschwindigkeit von Bewegungen sowie die Häufigkeit und Wahrscheinlichkeit von Begegnungen, womit auch die Zahl möglicher Überraschungen steigt. Neben der Globalisierung tragen dazu noch drei weitere Faktoren bei:

Der erste ist die Digitalisierung beziehungsweise die flächendeckende Versorgung der Menschen mit Zugang zum Internet. Der Begriff der Digitalisierung beschrieb ursprünglich eine bestimmte Entwicklungsstufe der modernen Technologie, nämlich die Umwandlung analoger Werte in digitale Formate; das war lange bevor es das Internet gab. Heute ist demgegenüber vor allem die digitale Transformation und die digitale Durchdringung und Vernetzung aller Bereiche von Staat, Wirtschaft, Gesellschaft und Alltag gemeint. Die Digitalisierung ist für sich genommen ein riesiges Thema, aber im Zusammenhang mit Komplexität stehen hier vor allem die Verbreitung und flächendeckende Einführung des Internets und die Konsequenzen, die das mit sich brachte, im Vordergrund. Wo sich die Anzahl möglicher Überraschungen schon durch die Globalisierung stark erhöht hat, ist sie durch die Anbindung ans »Netz« quasi ins Unermessliche gestiegen, denn auch durch sie werden die Geschwindigkeit von Bewegungen sowie die Häufigkeit und Wahrscheinlichkeit von Begegnungen immens erhöht. Durch das Internet sind immer mehr Menschen miteinander vernetzt, das Gleiche gilt selbst für die Dinge: Wenn Sie heute ein Auto oder eine

Waschmaschine kaufen, bekommen Sie ein Gerät, das ein Mehrfaches der elektronischen Funktionen seiner Vorläufer hat; zudem sind viele Geräte über WiFi mit dem Internet verbunden. Unseren neuen Wäschetrockner zum Beispiel kann ich via Smartphone anschalten (wofür auch immer das gut sein soll). Auch Kühlschränke, Rollläden und Staubsauger haben heute eine Verbindung zum Internet. Das ist übrigens gemeint, wenn man vom »Internet der Dinge« spricht.

Der nächste Faktor für immer größere Komplexität ist das Bevölkerungswachstum. Im 17. Jahrhundert lebten in etwa eine halbe Milliarde Menschen auf der Welt, das entspricht ungefähr der heutigen Einwohnerzahl der EU. Zweieinhalb Jahrhunderte später, um 1900, hatte sich diese Zahl verdreifacht, vor allem durch die Industrielle Revolution war die Bevölkerung stark angewachsen. Fünfzig Jahre später waren es dann schon wieder doppelt so viele, nämlich über drei Milliarden, und jetzt, nach noch mal siebzig Jahren, leben bald acht Milliarden Menschen auf diesem Planeten. Die Zeitspanne, in der sich die Bevölkerungszahlen jeweils verdoppelt haben, wurde immer kürzer. Und all diese Menschen sind durch die Globalisierung und das Internet deutlich stärker miteinander vernetzt und mehr Rückkopplungseffekten ausgesetzt als noch vor einem halben Jahrhundert – wir erinnern uns an die Näherin aus Herzogenaurach. Mehr Menschen bedeuten mehr mögliche Überraschungen.

Und schließlich nimmt die Komplexität auch dadurch zu, dass die Menschen zumindest in unserem Kulturkreis heute viel mehr Einfluss auf den Verlauf ihres eigenen Lebens nehmen können als noch vor hundert Jahren. Wir können Entscheidungen treffen, die wir damals noch nicht hätten treffen dürfen, und parallel dazu haben sich unsere Wahlmöglichkeiten drastisch erhöht.[21] Früher konnte eine Frau – wenn sie Glück hatte – entscheiden, wen sie heiratete. Ein Mann hatte da schon etwas mehr zu bestimmen, er konnte einen Beruf wählen, vorausgesetzt, es wurde nicht von ihm erwartet, dass er den elterlichen Betrieb weiterführte. Heutzutage können und müssen wir ständig Entscheidungen treffen. Es gibt ja so viel Auswahl! Ob es dabei nun um Entscheidungen zwischen den Dutzenden Eissorten in der Eisdiele geht oder darum, ob und wann man Kinder bekommt oder ob man eine Ausbildung oder ein Studium aufnehmen will, wir haben die Qual der Wahl. Mittlerweile gibt es sogar schon den Begriff der Entscheidungsmüdigkeit bzw. »Decision Fatigue«.

Globalisierung, Internet, Bevölkerungswachstum und der Anstieg der Entscheidungsfreiheit haben die Welt zu der gemacht, in der wir heute leben: einer hypervernetzten, beschleunigten und zusehends komplexer werdenden Welt, in der wir zwar in zunehmendem Maß über Informationen verfügen und von der wir immer mehr wissen, aber zugleich immer weniger begreifen.

Wenn wir vor ein paar Jahrzehnten eine Nachricht an jemanden verschicken wollten, haben wir ein (oder mehrere) Blatt Papier beschrieben, diese in ein Kuvert gesteckt, darauf eine Briefmarke geklebt und den Brief in den Briefkasten geworfen. Wir wussten, was damit passieren und wie der Brief den Adressaten erreichen würde. Heute verschicken wir im Minutentakt E-Mails übers Internet, ohne zu wissen, wie das eigentlich funktioniert. Und das ist nur eines von vielen Beispielen für Systeme, von denen wir umgeben sind, und die wir nicht begreifen, weil sie so kompliziert sind. Zudem verging zwischen dem Absenden des Briefs und dem Erhalt einer möglichen Antwort eine gewisse Zeit. Bei E-Mails oder Messenger-Diensten ist die Reaktion auf unsere Nachricht oft in wenigen Sekunden da, und auch das erhöht die Dichte und Komplexität unserer Lebenswelt.

Von Maschinen und Systemen

Das Anwachsen von Komplexität und Kompliziertheit ist für sich genommen schon eine Herausforderung. Wie bereits erwähnt, kommt erschwerend hinzu, dass wir kollektiv einem Weltbild verhaftet sind, das mit diesem Grad von Komplexität wenig anzufangen weiß.

Ich spreche vom sogenannten mechanistischen Weltbild. Ihm zufolge ist die Welt vergleichbar mit einer Maschine, der »machina mundi«, die aus lauter kleinen und kleinsten Einzelteilen besteht, die alle vorhersagbar und wiederholbar aufeinander einwirken. Die Naturgesetze »regieren« scheinbar die Welt. Das wiederum bedeutet, dass bei exakter Kenntnis der Naturgesetze in Verbindung mit der exakten Kenntnis eines Zustands zu einem bestimmten Zeitpunkt auch die Zustände zu allen anderen Zeitpunkten errechenbar sind. Die Natur und das Leben sind dieser Auffassung zufolge messbar, Geschehnisse lassen sich kausal erklären. Wir haben diese Art zu denken weiter oben schon als Linearität kennengelernt.

Das mechanistische Weltbild entstand in der frühen Neuzeit und fand schnell Verbreitung. Während im Mittelalter die Überzeugung herrschte, das persönliche Schicksal werde durch göttliche Vorsehung bestimmt, rückte die Renaissance den Menschen und seine Errungenschaften in den Mittelpunkt – die Geburtsstunde des Humanismus. Das ist natürlich nicht von heute auf morgen passiert. Ein Wandel des kollektiven Denkens dauert Jahrzehnte, wenn nicht gar Jahrhunderte, zumal »die Renaissance« zunächst nur eine kleine, sehr gebildete Elite aus Fürsten, Wissenschaftlern, Handwerkern und Künstlern betraf. Bei den letzten drei Kategorien gab es damals oft Überschneidungen, so war Leonardo da Vinci Maler, Bildhauer, Mechaniker, Ingenieur und Philosoph. Naturwissenschaft und Philosophie erlebten von da an eine Blüte, es wurden zahlreiche wissenschaftliche Entdeckungen gemacht und logische Erklärungen für natürliche Phänomene wie zum Beispiel die Schwerkraft gefunden. Doch erst durch die Aufklärung gegen Ende des 17. Jahrhunderts wurden mittelalterliche Strukturen wie die Ständegesellschaft und die Leibeigenschaft aufgebrochen. Ein selbstbewusstes und wirtschaftlich starkes Bürgertum entstand, das die politische und kulturelle Vorherrschaft des Adels nicht mehr als gottgegeben und unveränderlich ansah. Es kam zu Revolutionen, Kriegen und Umwälzungen, die sowohl den gesamten europäischen Kontinent als auch die neuen Kolonien in Nordamerika erfassten.

Die Überzeugung, die in der Renaissance in kleinen humanistischen Zirkeln ihren Anfang genommen hatte, war im Laufe der Zeit auf das Denken breiter Teile der Gesellschaft übergegangen: Der Mensch kann kraft seines eigenen Verstandes autonom werden. Das alte, von religiösen Vorstellungen bestimmte Weltbild wurde durch ein neues, menschenzentriertes und naturwissenschaftlich geprägtes Denken abgelöst, und die Industrielle Revolution war sozusagen der materielle Ausdruck dieser großen Umwälzung.

Auch Politik, Wirtschaft und der Mensch wurden nach und nach mechanisiert. Thomas Hobbes übertrug im *Leviathan* den Maschinenbegriff auf Staat und Gesellschaft: Der Staat gleiche einer riesigen Maschine, und das Staatsoberhaupt übernehme die Funktion eines Technikers, der den »Maschinenstaat« kontrolliere. Sogar das Seelenleben wurde durch mechanistische Regeln und Prinzipien erklärt.[22]

Im 20. Jahrhundert bildete sich in der Wirtschaft der Taylorismus heraus, der das Maschinendenken auf die Betriebsführung übertrug. Exakt einzuhaltende Arbeitszeiten, Arbeitsschritte und Zeitvorgaben machten den Arbeiter zum bloßen Zahnrad, das zu funktionieren hatte.

Etwa zeitgleich geschah jedoch in der Wissenschaft etwas, das das mechanistische Denken auf ungekannte Weise herausforderte: Einstein legte die Relativitätstheorie vor und Heisenberg machte Entdeckungen im subatomaren Bereich. Nun hieß es: System statt Maschine, Chaos statt Ursache-Wirkung, dynamisch statt statisch. Es kam zu Entwicklungen und Erkenntnissen, zu denen das Modell vom mechanischen Uhrwerk nicht mehr passte. Ein neues Weltbild war vonnöten. Doch obwohl Einsteins und Heisenbergs Entdeckungen schon über hundert Jahre zurückliegen und obwohl es in den Wissenschaften längst als überholt und vom systemischen Denken abgelöst gilt, wirkt das mechanistische Weltbild weiter fort. Es hat sich tief in unser kollektives Unterbewusstsein eingegraben und beeinflusst nach wie vor in vielen Bereichen unser Denken und entsprechend unser Handeln.

Geoengineering ist dafür ein schönes Beispiel. Durch diese vorsätzlichen und großräumigen Eingriffe in die Kreisläufe der Erde durch technische Mittel möchte man das Abbremsen der globalen Erwärmung erreichen, eigentlich ein hehres Ziel. Es gibt da nur ein Problem: In der Wissenschaft ist längst klar, dass es sich beim Klima um ein komplexes System handelt, bei dem wir nicht genau sagen können, welche Faktoren wie und wann aufeinander einwirken. Wenn diese Zusammenhänge jedoch unbekannt sind, ist es sehr riskant, massiv in die natürlichen Kreisläufe einzugreifen. Das leuchtet jedem Schulkind ein, dennoch sind solche Ansätze immer wieder im Gespräch. Die Gefahren sind immens: Die regionalen Temperaturen und Niederschläge könnten sich verändern, die Ozonschicht könnte beschädigt werden, es könnte sauren Regen geben, um nur ein paar Risiken zu nennen. Nicht zu vergessen ist der menschliche Faktor, der zu Fehlern und Konflikten führen kann. Geoengineering ist also ein klassisches Beispiel dafür, dass gut gemeinte Ansätze zu verheerenden Ergebnissen führen könnten, wenn sie eine grundlegende Erkenntnis nicht berücksichtigen: Die Welt, in der wir leben, ist komplex, dynamisch und rückgekoppelt. Kleinste Veränderungen in einem dynamischen, komplexen

System können sich so verstärken, dass die Auswirkungen riesengroß sind. Ein Flügelschlag eines Schmetterlings kann tatsächlich anderswo einen Sturm auslösen.

Dieses Verständnis ist essenziell, um sich in einer komplexen Welt nicht zu Scheinlösungen verleiten zu lassen, die mehr schaden als nutzen. Es müssen verschiedene Faktoren zusammengedacht und unterschiedliche Perspektiven in den Blick genommen werden – es braucht echte Interdisziplinarität und systemisches Denken.

Nur leider passt das nicht ins mechanistische Weltbild, das übrigens auch unsere Bildungssysteme prägt. In der Schule wird die Welt meist noch in Fächer unterteilt, Kinder werden nach »Herstellungsdatum« in Klassen sortiert, Wettbewerb wird über Zusammenarbeit gestellt, Fehler sind unerwünscht, und es gibt überwiegend nur richtige oder falsche Antworten. Wie sollen in einem solchen System Kinder zu Menschen heranreifen, die mit der Komplexität der Welt umgehen können? Die Ungewissheit, Unplanbarkeit und Uneindeutigkeit gut aushalten können und entscheidungsfähig bleiben? Die systemisch denken und miteinander kooperieren können? Auf diesen Punkt und auf spannende Ansätze, die es diesbezüglich schon gibt, komme ich zu einem späteren Zeitpunkt noch zurück.

Die andere Geisteshaltung, die es uns erschwert, mit den Herausforderungen unserer Gegenwart fertigzuwerden, ist die des Kolonialismus beziehungsweise koloniales Denken. Das möchte ich gerne etwas genauer erklären.

Der Begriff »Kolonialismus« kommt von »kolonisieren«, was erst einmal nur so viel wie »ansiedeln« oder »besiedeln« bedeutet. Der Vorgang der Kolonisation geht bis in die Jungsteinzeit zurück, als unsere Ur-Vorfahren sesshaft wurden und begannen, Land zu kultivieren und Tiere zu domestizieren.[23] Mit »Kolonialismus« bezeichnet man vor allem die in vielen Fällen politisch und wirtschaftlich motivierte Inbesitznahme fremder Gebiete und die systematische

Unterwerfung oder Vertreibung der ansässigen Bevölkerung, was aufseiten der Aggressoren mit dem Postulat der eigenen kulturellen Überlegenheit gerechtfertigt wird. Obwohl Menschen schon weit früher andere Völker unterworfen und sich Untertan gemacht haben, wird erst ab der »Entdeckung« Amerikas durch Christoph Kolumbus vom »Zeitalter des Kolonialismus« gesprochen, das weit ins 20. Jahrhundert reicht.[24] Zudem basiert unser globales Wirtschaftssystem (mit »Erster« und »Dritter« Welt) immer noch auf kolonialen Gegebenheiten, insofern, als dass koloniale Herrschafts- und Ausbeutungsverhältnisse ein wichtiger Bestandteil der Entwicklung der modernen Welt waren und es vielerorts noch immer sind.

Der Kolonialismus ist also kein Phänomen der Vergangenheit, sondern wirkt tief in unsere Gegenwart hinein. Kein Wunder, dass unser (westlich abendländisches) Denken noch immer einem kolonialen Weltbild verhaftet ist.

Ich persönlich verbinde mit diesem Weltbild ganz besonders ein Wort: »Objektifizierung«. Objektifizierung bedeutet, dass ein Mensch oder eine ganze Gruppe von Menschen einen anderen Menschen oder eine andere Gruppe von Menschen entmenschlicht und zum Objekt macht.[25] Mit diesem Objekt darf er tun, was er will, anstatt sein Gegenüber als gleichwertiges Subjekt zu behandeln. Und koloniales Denken beinhaltet genau das: die Aufspaltung der Welt in Subjekte, die handeln dürfen, und Objekte, mit denen gehandelt wird.[26]

Indem die Ideen des Kolonialismus auch heute noch fortleben, wirkt sich auch der Glaube an die kulturelle Überlegenheit und Höherwertigkeit der Kolonialisierenden weiter aus.[27] Dieses Erbe steckt Kolonialisierenden und Kolonialisierten tief in den Knochen, ob wir wollen oder nicht.[28]

Die mit dem kolonialen Denken verbundene Objektifizierung hört aber nicht bei der Behandlung von Menschen durch andere Menschen auf. Wir Menschen stellen uns auch über andere Spezies und Lebewesen, mit denen wir die Biosphäre dieses Planeten teilen. Besonders seit der Aufklärung und Industrialisierung wurde aus Mitwelt eine von uns abgetrennte Um-Welt. Aus Wäldern werden Holz- und aus Tieren Fleischlieferanten. Erde liefert nur die Halterung für Pflanzen, unliebsames Grün bezeichnen wir als Unkraut und viele Insekten sind nicht mehr als Schädlinge. Aus einem lebendigen Ganzen, in dem alles miteinander verbunden ist, extrahieren wir die Teile, die wir brauchbar finden und die sich wertbringend nutzen lassen, und entledigen uns dafür anderer, die wir nicht brauchen können. Auch das ist koloniales Denken – der Mensch erhebt sich über alle anderen und alles andere und sieht es als sein gottgegebenes Recht, sich die Erde Untertan zu machen. Dieses Handeln nach einem Weltbild, das nur auf einer von uns selbst konstruierten Erzählung von dieser Welt basiert, die uns diese einfacher machen soll, hat einschneidende Konsequenzen, die unser Leben im Gegenteil weitaus komplizierter und noch komplexer machen.[29] Als Anthropozän, als »Menschenzeitalter«, wird von einigen eine neue erdzeitgeschichtliche Epoche bezeichnet, in der der Mensch zu einem der wichtigsten Einflussfaktoren auf die geologischen, biologischen und atmosphärischen Prozesse der Erde geworden ist.[30] Artensterben, Klimawandel, Landverlust durch Erosion und Flächenversiegelung sowie die weitreichende Verschmutzung, z. B. durch Plastik und radioaktiven Abfall, sind nur einige Beispiele für die Folgen.

Das Eckige ins Runde

Wir leben also einerseits in einer hochgradig vernetzten und unberechenbaren Welt, deren Ökosysteme komplex sind und über deren Biosphäre wir mit allen anderen Lebewesen verbunden sind. Andererseits sind wir in einem Denken verhaftet, demzufolge die

Welt wie eine Maschine funktioniert und über die wir nach Lust und Laune verfügen dürfen.

Unsere Kategorien, auf die wir uns jahrhundertelang zumindest vermeintlich verlassen konnten, verschwimmen immer mehr, und wir sind umgeben von Technologien, von denen die wenigsten wirklich verstehen, wie sie eigentlich funktionieren.

Anstatt aber unser Denken *an die Welt* anzupassen, streben wir danach, die Welt unserem Denken anzupassen. Durch Kontrolle und Beherrschung versuchen wir, das Eckige ins Runde zu bekommen. Wir suggerieren Planbarkeit, wo es keine gibt, und beschwören Berechenbarkeit, wo sich jede Berechnung und Vorhersage innerhalb kürzester Zeit selbst überholt. Für den Philosophen und Soziologen Zygmunt Baumann ist die Moderne vor allem geprägt von einem dieser wachsenden Unübersichtlichkeit fast schon trotzig entgegengesetzten, übersteigerten Willen nach Ordnung, Reinheit, aufgeräumten Gemeinschaften sowie dem Glauben an Technik, Rationalität, Bürokratie und die Möglichkeit der Naturbeherrschung.[31] Doch diese Kontroll- und Kategorisierungsversuche machen die entsprechenden Systeme und Strukturen eher noch komplizierter.

Ich möchte das an einigen Beispielen aus der Welt der Personenstandsmeldung veranschaulichen, deren Vorschriften bzw. Zuschreibungen durch die moderne Reproduktionsmedizin immer stärker hinterfragt werden: Wenn zwei Frauen gemeinsam ein Kind bekommen, darf laut Personenstandsgesetz nur eine von ihnen in der Geburtsurkunde stehen. Jetzt kann man natürlich argumentieren, dass dort nur die leiblichen, also die biologischen Eltern aufgeführt werden sollten. Was folgt daraus aber, wenn ein Kind durch eine Samenspende gezeugt wurde? Darf dann der Lebenspartner der Mutter, der sich vermutlich als Vater des Kindes sehen wird, auch wenn er das biologisch nicht ist, nicht in der Urkunde stehen? Wie sähe es aus bei der in Deutschland (aus für mich nicht nachvollziehbaren Gründen) verbotenen Eizellenspende für die Mutter? Sie hätte ihr Kind dann zwar ausgetragen, aber genetisch bestünde keine Verwandtschaft. Noch komplizierter würde es im Fall einer Leihmutter, noch dazu, wenn diese aus dem Ausland käme. Vielleicht ist das der Grund, warum Leihmutterschaft in Deutschland nicht zugelassen ist – zu kompliziert? Wir stoßen mit unseren herkömmlichen Schubladen, Standards und Kategorien immer häufiger an unsere Grenzen und reagieren darauf entweder mit Verboten oder aber mit noch mehr Kategorien, mehr Klauseln und Zusatzparagraphen. Wir verkomplizieren die Komplexität immer weiter.[32]

Was ist es, was wir stattdessen brauchen? Wie schaffen wir es, erst einmal mit den Fragen zu verbleiben, ohne uns sofort in Scheinlösungen zu verrennen, die die Dinge nur noch komplizierter machen? Wie können wir lernen, Ungewissheit nicht nur auszuhalten, sondern sogar gut mit ihr zu leben?

Zunächst hilft es möglicherweise zu verstehen, warum uns die Ungewissheit oft so schwerfällt, und was unser Körper damit zu tun hat. Ich möchte Sie dazu einladen, mir im nächsten Kapitel auf schwankenden Boden zu folgen.

Das Wichtigste in Kürze

Was Sie aus diesem Kapitel mitnehmen können:
- Unsicherheit und Ungewissheit sind nicht dasselbe.
- Der Boden schwankt, aber jedes Beben hat ein Ende.
- Unsere Welt wird zunehmend komplexer und unübersichtlicher durch Globalisierung, die flächendeckende Verbreitung des Internets, Bevölkerungswachstum und den Anstieg der Entscheidungsmöglichkeiten.
- Lebendige Systeme, wie das unseres Planeten, dessen Teil wir sind, sind keine Maschinen!

Anpassungskurven und das innere Gleichgewicht(sorgan)

Ich liege auf der Bank im Deckshaus. Nicht bewegen, ich darf mich einfach nicht bewegen. Oh nein, was klappert denn jetzt wieder? Mist, haben wir vergessen, die Teller abzupolstern? Jetzt kommt dieses Geräusch bei jeder Welle. Kann das mal jemand abstellen, das macht mich verrückt. Und was ist das für ein Geruch aus der Bilge, dem Bootskeller? Ich dachte, die hätten wir vor dem Ablegen ausgewischt. Na super! Schnell, an die Reling ... Gibt es eigentlich Extrapunkte für den Bogen und die Spuckweite? ... So, jetzt geht es bestimmt besser, wenigstens für die nächsten zwanzig Minuten.

Ich habe mal irgendwo gelesen, es gäbe zwei Phasen von Seekrankheit:

Phase 1: Man fürchtet zu sterben, so schlecht ist einem.

Phase 2: Man fürchtet, *nicht* zu sterben, so schlecht ist einem.

Ich finde, das trifft es ganz gut, ich kenne beide Phasen.

Bevor ich meinen Partner kennenlernte, wäre ich nie auf die Idee gekommen, segeln zu gehen. Die Boote auf dem Wasser vor imposanter Kulisse sehen zwar immer hübsch aus, aber mir wurde schon beim Hinsehen flau im Magen. Ich bin in Bayern aufgewachsen, wo viele dem Segeln eher skeptisch gegenüberstehen – zu schick, zu elitär. Außerdem waren Meer und Boote auch nie Teil unserer familiären Freizeitgestaltung. Eher Bergtouren und Wanderungen, die ich besonders als Teenager unfassbar langweilig fand. Ganz anders ist das bei meinem Lebenspartner, der – halb Grieche, halb Fisch – seine Zeit am liebsten unter oder auf dem Wasser verbringt. Wenn ich im Urlaub mit einem Buch am Strand liege, sehe ich von ihm den ganzen Tag nur das obere Drittel seines Kopfes plus Schnorchel – und das auch nur, wenn er Luft holt. Ob Tauchen mit oder ohne (Druckluft-)Flasche, Windsurfen oder Segeln – bei allem, was mit Wasser zusammenhängt, vor allem in Kombination mit Wind, ist er in seinem Element, Boote sind seine Leidenschaft.

Mein Vertrauen in Boote hielt sich hingegen in Grenzen. Als ich das erste Mal mitsegelte, hatte ich Sorge, das Boot würde umkippen (physikalisch korrekt angestellte Überlegungen und Seekrankheit vertragen sich nicht). Zur Angst kam die Bootsbewegung. Die tut mir wirklich nicht besonders gut, was besonders der Mitsegler bestätigen kann, der unfreiwillige Bekanntschaft mit meinem viertelverdauten Frühstück machte. Und eine Lösung dieses Problems ist nicht in Sicht: Akupressurarmbänder irritieren mich nur, und von den Kaugummis wird mir eher noch schlechter. Am ehesten wirken Tabletten, aber die hauen mich so um, dass ich nach ihrer Einnahme für mindestens drei Stunden in einen komatösen Schlaf falle. Das Boot könnte untergehen, ich würde es nicht merken. Das wäre auch wieder nicht ideal.

Im Englischen gibt es die hilfreiche Bezeichnung »Motion Sickness«, also »Bewegungskrankheit«, was dieses fachsprachlich »Kinetose« genannte Phänomen besser trifft als das deutsche Wort »Seekrankheit« oder auch »Reisekrankheit«. Denn schlecht werden kann einem ja nicht nur auf einem Boot oder im Bus oder Auto, sondern auch auf dem Trampolin, auf dem Oktoberfestkarussell oder der Schaukel auf dem Spielplatz. Habe ich alles schon erlebt. Die besten Voraussetzungen fürs Segeln also.

Nun aber hatte ich mir ein Familiensegelabenteuer in den Kopf gesetzt. Also las ich alles über »Motion Sickness« und ihre Tochter, die Seekrankheit. Und erfuhr so einiges, zum Beispiel, dass es sich bei der Kinetose weniger um eine Krankheit als vielmehr um eine Anpassungsstörung des Gleichgewichtsorgans (dieses Dings im Innenohr) handelt, die manche Menschen eben haben und andere nicht.

Das ist erst einmal nicht sehr erbaulich, heißt es doch: Das ist halt so, man muss sich damit abfinden. Ob Menschen von dieser Anpassungsstörung mehr oder weniger betroffen sind, hängt von ihren Werkseinstellungen ab. Jedoch: Wie schlimm sich das dann tatsächlich auswirkt, hängt zu einem beachtlichen Teil von anderen Faktoren ab. Und zwar von beeinflussbaren Faktoren. Und das sind gute Nachrichten.

Interessanterweise hängt hier das körperliche stark mit dem seelischen Gleichgewicht zusammen. Denn tatsächlich – sobald ich mich angespannt, nervös oder gestresst fühle, schlägt die Seekrankheit ungleich stärker zu, als wenn ich ausgeglichen und in meiner Mitte bin. Und am spannendsten bei dieser Erfahrung ist – und dafür bin ich meiner Seekrankheit sogar dankbar (außer ich bin gerade seekrank) –, dass ich auf dem Boot meinen Körper nicht ausblenden kann. Das ist neu für mich. Sonst ignoriere ich gerade in stressigen Zeiten jedes Unwohlsein und alle Warnsignale einfach so lange, bis mein ganzes System streikt und ich »plötzlich« mit einer Lungenentzündung im Bett liege.

Ich habe zwar in meiner Ausbildung in körperorientiertem Coaching viel über Körperwahrnehmung und die Wirksamkeit von Körperarbeit gelernt und kann das in meiner Arbeit mit anderen gut beobachten und einsetzen, aber die Beziehung zwischen meinem Kopf und Körper hat trotzdem so sehr Schlagseite, dass ich diese Erkenntnisse oft nicht auf mich selbst anwenden kann. Mein Körper ist vor allem Transportmittel für meinen Kopf.

Außer ich befinde mich auf einem Segelboot. Dann zwingt mich meine Seekrankheit, auf meinen Körper zu hören und alle Anzeichen – auch die ganz schwachen – ernst zu nehmen. Vor allem muss ich mir hier selbst die Erlaubnis geben, nicht funktionieren zu müssen und stattdessen gut für mich zu sorgen. Der erste Schritt dazu war, mich selbst und meine Seekrankheit ganz genau kennenzulernen: Was sind die stärksten Auslöser, was die ersten Symptome, was schafft Erleichterung? Ich fand zum Beispiel heraus, dass der Spuk nach zwölf bis 18 Stunden auf dem Wasser vorbei ist. Sobald sich mein Gleichgewichtsorgan an die Bootsbewegungen gewöhnt hat, zeigt sich die Seekrankheit nur in seltenen Fällen noch einmal kurz. Je gemütlicher die Bedingungen bei der Abfahrt, desto sanfter verläuft dieser Anpassungsprozess. Wenn möglich, segeln wir deshalb nur bei besten Bedingungen los – wenig Wellen und ein bisschen Wind von schräg hinten: Kaffeesegeln sozusagen.

Ich stellte auch fest, dass mich jede Art von Stress, Anspannung und Druck in der kritischen Anfangsphase nach dem Ablegen sofort grün anlaufen lässt. Allein der Anspruch an mich selbst, mitzuhelfen, Essen vorzubereiten oder irgendwas tun zu *müssen*, setzt mich so sehr unter Stress, dass mir schlecht wird. Inzwischen melde ich mich für die ersten Stunden komplett ab, die Familiencrew weiß Bescheid und kommt erstaunlicherweise ohne mich aus. Ohne zu verhungern oder zu verdursten.

Eine weitere Erkenntnis meiner seekrankheitsbedingten Selbsterforschung ist, dass ich total geräusch- und geruchsempfindlich werde, dazu aber manchmal einen Heißhunger auf Chips oder Maoam oder beides entwickle. Ich checke also vor der Abfahrt dreimal, ob auch wirklich alles so verstaut ist, dass nichts klappert, rollt, schabt, quietscht oder knarzt, eliminiere potenzielle Geruchsquellen und lege alles bereit, sodass ich ja nicht aufstehen muss, außer, ich muss aufs Klo (dafür habe ich leider noch keine befriedigende Lösung gefunden). Überhaupt muss alles so wenig bemerkenswert und aufregend beziehungsweise so normal wie möglich sein. Mitte-Komfortzone-normal.

Meine Seekrankheit schlägt auch nicht gleich mit Übelkeit und Fischefüttern los, sondern kündigt sich oft viel früher an, durch eine allgemeine Lustlosigkeit und fehlende Motivation, etwas später gefolgt von einer bleiernen Müdigkeit. Spüre ich die Signale, kann ich reagieren. Und zwar nicht durch ihre Bekämpfung, sondern dadurch, dass ich nachgebe, mich ruhigstelle und warte, bis ich mich besser fühle. Das ist für mich wahrscheinlich die wichtigste Lektion überhaupt: mich hinzugeben, anstatt dagegen anzukämpfen oder mich zusammenzureißen, weil genau das die Symptome verschlimmert.

Eine Anpassungsstörung des Gleichgewichtsorgans also. Wenn nun aber offensichtlich das körperliche mit dem seelischen Gleichgewicht so eng verknüpft ist, was bedeutet das dann für unsere Anpassungsleistung im Alltag, besonders in Situationen von Ungewissheit?

Das, was uns vertraut ist, ist: alles unter Kontrolle zu haben. Oder treffender ausgedrückt: die Illusion, alles unter Kontrolle zu haben.

Alles unter Kontrolle?

Wenn uns die Kontrolle beziehungsweise die Illusion von Kontrolle genommen wird, werden wir aus unserer Komfortzone gerissen. Wir kennen uns nicht mehr aus. Wir sind plötzlich auf einem schwankenden Boot und unser inneres Gleichgewichtsorgan ist mit der Anpassung überfordert – wir werden metaphorisch gesprochen seekrank.

Wenn Sie abends ins Bett gehen, haben Sie längst eine Idee, ein Zukunftsbild davon, wie die Welt aussehen und sich anfühlen wird, wenn Sie das nächste Mal die Augen aufmachen. Sie erwarten vielleicht, dass Sie um 6:30 Uhr von Ihrem Wecker geweckt werden, sich anziehen, einen Kaffee trinken, Zeitung lesen oder die Kinder fertig machen und dann zur Arbeit gehen beziehungsweise sich fürs Homeoffice vor den Rechner setzen. Vielleicht klingelt der Wecker aber nicht, und Sie verschlafen. Wenn Sie dann um kurz vor acht von selbst aufwachen, bekommen Sie erst mal einen großen Schreck und müssen sich sortieren, denn Ihre ursprüngliche Erwartung muss erst an die neue Situation angepasst werden, um überhaupt wieder handlungsfähig zu werden. Oder Sie übernachten nach langer Zeit mal wieder woanders und wachen mitten in der Nacht auf, sind aber noch zu schlaftrunken, um sich zu erinnern, dass Sie gar nicht in Ihrem eigenen Bett liegen. Sie merken schnell, dass etwas anders ist und fühlen sich so lange verwirrt und desorientiert, bis Sie sich daran erinnern, wo Sie sich befinden, wodurch sich Ihre Zielerwartung an Ihre Wahrnehmung angleichen kann.

Was aber passiert mit uns, wenn sich unsere Zielerwartung eben nicht angleichen kann? Wenn der Boden nicht aufhört zu schwanken, wir uns nicht mehr auskennen und das Fundament wegbröselt? Dabei spielt es auch gar keine Rolle, dass dieses Fundament nur in unseren Köpfen existiert (eine echte Sicherheit gibt es nämlich nicht und wird es nie geben, dazu später mehr). Das daraus resultierende Gefühl totaler Verunsicherung ist jedenfalls sehr real, denn unser Gehirn hat auf neue Umstände einfach überhaupt keine Lust.

Es ist gut erforscht, warum unser Gehirn kein Fan von Veränderungen ist. Das liegt daran, dass es im Laufe der Evolution eine sehr energiesparende Weise entwickelt hat, auf seine Umwelt zu reagieren, nämlich indem es, wo immer möglich, auf Automatisierung setzt und standardmäßig den Weg des geringsten Widerstands wählt.

Das führt dazu, dass vieles im Kopf auf eben dieser Automatisierung beruht, das Gewohnte hat dafür schöne breite neuronale

Autobahnen, während sich das Neue erst einen Weg durchs Unterholz brechen muss. Die Automatisierung erlaubt uns, Dinge zu tun, ohne dass wir groß darüber nachdenken müssen, wie zum Beispiel Autofahren (um in der Metapher zu bleiben). Das macht es aber auch schwer, unsere Handlungen dabei gedanklich zu rekonstruieren. Wer schon mal versucht hat, seinem autoverrückten Teenie-Kind zu erklären, wie Autofahren genau funktioniert, vor allem, was die Füße wann zu tun haben, der weiß, was ich meine. Die erforderlichen Bewegungsabläufe sind nach jahrelangem Autofahren dermaßen automatisiert, dass man sich anstrengen muss, um sie sich wieder ins Bewusstsein zu bringen und zu beschreiben. Auch wer schon mal mit einem britischen Auto gefahren ist und beim Schaltversuch wiederholt die Fensterkurbel in der Hand hatte, kann das sicherlich gut nachvollziehen.

Es dauert immer etwas, bis man sich umgewöhnt. Einfach deshalb, weil unser Gehirn dafür wenig genutzte Nervenverbindungen (Synapsen) ausbauen oder sogar neue schaffen muss. Das kostet Zeit und Energie. Unser Gehirn braucht schon im Ruhezustand rund zwanzig Prozent unserer Gesamtenergie (und 65 Prozent der Glukose im Körper)[33] und findet jeden zusätzlichen Aufwand unnötig und ineffizient. Es hätte am liebsten, wenn wir doch, bitte sehr, die schön breit ausgebauten Nervenbahnen nutzen, die schon da sind. Bei uns kommt das als Widerstand an, als Unwille, als Verärgerung – je nachdem.

Der amerikanische Hirnforscher David Eagleman beschreibt eine Umgewöhnung als den »Übergang einer Information oder eines Handlungsablaufs vom Präfrontalen Kortex (also vom Frontallappen der Großhirnrinde) in tiefere Hirnregionen«.[34] Das klingt kompliziert und kostet Energie. Dass wir auch bei Kleinigkeiten ganz schöne Gewohnheitstiere sind und wie schwer uns eine Umgewöhnung fällt, können Sie mit folgendem kleinen Experiment ganz einfach an sich selbst ausprobieren: Verschränken Sie Ihre

Hände wie zum Gebet. Wenn Sie von oben draufschauen – welcher Daumen liegt oben auf? Der rechte oder der linke?

Nehmen Sie die Hände auseinander und verschränken Sie sie noch einmal, dieses Mal andersherum, also mit dem anderen Daumen oben.

Wie fühlt sich das an? Besser? Gleich? Schlechter? Ich mache diese Übung mit Menschen, mit denen ich zusammenarbeite, schon seit vielen Jahren, und noch nie hat jemand gesagt, dass sich die zweite Variante besser anfühlt – höchstens gleich gut. Die meisten finden sie unangenehmer, ungemütlicher. Sie sagen, sie fühle sich irgendwie komisch oder falsch an.

Und woran liegt das? An unserem effizienten Gehirn. Das will auch bei dieser kleinen Übung einfach keine wenig genutzten Nervenverbindungen ausbauen, reagiert mit Widerstand und macht sich erst dann widerwillig an die Arbeit, wenn Sie die Bewegung immer wieder in der ungewohnten Variante ausführen. Würden Sie ab jetzt eine ganze Weile Ihre Hände andersherum verschränken, würde es sich irgendwann nicht mehr komisch anfühlen.

Genau derselbe Mechanismus tritt in Kraft, wenn wir aus irgendeinem Grund unsere Komfortzone verlassen müssen. Wir fühlen einen körperlichen Widerstand, eine Abwehrreaktion, und es manifestieren sich Emotionen wie beispielsweise Angst oder Wut. Diese Emotionen wiederum sind meist mit einer Bewertung beziehungsweise einer rationalisierenden Erklärung für das Unwohlgefühl verbunden. Diese können uns leicht in die Irre führen, wie ich am folgenden Beispiel zeigen will.

Kennen Sie das: Sie geben jemandem die Hand zur Begrüßung und haben das Gefühl, einen toten Fisch in der Hand zu haben? Finden Sie das unangenehm? Was lässt Sie das über Ihr Gegenüber denken? Und warum ist das so?

Weil es in unserem Kulturkreis zum guten Ton gehört, einen festen Händedruck zu haben und dem anderen dabei in die Augen zu sehen. Das signalisiert Ehrlichkeit. Stärke. Rückgrat. Selbstvertrauen und Vertrauenswürdigkeit. So lernen wir das, oft schon in unserer Kindheit, und so speichern wir das ab – auch in unserem Körper. Es geht uns buchstäblich in Fleisch und Blut über.

Es kann aber durchaus sein, dass das Gegenüber aus einem anderen Kulturkreis kommt, in dem diese Voraussetzungen nicht gelten. Dann kommt es ganz schnell nicht nur zu Missverständnissen, sondern sogar zu körperlichen Abwehrreaktionen. Ich habe lange Unternehmen dabei unterstützt, sich für den Umgang mit Geschäftspartnern aus Ostasien fitzumachen. Eine meiner Kernaufgaben bestand darin, dafür zu sorgen, dass die Leute in der ungewohnten Umgebung handlungsfähig bleiben. Versuchen Sie mal, sich als in Deutschland sozialisierter Mensch zu konzentrieren, wenn die Person, mit der Sie gerade verhandeln, plötzlich herzhaft rülpst. Ja, genau! Auch wenn Sie vorher Bescheid wissen, dass das in der anderen Kultur ganz normal ist, wird es Sie trotzdem vollkommen aus dem Konzept bringen, wahrscheinlich werden Sie sich ekeln und sich dann innerlich empören. Unser Gehirn wehrt sich dagegen, gewohnte Annahmen infrage zu stellen beziehungsweise durch neue zu ersetzen. Das ist aus seiner Sicht völlig ineffizient und kostet nur unnötig Energie. Es reagiert mit Widerstand und Abwehr. Eine Reaktion wie in diesem Fall Ekel und Ärger blockiert Sie dann so sehr, dass Ihre Handlungsalternativen gegen null gehen, da Sie nur noch auf diesen »Affront« fixiert sind, statt sich auf die Verhandlung konzentrieren zu können.

Einem Japaner geht das übrigens genauso, wenn Sie sich vor ihm in ein Taschentuch schnäuzen. Was für uns normal ist, wirkt auf Menschen, die eine andere kulturelle Prägung haben, völlig irritierend bis abstoßend.

Das Spannende ist: Es handelt sich dabei immer erst einmal um eine Körperreaktion. Erst darauf folgen die Bewertung und die entsprechende Emotion. Wenn Sie handlungsfähig bleiben wollen, müssen Sie auf der Körperebene ansetzen, darauf komme ich später in diesem Kapitel wieder zurück.

Zuerst aber will ich mit Ihnen noch einmal auf das Reaktionsmuster blicken, das hier abläuft. Genau wie bei der kulturell bedingten Aversion vor schlaffem Händedruck ist auch das Unwohlgefühl bei Veränderung und in Situationen von Ungewissheit erst einmal körperlich. Unser Gehirn muss jetzt mehr arbeiten. Bei kleineren Veränderungen und zeitlich überschaubaren Ungewissheiten ist das noch kein Problem – im Gegenteil. Denn dadurch kann unser Gehirn sozusagen vorsichtig üben.

Das sogenannte Drei-Zonen-Modell hilft, unser eigenes Verhalten in neuen Situationen besser nachzuvollziehen, auch wenn es stark vereinfacht. In diesem Modell werden drei Bereiche beschrieben: die Komfortzone, in der wir uns wohlfühlen, die Lernzone, wenn wir Neuland betreten und uns Herausforderungen stellen, und die Panikzone, in der wir überfordert sind und eigentlich nur noch mit Kampf, Flucht oder Lähmung reagieren können.[35]

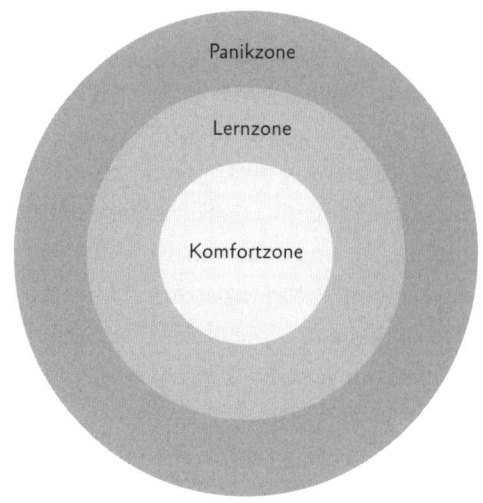

Das Drei-Zonen-Modell

Sind wir also mit Ungewohntem konfrontiert, verlassen wir unsere Komfortzone und kommen in die Lernzone, auch Wachstumszone genannt.[36] Und wachsen wollen wir ja gerne. Es ist zwar anstrengend, euphorisiert uns im besten Falle aber sogar – wir haben positiven Stress.

Immer, wenn wir etwas zum ersten Mal tun, wenn wir nervös oder aufgeregt sind, dann ist unser Gehirn gut beschäftigt mit dem Bau neuer und dem Ausbau wenig genutzter Synapsen. Das ist super, denn es erhöht die Neuroplastizität, die Formbarkeit unseres Gehirns – und damit seine Fähigkeit, auf Neues immer wieder gut reagieren zu können.

Wenn die Veränderung und die damit verbundene Ungewissheit jedoch zu groß sind, dann »überspringen« wir die Lernzone und werden direkt in die Panikzone und damit in die Überforderung katapultiert. Und bei Panik und auch Überforderung kennt unser Gehirn evolutionsbedingt nur noch drei Handlungsalternativen – *fight, flight* oder *freeze*, also Kampf, Flucht oder Schockstarre.

Menschheitsgeschichtlich hat uns das unzählige Male vor dem Schlimmsten bewahrt. Schon vor Urzeiten ist der Gefahrenwächter in unserem limbischen Gehirn, die Amygdala, angesprungen und hat eine hormonelle Stresskaskade ausgelöst (mit von der Partie waren und sind immer die Stresshormone schlechthin, Adrenalin und Cortisol, auf die ich später noch zurückkommen werde). Diese befähigte uns dann zu körperlichen Höchstleistungen, also entweder sehr schnell wegzurennen oder energisch die hungrige Raubkatze zu einem schicken Bettvorleger zu verarbeiten.

Doch wir sind keine Steinzeitmenschen mehr. Die evolutionär erfolgreiche Panikreaktion unseres Gehirns verleitet uns oft zu einem Verhalten, das den Umständen nicht angemessen ist. Als die Corona-Krise im März 2020 so richtig Fahrt aufnahm, konnte man die drei genannten Reaktionsmuster gut beobachten. Einige deckten sich mit Nudeln und Klopapier ein, verlegten ihr Kerngeschäft sofort auf Online-Angebote oder versuchten sich auf Demos gegen die Maßnahmen zu wehren (Kampf), die nächsten zogen es vor, daheim zu bleiben beziehungsweise dahin auszuweichen, wo die Pandemie noch nicht angekommen war (Flucht) und wieder andere wussten nicht, wohin mit sich und ihrer Sorge und waren wie gelähmt (Schockstarre). Nun ist die schnelle und globale Ausbreitung eines bislang unbekannten Virus ja tatsächlich eine sehr bedrohliche Situation. Aber in anderen Fällen, in denen die Gefahr auf Leib und Leben weit weniger groß ist, begegnen wir diesen Reaktionen ebenfalls. Hatten Sie jemals vor lauter Aufregung einen Blackout und wussten partout nicht mehr, was Sie sagen wollten? Willkommen in Ihrer Panikzone.

Unsere Amygdala kann nun mal nicht unterscheiden, ob es in einer Situation wirklich um Leben und Tod geht oder nicht. Sie reagiert sicherheitshalber so, als ob der Moment lebensbedrohlich wäre. Unsere Reaktion auf überfordernde Situationen ist deshalb nicht immer adäquat und oft nicht hilfreich.

Was also tun? Wie handlungsfähig bleiben, anstatt in Panik zu verfallen?

Zunächst einmal ist es wertvoll zu verstehen, dass wir uns in der Reaktion auf Veränderungen in einen körperlichen Anpassungsprozess begeben; die Emotionen, die sich dabei zeigen, sind vor allem eine Reaktion auf eben diesen Anpassungsprozess und begleiten ihn. Wir sollten uns auch klarmachen, dass so ein Anpassungsprozess nicht unbedingt linear verläuft – es kann bessere und schlechtere Momente geben. Wenn wir damit gut umgehen wollen, müssen wir uns Zeit geben und Nachsicht mit uns selbst und miteinander haben. Oft hilft es schon, stressige Einflüsse (zum Beispiel in Form von permanentem Nachrichtenkonsum) zu reduzieren und für ausgleichende körperliche Betätigung zu sorgen, denn auch die kann Stress abbauen. Was nämlich sonst passiert, ist, dass sich das Level an Cortisol – ein Stresshormon – permanent erhöht, und das ist auf Dauer ungesund.

Kurzzeitiger Stress hat durchaus seine Berechtigung. Er versetzt uns in die Lage, sowohl körperlich als auch geistig Ressourcen zu mobilisieren, um ein Problem zu lösen. Wir sind in einem Zustand der »Überwachheit«,[37] in dem unser Gehirn viel mehr Informationen verarbeiten kann als im Normalzustand. Dabei werden unter anderem die Nebennieren stimuliert, um Cortisol auszuschütten, was uns wiederum besonders offen dafür macht, neue Dinge zu lernen. Problematisch wird es erst dann, wenn sich kein Ruhezustand einstellen kann. Dann kann auch Gelerntes nicht dauerhaft abgespeichert werden, denn dazu brauchen wir die Ruhe- oder Verarbeitungsphasen. Außerdem führt permanent erhöhter Stress langfristig zu toxischem Stress, der das Risiko für gefährliche Krankheiten massiv erhöht.

Wenn wir uns also in einer ohnehin anspruchsvollen Situation befinden, ist es hilfreich, sich nicht zusätzlich zu überfordern. Ich habe viele Jahre Menschen, insbesondere Familien mit Kindern, unterstützt, die beruflich ins Ausland zogen. Mein Schwerpunkt liegt dabei aufgrund meiner eigenen Erfahrungen auf Entsendungen nach China, Japan und Korea, also an Orte, die sich von Mitteleuropa in vielen Aspekten unterscheiden. Diese doch recht großen Unterschiede führen in einigen Fällen zu Überforderung, insbesondere wenn die Auswanderer vorher wenig Erfahrungen mit Aufenthalten in fernen Ländern sammeln konnten, die über einen einfachen Urlaub hinausgingen. Die Verhaltensregeln in Asien sind offensichtlich anders, es riecht anders, das Essen ist fremd, die Sprache unverständlich. Unser Hirn ist dadurch mit der Anpassung beschäftigt und lässt uns spüren, dass es das jetzt aber ganz schön anstrengend findet. Möglicherweise macht sich das dadurch bemerkbar, dass wir uns vor den fremden Tischmanieren ekeln. Uns das Essen nicht schmecken will. Oder die Einheimischen uns für unseren Geschmack viel zu nah auf die Pelle rücken. Diese Reaktionen sind völlig normal, auch wenn sie nicht bei allen gleich stark ausgeprägt sind. Sie sind auch tagesformabhängig, und was uns in entspannten Momenten nicht juckt, kann uns, wenn wir uns gestresst fühlen, auf die Palme bringen. Auf jeden Fall hilft es nicht, uns an Tagen, an denen wir mit dem Fremden spürbar besonders zu kämpfen haben, uns auch noch zusätzlichen Herausforderungen auszusetzen. An solchen Tagen sollten wir also vielleicht nicht ausgerechnet das von Einheimischen als Geheimtipp empfohlene Restaurant besuchen, in dem es immer irre laut ist, die Knochen nach dem Abnagen auf den Tisch gespuckt werden und wo der eine Tischnachbar genüsslich seine Schweinedarmsuppe schlürft, während der andere schmatzend auf Hühnerfüßen herumkaut. Zwei Wochen später finden wir das an einem guten Abend sicherlich ein tolles Erlebnis, wenn wir aber schon gestresst sind, zweifellos nur grausig.

Lieber macht man es sich zu Hause gemütlich mit selbst gekochtem Lieblingsessen und Unterhaltung zum Wohlfühlen. Bei mir halfen übrigens die *Gilmore Girls*, die mich ein ums andere Mal durch Kulturschockmomente trugen. In Begleitung von Kartoffelchips und Gin Tonic. Ich kann mich an eine Situation erinnern, in der sich im Einkaufswagen eines taiwanischen Supermarkts nur mein zweijähriger Sohn und eine Flasche Gin befanden, und die Verkäufer möglicherweise überlegten, ob sie nicht doch besser die Behörden einschalten sollen. Wenn ich das in der Beratung erzähle, ist mein Gegenüber nicht selten überrascht: Aber ich sei doch durch Studium und Auslandsaufenthalte sicher ans Fremde gewöhnt?

Klar halfen und helfen mir mein Wissen und meine Erfahrung, und es fällt mir mit jedem Mal leichter, mich in der Fremde einzugewöhnen. Auf der anderen Seite gibt es auch für mich immer wieder Momente, da will ich einfach nur weg. Oder jemandem ins Gesicht springen. Aber ich weiß inzwischen, wie ich am besten darauf reagiere – eben indem ich mich gerade dann in meine Komfortzone zurückziehe und erst wieder rauskomme, wenn ich mich besser fühle.

Glaube nicht alles, was du fühlst

Der erste Schritt, um Handlungsfähigkeit zu kultivieren, besteht darin, sich selbst und die eigenen Reaktionen während des Anpassungsprozesses zu beobachten und möglichst gut kennenzulernen. Die südafrikanische Psychologin Susan David sagt in ihrem Buch *Emotionale Beweglichkeit:* »Glaube nicht alles, was du fühlst.«[38] Damit ist nicht gemeint, dass das Gefühl nicht real ist und weggeschoben werden kann. Nein, es soll durchaus wahrgenommen werden, denn es enthält Informationen über einen inneren Vorgang: Gefühle geben uns wertvolle Hinweise darüber, was uns wichtig ist, was uns berührt und beschäftigt.

Worum es David in ihrem Zitat geht, ist, dass man dem Gefühl nicht die Herrschaft über sich einräumt. Denn es ist ein großer Unterschied, ob ich merke, dass ich gerade auf eine bestimmte Weise fühle (zum Beispiel wütend bin) oder ob ich mein Verhalten davon dominieren lasse (beispielsweise voller Wut eine Blumenvase zertrümmere). Im Grunde ist es eine Frage der Perspektive und der Haltung. Anstatt festzustellen: »Ich bin wütend«, sollte man lieber versuchen, Abstand zwischen sich und das Gefühl der Wut zu bringen, indem man sich beispielsweise sagt: »Ich beobachte, dass ich mich wütend fühle.« Dadurch gewinnen Sie Distanz zu dem Gefühl. Und das wiederum ermöglicht es Ihnen, die Botschaft, die das Gefühl trägt, in Ruhe zu entschlüsseln und dann angemessen darauf zu reagieren. Gerade weil Gefühle wertvolle Informationen enthalten, tun Sie sich keinen Gefallen, wenn Sie sie wegdrücken oder übergehen. Im Gegenteil, unterdrückte Gefühle können mittelfristig sogar krankmachen, das haben bereits zahlreiche Studien gezeigt.[39]

Je besser man sich selbst in seinen Reaktionen kennt, desto leichter gelingt auch die Entschlüsselung dessen, was unsere Gefühle uns über uns sagen können.

Fühle ich mich zum Beispiel schuldig, weil ich seit Wochen einen Freund nicht zurückgerufen habe, kann ich – statt das ungemütliche Schuldgefühl wegzudrücken oder wegzuargumentieren (»Ich habe schließlich keine Zeit«, »Er/sie hat sich letztens auch Monate nicht gemeldet« und so weiter) – es mir neugierig und mitfühlend ansehen und versuchen zu verstehen, was es mir sagt. Nämlich, dass ich Verlässlichkeit wichtig finde und gerne verlässlicher wäre. Dass Freundschaften mir etwas bedeuten. Das Schuldgefühl informiert mich hier über meine Werte und kann mir dabei helfen, mehr nach ihnen zu leben.[40]

Darüber hinaus ist es hilfreich zu wissen, wie sich die Beziehung zwischen Gefühl und Körper nutzen lässt. Unsere Gefühle haben nämlich nicht nur Einfluss auf unseren Körper, sondern unsere Körperhaltung hat auch einen starken Einfluss auf unsere Emotionen.

Studien zeigen, dass die Körperhaltung, Bewegungsmuster und Mimik eine direkte Auswirkung auf die Psyche haben. Ein eingezogener Kopf in Kombination mit einer gebückten Haltung wirkt sich demnach negativ auf die Psyche aus. Emotionen sind laut einiger psychologischer Modelle in Netzwerken organisiert. Wenn man einen Knoten in einem Netzwerk aktiviert, zum Beispiel durch eine bestimmte Haltung, dann breitet sich diese Aktivierung durch den entsprechenden Impuls im ganzen Netzwerk aus. Unsere Körperhaltung, unsere Bewegungsmuster und sogar unsere Mimik bestimmen also bis zu einem gewissen Grad, wie wir uns fühlen. Und was wir erleben, beeinflusst unsere Körperhaltung, Bewegungsmuster und Mimik.[41] Stecken wir gerade mitten in einer Krise, reagieren wir demzufolge körperlich darauf. Wir nehmen eine bestimmte Haltung ein, knirschen möglicherweise nachts mit den Zähnen, atmen flacher oder entwickeln nervöse Ticks. Das fällt uns meistens erst auf, wenn es anfängt wehzutun oder jemand anderes uns darauf hinweist.

Solche Haltungen oder Verhaltensweisen sind einerseits individuell, andererseits gibt es evolutionsbedingte Verhaltensmuster, die allen Menschen zu eigen sind: In bedrohlichen Situationen gehen wir ganz automatisch in Schutzhaltung, ziehen den Kopf ein, legen die Arme an, vor oder um den Körper. Darüber hinaus bekommen manche Menschen feuchte Hände, einen roten Kopf oder beißen die Zähne aufeinander. Nicht alle körperlichen Stresssignale lassen sich beeinflussen, aber einige schon. Ich kann meinen Blutdruck nur schwer dazu bringen zu sinken, auch die Gesichtsfarbe lässt sich kaum willentlich steuern. Dafür kann ich aufhören, die Zähne aufeinanderzupressen, ich kann bewusst tief durchatmen und ich kann aktiv meine Schultern fallenlassen. Da meine Körperhaltung einen direkten Einfluss auf meine Psyche hat, geht es mir dann sofort besser. Sich immer wieder daran zu erinnern und bewusst mehrmals täglich eine offene Körperhaltung einzunehmen (Schultern runter, Kiefer locker, Kopf hoch, tief durchatmen), hat eine viel größere und vor allem nachhaltigere Wirkung auf meinen Stresslevel als jedes Beruhigungsmantra.

Probieren Sie das gerne mal aus. Beispielsweise wenn Sie das nächste Mal im Auto sitzen und vielleicht spät dran sind, während der Autofahrer vor Ihnen ganz besonders viel Zeit zu haben scheint. Beobachten Sie dann einmal Ihren Körper und was Sie gerade mit ihm machen.[42] Packen Sie mit den Händen das Lenkrad ganz fest? Ziehen Sie leicht Ihre Schultern hoch? Beißen Sie die Zähne aufeinander? Spannen Sie Ihre Oberschenkel an?

Vielleicht ist Ihnen aufgefallen, dass ich nicht frage, was Ihr Körper macht, sondern was Sie mit Ihrem Körper machen. Das habe ich bewusst so formuliert. Denn die Körperarbeit fußt auf der Erkenntnis, dass alles, was unser Körper »macht«, eigentlich etwas ist, das wir selbst tun und unbewusst steuern. Das zu verstehen, kann sehr befreien, weil es uns Handlungsspielraum zurückgibt.

Ein Satz, der Moshé Feldenkrais, dem Bewegungslehrer, Therapeut und Namensgeber der Feldenkrais-Methode, zugeschrieben wird, lautet: »Erst, wenn du weißt, was du tust, kannst du tun, was du willst.«[43] Ich weiß, das muss man sich mehrmals und langsam vorsagen. Nehmen Sie sich gern die Zeit.

Ich mag diesen Satz sehr, denn er erinnert uns an eine grundlegende Tatsache: Wenn wir uns unserer selbst und unserer Handlungen bewusst sind, können wir sie auch beeinflussen. Dabei hilft uns die *Interozeption*, und die haben wir alle, sonst wären wir nicht lebensfähig. Interozeption bezeichnet die Wahrnehmung der Informationen aus dem eigenen Körper, während es bei ihrem Pendant, der *Exterozeption*, um die Wahrnehmung von Reizen im Außen geht. Von der Interozeption ist allerdings nur ein Bruchteil bewusst wahrnehmbar, besonders deutlich wird sie, wenn wir uns beispielsweise krank fühlen, durstig sind oder Schmerzen haben. Wenn wir aber genau hinspüren, können wir durchaus noch mehr Signale wahrnehmen. Unseren Herzschlag zum Beispiel. Oder ob wir flach atmen.

Dass uns das oft schwerfällt, hängt teilweise damit zusammen, dass wir – zumindest in unserem Kulturkreis – diese Art des Aufmerksam-in-sich-Hineinlauschens nicht (mehr) gewohnt sind. Beim Gehen nutzen wir unseren Körper eigentlich nur als Taxi für unser Gehirn. Wir lassen unsere Beine unter uns herlaufen, während wir im Kopf mit To-do-Listen beschäftigt sind und damit, was wir gleich unserem Kollegen entgegnen werden, wenn der uns wieder schwach von der Seite anmacht. Wann haben Sie das letzte Mal darauf geachtet, wie Sie einen Fuß vor den anderen setzen? Was machen Sie währenddessen mit Ihren anderen Körperteilen? Und wie fühlt sich das an? Meistens bemerken wir unseren Körper erst, wenn er wehtut oder nicht mehr wie gewohnt funktioniert.

Unsere Gesellschaft ist dermaßen verkopft und intellektualisiert, dass wir vergessen, dass Kopf und Körper eine Einheit sind, untrennbar miteinander verbunden. Das zeigt sich nicht zuletzt in dem berühmten Satz des französischen Philosophen René Descartes: »Ich denke, also bin ich.«[44] Der portugiesische Neurowissenschaftler António Damásio (dessen bekanntestes Buch nicht umsonst *Descartes' Irrtum* heißt) widerspricht ihm und behauptet auf Basis zahlreicher empirischer Untersuchungen stattdessen: »Ich fühle, also bin ich.«[45] Die jahrhundertelang postulierte Trennung von Körper und Geist sei ein Irrtum, stattdessen würden sich Körper und Geist ständig gegenseitig beeinflussen.

Sind wir körperlich angespannt, werden wir anders entscheiden, als wenn wir körperlich entspannt sind. Wenn Sie das nächste Mal im Begriff sind, Ihre Liebsten anzumosern, weil der Klodeckel wieder mal offen steht oder die Spülmaschine nicht ausgeräumt wurde, beobachten Sie doch mal Ihre Körperhaltung, Ihre Atmung und Ihren Herzschlag. Wo bemerken Sie den Ärger über die unerhörten Haushaltsfrevel in Ihrem Körper? Es sind also diese somatischen Marker (die Anspannung, der schnelle Herzschlag, der flache Atem), die Sie durch das Gefühl von Ärger wahrnehmen und die Sie zu einer bestimmten Handlung verführen wollen.

Der Körper ist nicht das Taxi fürs Gehirn

Der Hauptjob unseres Gehirns ist, unser Überleben zu sichern.[46] Um diesen Job gut zu machen, kann es auf vergangene Erfahrungen zurückgreifen, das ist eine große Hilfe. Das Gehirn fragt sich also in jedem Moment: »Was habe ich das letzte Mal gemacht, als sich etwas so und so angefühlt hat?« und entscheidet dann basierend auf Gewohnheiten, was zu tun ist. Im Falle von Anspannung oder Herzrasen ist das Ergebnis: Attacke!

Allerdings sind Entscheidungen, die von unseren somatischen Markern beeinflusst werden, nicht immer die hilfreichsten. Im modernen Alltag geht es schließlich nur noch selten darum, sich vor hungrigen Raubkatzen zu retten, für die wir eine willkommene Nahrungsquelle wären. Im Unterschied zu unseren Vorfahren können wir es uns leisten innezuhalten, wir müssen nicht unserem ersten Impuls folgen. Dafür ist es aber notwendig, erst einmal zu bemerken, dass da ein Impuls ist, und zu spüren, wie sich dieser Impuls körperlich anfühlt.

Dieses bewusste Wahrnehmen der momentanen Verfasstheit von sich selbst und der Umwelt nennt sich Achtsamkeit. Dabei handelt es sich um eine Form von Aufmerksamkeit, eine offene und wache Neugier, mit der die Um- und Innenwelt wahrgenommen wird, ohne zu bewerten und ohne sich gleich wieder im Denken von Gedanken zu verlieren. Was nehmen Sie um sich und in sich wahr? Zieht sich Ihr Magen beispielsweise bei einer bestimmten Aussage zusammen? Bemerken Sie, dass Sie Ihre Zehen in den Boden krallen, wenn Sie sich erschrecken?

Achtsamkeit ist ein Bewusstseinszustand, den es sich lohnt zu üben, weil er uns hilft, uns selbst zu regulieren und unsere Impulse zu kontrollieren.[47] Indem wir nämlich durch Beobachtung in Erfahrung bringen, was unser Körper in bestimmten Situationen macht, können wir bewusst gegensteuern. Impulskontrolle bedeutet – wie es der Name schon sagt – unsere Impulse im Griff zu haben. Das ist es, was wir unseren Kindern beibringen, wenn wir sie schimpfen, weil sie im Sandkasten dem Spielgefährten die Schaufel über den Kopf ziehen. Impulsives Verhalten wird manchmal dranghaft und oft automatisch ausgeführt und umfasst eine sehr große Bandbreite: vom Impuls, beim Türklingeln aufzuspringen, bis hin zu impulsivem Verhalten, das einen selbst oder andere verletzt – das Spektrum dessen, was als Impuls verstanden wird, ist sehr breit. Impulskontrolle bezeichnet die Fähigkeit, den Impuls dann, wenn er nicht angebracht ist oder uns nicht guttut, zu steuern. Zum Beispiel, indem sie uns hilft, die Tüte Chips nicht auf einmal aufzues sen. Oder uns davon abhält, den unhöflichen Verkehrsteilnehmer zurückzubeleidigen.

Dafür steht allerdings zunächst einmal das Erkennen dessen, wie sich der Impuls körperlich äußert – also im Falle des Vorfalls im Straßenverkehr vielleicht durch eine flache Atmung oder gar durch das Ballen der Hände zu Fäusten. Das regelmäßige Üben von Achtsamkeit hilft uns, das im entscheidenden Moment wahrzunehmen.

Ein guter Zeitpunkt Achtsamkeit zu üben wäre zum Beispiel dann, wenn Sie das nächste Mal im Leerlauf sind und eigentlich zum Handy greifen würden. Etwa auf der Rolltreppe, in der Warteschlange, zwischen zwei Terminen – statt sich abzulenken, können Sie in diesen Momenten Achtsamkeit kultivieren, indem Sie die Aufmerksamkeit auf sich selbst lenken, auf Ihre Gefühle, aber auch auf Ihren Körper.

Das ist am Anfang vielleicht ungewohnt, und möglicherweise empfinden Sie das als sterbenslangweilig und als totale Zeitverschwendung. Sie wissen aber inzwischen, dass unser Gehirn auf Neues und Ungewohntes mit Widerstand und mit den tollsten Ausreden reagiert, damit es ja nicht noch mehr Energie aufwenden muss, um den Laden am Laufen zu halten. Deshalb können Sie die Einwände »Langeweile« und »Zeitverschwendung« gelassen ignorieren.

Kehren wir noch mal zurück zu der weiter oben geschilderten Situation, in der Sie im Auto sitzen und unter Zeitdruck sind, während der Fahrer vor Ihnen alle Zeit der Welt zu haben scheint. Sie wissen nun, wie hilfreich Achtsamkeit sein kann, und wollen dieses Wissen anwenden. Sie fixieren sich also nicht mehr auf den Sonntagsfahrer vor Ihnen, sondern richten Ihre Aufmerksamkeit auf Ihren Körper. Dabei stellen Sie allerhand Dinge fest, die Sie mit Ihrem Körper tun – Sie ziehen die Schultern hoch, beißen sich auf die Zähne, falten vor Anspannung die Stirn und so weiter. Dass Sie das bemerken, ist schon mal großartig! Und falls Sie noch nicht so viel bemerken, ist das nicht schlimm – den eigenen Körper differenziert wahrzunehmen ist tatsächlich Übungssache. Da wir das nicht mehr gewohnt sind, heißt es dranbleiben, dann wird es mit der Zeit einfacher.

Auf das Wahrnehmen folgt im zweiten Schritt das Bleibenlassen: Sie pressen Ihre Zähne aufeinander? Lassen Sie das. Sie ziehen Ihre Schultern hoch? Lassen Sie das. Sie spannen die Oberschenkel an? Lassen Sie auch das. Sie haben außerdem vergessen zu atmen? Holen Sie lieber tief Luft!

Bereits nach wenigen Sekunden werden Sie merken, dass nicht nur die körperliche, sondern auch die innere Anspannung nachlässt. Und in diesem Moment treten Ihr unmittelbares Erleben und die damit verbundenen Emotionen in den Hintergrund, Sie gewinnen Abstand und können dementsprechend überlegtere Entscheidungen treffen. Ihre Handlungsalternativen mehren sich ab dem Zeitpunkt, da Sie eine offenere und gelassenere (Körper-)Haltung einnehmen.

Die Beobachtung und Beeinflussung der Signale unseres Körpers ist Teil der Selbstfürsorge, die in Situationen von Ungewissheit und Kontrollverlust gefragt ist. Haben Sie Geduld, tun Sie sich selbst etwas Gutes und machen Sie es sich im Anpassungsprozess gemütlich. Der dauert nämlich, solange er dauert. Da gibt es keine Abkürzungen.

Auch meine Seekrankheit dauert, solange sie dauert, das heißt, bis sich mein Gleichgewichtsorgan an die ungewohnten Bewegungen gewöhnt hat. Wenn ich versuche, die Seekrankheit zu kontrollieren, und dagegen ankämpfe, wird sie bloß schlimmer. Doch je mehr ich verstehe, was in mir vorgeht und was ich auf See brauche, damit es mir gut geht, desto besser kann ich mit dem Leben auf dem Wasser umgehen. Inzwischen segeln wir soweit möglich vor allem bei längeren Passagen nur bei besten Segelbedingungen los. Ich bereite vor der Abfahrt Mahlzeiten für mindestens drei Tage vor, damit ich mich nach dem Ablegen entspannt zurücklehnen kann. Statt mich mit Durchhalteparolen zu quälen und mich »zusammenzureißen«, lasse ich die Seekrankheit zu und versuche meinen Körper in diesem Anpassungsprozess nicht noch zusätzlich zu stressen.

Genauso verhält es sich auch bei Anpassungsprozessen an neue und ungewohnte Situationen. Wenn wir, erstens, nicht auf uns achtgeben und, zweitens, verzweifelt am Alten, Gewohnten festhalten, behindern wir diesen Prozess – allein deshalb, weil unser Gehirn weniger Kapazitäten frei hat, um sich um die Anpassung kümmern zu können. Demgegenüber kann es sehr hilfreich sein, ein Verständnis für körperliche Prozesse und Vorgänge in uns zu entwickeln. Besonders wichtig ist es, die wechselseitige Beeinflussung von Körper und Psyche im wörtlichen Sinn zu begreifen. Das Gefühl von Verunsicherung löst bestimmte Körperreaktionen aus, und Körpererfahrungen – beispielsweise ein fehlender fester Boden – haben Auswirkungen auf unseren Gemütszustand. Wie in einer Rückkopplungsschleife wird dann das Gefühl von Verunsicherung immer stärker und die entsprechenden Körperreaktionen lassen sich immer weniger ignorieren.

Indem Sie sich diese Prozesse bewusst machen, können Sie dem entgegenwirken. Sie verstehen nun, dass unser Gehirn nichts Neues mag, und wie es unseren Körper und unsere Gefühle gegen Veränderung und die damit verbundene Ungewissheit in Abwehrstellung bringt, aber auch, wie Sie in Zusammenarbeit mit Ihrem Körper dafür sorgen, dass Sie sich nicht selbst auf den Leim gehen. Sie haben gesehen, dass es manchmal besser sein kann, nicht alles zu glauben, was Sie fühlen. Mindestens genauso hilfreich ist es, nicht alles zu glauben, was Sie *denken:* Unser Gehirn führt uns nämlich auch über unsere Annahmen und Wahrnehmungen sowie über unsere Gedanken und Vorstellungen immer wieder auf Abwege und gaukelt uns Gewissheiten vor, wo keine sind. Dazu im nächsten Kapitel mehr.

Das Wichtigste in Kürze

Was Sie aus diesem Kapitel mitnehmen können:

- Wir reagieren mit körperlichen Widerständen, wenn wir uns nicht auskennen – wir werden, metaphorisch gesprochen, »seekrank«.
- Der Körper ist nicht das Taxi fürs Gehirn.
- Körperliche Widerstände können zu emotionalen Bewertungen führen, die unsere Handlungsalternativen einschränken.
- Glauben Sie sich nicht alles, was Sie fühlen.
- Wenn Sie in der Überforderung sind (in der Panikzone), fordern Sie sich besser nicht noch zusätzlich.
- Die Anpassung an eine neue Situation dauert, solange sie dauert.
- Gefühle und Körperempfindungen enthalten wertvolle Informationen, wir sollten sie aber nicht als Handlungsanweisung verstehen.
- Wir können üben, diese Informationen durch Achtsamkeit besser wahrzunehmen.

Vom Wissen, nicht viel zu wissen

»Shit, Shit, Shit, wo kommt denn plötzlich das Schiff her?« Vor zwanzig Minuten, bei meinem letzten Rundumblick, war ich mir sicher, dass da draußen nichts war außer dem mit der schwarzen Nacht verschmelzenden Atlantik und unserem kleinen Boot mittendrin im Nirgendwo. Und jetzt sehe ich da plötzlich ein Licht hinter uns.

Für meinen Sportbootführerschein musste ich Jahre zuvor viel Theorie lernen, und ich erinnere mich lebhaft, wie ich Tage damit verbrachte, mich auf die Prüfung vorzubereiten. Ein wichtiger Prüfungsteil bestand in der richtigen Interpretation von Signalen und Lichtern bei Nacht, dafür mussten wir rote, grüne und weiße Punkte auf einem schwarzen Hintergrund richtig »lesen« und daraus schließen, was für ein schwimmendes Fahrzeug wie schnell in welche Richtung fährt. Damals hatte ich die richtigen Antworten einfach auswendig gelernt, überzeugt, dass ich in einer realen Situation niemals in der Lage sein würde, die Signale richtig zu deuten. Um nun nach nur wenigen Nächten auf dem Boot festzustellen, wie erstaunlich das Gehirn arbeitet – ich kann in der Tat ausgehend von einem schwachen Lichtschimmer am Horizont sagen, ob sich da etwas nähert und ob es eine Gefahr für uns ist!

Und ein Licht so nah hinter uns ist definitiv mehr als beunruhigend.

Ich laufe also nach unten und versuche das unbekannte Fahrzeug anzufunken – ohne eine Antwort zu erhalten. Auch auf dem AIS[48] ist nur unser Boot zu sehen, wie seltsam. Aber in so einer Situation geht man besser auf Nummer sicher, also mache ich mich für einen harten Kurswechsel fertig. Davor *checke ich noch ein letztes Mal im Cockpit die Lage und stelle fest, dass das Licht sich bewegt hat. Zu meiner großen Verwirrung allerdings in keine Richtung, die für mein Hirn einen Sinn ergibt, nämlich nach oben! Nun ist zwei Uhr morgens nicht meine intellektuelle Hochzeit, deshalb dauert es ein paar sehr lange Augenblicke, bis es mir schließlich dämmert: Das ist gar kein Schiff. Das ist die Venus, die gerade aufgegangen ist! Mein geübtes Hirn hat mich total in die Irre geführt. Kein Wunder, dass niemand ans Funkgerät gegangen ist.*

Wann waren Sie sich das letzte Mal hundertprozentig sicher, etwas gesehen zu haben, um dann festzustellen, dass Sie ganz falsch lagen? Das passiert tatsächlich viel häufiger, als wir das vielleicht wahrhaben wollen, denn, was wir mit eigenen Augen sehen, das halten wir für wahr: »Ich weiß doch, was ich gesehen habe!«

Aber nicht nur die Augen spielen uns manchmal einen Streich. Als unser einhandsegelnder Freund Georg einmal durch dichten Nebel navigierte, hörte er plötzlich ein Tuten. Dazu muss ich sagen, dass es auf dem Wasser üblich ist, bei dichtem Nebel in regelmäßigen Abständen mit dem sogenannten Nebelhorn andere Seefahrzeuge vor der eigenen Anwesenheit zu warnen. Wenn man so ein Signal hört, erwidert man es als Bootsführer mit dem eigenen Nebelhorn. Georg antwortete also pflichtbewusst auf jedes Tuten mit einem eigenen Tuten. Als das Signal immer näher kam, wurde er nervös und versuchte angestrengt, in der dicken Nebelsuppe das andere Schiff auszumachen.

Was dann aber aus dem Nebel auftauchte, hatte er nicht erwartet: eine Heulboje, also eine schwimmende Boje, die bei Wellengang und Wind von selbst Geräusche abgibt, um vorbeifahrenden Schiffen Orientierung zu geben. Georg hatte sich also eine halbe Stunde tutend mit einer Heulboje »unterhalten«.

Wir treffen ständig Annahmen über uns selbst, über unsere Mitmenschen oder unsere Umwelt. In jedem Moment versuchen wir,

einen Sinn aus dem zu konstruieren, was wir wahrnehmen. Lange
Zeit dachte man, dass visuelle Informationen mehr oder weniger
wie Fotografien ins Gehirn übermittelt würden, also als eine exak-
te Abbildung dessen, was sich vor den Augen abspielt. Das stimmt
so aber nicht. Das, was Sie von der Welt sehen, ist nicht vergleichbar mit einem Foto. Es ist eine Konstruktion Ihres Gehirns, die so
überzeugend ist, dass Sie sie für die Wirklichkeit halten.

Ihr Gehirn sitzt nämlich sein ganzes Leben lang in einem fens-
terlosen Raum – Ihrem Schädel. Das, was wir als Geräusche, Gerü-
che und Gefühle wahrnehmen, sind für das Gehirn zunächst einmal nur Schwingungen, chemische Stoffe und Druckunterschiede,
die ihm von unseren Sinnen übermittelt werden und die für sich
genommen noch keinerlei Bedeutung haben. Um nun seinen Job
zu machen, nämlich, Sie am Leben zu erhalten, muss das Gehirn
in jedem Augenblick blitzschnell entscheiden, was als Nächstes zu
tun ist. Dazu nutzt es die aktuellen Daten und gleicht sie mit den
in Form von Erinnerungen abgespeicherten Informationen ab.[49]

Als Nicht-Seglerin hätte ich mit ziemlicher Sicherheit das Licht
hinter uns nicht für ein herannahendes Schiff gehalten. Aber da mein
Gehirn durch die Ausbildung und die Erfahrung auf die Identifizie-
rung solcher Signale trainiert war und es darüber hinaus tatsächlich
die Wahrscheinlichkeit auf ein längeres Leben erhöht, wenn man
nicht von einem Frachter überfahren wird, schlug es Alarm.

The map is not the territory

Um unser Überleben zu sichern, muss unser Gehirn ständig entscheiden und auswählen, welche Daten relevant sind, wie sie miteinander in Beziehung zu setzen sind und welche überhaupt ins
Bewusstsein gelangen.

Von den in jeder Sekunde auf uns einströmenden Millionen von »Basiseinheiten von Informationen« (Bits) dringt tatsächlich nur ein winziger Bruchteil in unser Bewusstsein vor: In der Forschung geht man von gerade mal 50 bis 60 Bits aus! Der Hirnforscher Gerhard Roth schätzt, dass uns weniger als 0,1 Prozent von dem, was unser Gehirn tut, in dem Moment überhaupt bewusst wird.[50]

Dass unser Gehirn eine Vorauswahl trifft und Wahrgenommenes mit vorhandenen Erinnerungen verknüpft, ist gut so, sonst wären wir total überfordert. Wir würden die Orientierung verlieren, denn wir wären nicht mehr in der Lage, aus so einer Flut an Informationen Sinnzusammenhänge herzustellen, und die brauchen wir. Menschen sind deshalb immer auf der Suche nach Mustern, nach Zusammenhängen, nach der Ursache zur Wirkung, daran orientieren wir uns. Entsprechend sind wir alle geborene Geschichtenerzähler. Das ist einerseits fantastisch, weil es uns das Leben erleichtert und außerdem viel schöner macht, andererseits neigen wir dadurch ständig dazu, Sinnzusammenhänge herzustellen und Muster zu erkennen, wo vielleicht gar keine sind. Und so verwechseln wir Planeten mit Schiffen. Das, was wir wahrzunehmen meinen, ist stets eine Projektion und sagt mehr über uns selbst aus als über das, was wir zu sehen meinen.

Tatsächlich gibt es immer mehr Studien aus der Psychologie und der kognitiven Wissenschaft, die besagen, dass wir gar nicht wissen, warum wir so handeln, wie wir es tun, warum wir die Dinge wählen, die wir wählen, oder die Gedanken denken, die wir denken.

Bei einer Studie sollten Probanden zum Beispiel die Persönlichkeit einer ihnen fremden Person einschätzen, über die sie nur wenige Informationen erhielten.[51] Während sie einzeln zum Testraum geführt wurden, wurden alle Versuchsteilnehmer unter einem Vorwand dazu gebracht, kurz das Getränk des Versuchsleiters zu halten. Der Witz war, dass dieses bei der ersten Versuchsgruppe kalt und bei der zweiten heiß war. Die Teilnehmer in der Gruppe mit dem Heißgetränk nahmen deutlich positivere Einschätzungen vor als die »kalte« Vergleichsgruppe. Aber natürlich begründete jeder Teilnehmer seine Beurteilung rational.

Genauso wie diese Heißgetränkhalter erschaffen wir uns alle ständig Narrative, kleine Geschichten, um zu erklären, warum wir tun, was wir tun, warum wir entscheiden, wie wir entscheiden.[52] Und liegen damit sehr oft völlig daneben. Nicht nur Temperatur-empfindungen beeinflussen unser Urteil – auch andere Körpererfahrungen tun das. Wie schon im vorherigen Kapitel dargestellt, können sich Nähe und Distanz und die Intensität eines Händedrucks erfahrungsgemäß für uns so unangenehm und ungewohnt anfühlen, dass dieses Unwohlgefühl sofort zu einer negativen Bewertung über die Person führt, die dieses Gefühl in uns verursacht.

Die Art und Weise, wie unser Gehirn Informationen zur Weiterverarbeitung auswählt, beruht also auf einem System, das wir nicht bewusst wahrnehmen und das uns glauben lässt, wir würden »objektiv« wahrnehmen und handeln, obwohl wir das nicht tun. Im Radikalen Konstruktivismus, einer bestimmten Position der Erkenntnistheorie, geht man sogar davon aus, dass es nicht möglich ist, die »wirkliche« Wirklichkeit wahrzunehmen; Objektivität existiert demnach nicht, jede Wahrnehmung ist völlig subjektiv, und wir konstruieren uns unsere Wirklichkeit in jedem Moment selbst. So wie auf einer Landkarte, die ja nur bestimmte und für den jeweiligen Kontext relevante Ausschnitte zeigt, zeigt sich auch in unserer Wahrnehmung nur ein bestimmter, für uns stimmiger Ausschnitt beziehungsweise ein Modell der Wirklichkeit, was sich in dem englischen Satz »The map is not the territory« (was man in etwa mit »Die Karte ist nicht das Terrain« übersetzen könnte) niederschlägt.[53]

Dabei ist das Grundmotiv unseres Gehirns ein ehrbares: Es will uns schützen und unser Leben leichter machen. Indem es zum Beispiel nur die Bits aus der Informationsflut herauspickt und uns bewusst wahrnehmen lässt, die uns nicht in Verwirrung stürzen, weil sie zum bereits Bekannten passen. Kognitive Verzerrungen sind also ganz normal und sehr menschlich. Nur sollten wir uns klar darüber sein, dass es sie gibt und dass die Welt, wie wir sie sehen, so ist, wie unser Gehirn es uns glauben macht.[54]

So beeinflussen nicht nur körperliche Eindrücke, wie wir die Welt sehen, sondern auch unsere Herkunft und Geschichte – unser Kontext. Zwei Leute können dieselben Tatsachen sehen und ihnen komplett unterschiedliche Bedeutungen zuschreiben, so wie in dem bei Paul Watzlawick wiedergegebenen Witz, in dem eine Laborratte einer anderen erzählt, sie habe den Mann so trainiert, dass er ihr Futter gebe, wenn sie den Hebel drücke. Die Interpretation des Versuchsleiters ist natürlich genau umgekehrt, für ihn ist der Hebeldruck der Ratte eine erlernte Reaktion auf den von ihm vorgegebenen Reiz. Beide erleben dieselbe Situation, schreiben ihr aber völlig unterschiedliche Bedeutungen zu, leben also buchstäblich in zwei verschiedenen Wirklichkeiten.[55]

Wie stark diese Verzerrungen wirken, hat sich nicht zuletzt während der Pandemie deutlich gezeigt: Weder diejenigen, die ob der Gefährlichkeit des Virus besorgt waren, noch die Skeptiker hatten Schwierigkeiten, »Beweise«, sprich Statistiken und Berichte zu finden, um ihre jeweilige Annahme zu belegen. Wer sucht, der findet – im Internet sowieso.

Überhaupt das Internet – ganz speziell die sozialen Medien sind durch ihr Geschäftsmodell und die dementsprechenden Algorithmen ein logischer Verstärker des Wahrnehmungsfilters und dadurch zu einem echten Problem für unsere Gesellschaft geworden.

Lassen Sie mich das kurz erklären: Unsere Aufmerksamkeit ist die Ware, mit der Facebook und ihre Kollegen handeln; ihre Kunden sind nicht die Nutzer, sondern die, die auf den sozialen Medien Werbeanzeigen schalten. Jedes Verweilen auf einem Beitrag oder einer Werbeanzeige, jeder Klick, jeder Like lässt die Kasse klingeln. Je genauer die Plattform seine Nutzerinnen kennt, desto wertvoller sind sie für Werbekunden. Und je länger eine Plattform die Aufmerksamkeit seiner Nutzer halten kann, desto besser (sprich: lukrativer). Je länger ich weiterscrolle, desto höher die Wahrscheinlichkeit, dass ich eine Werbung sehe, die mich anspricht. Was bedeutet, dass der Algorithmus auswählt, was mir gezeigt wird, nämlich das, womit ich am ehesten Zeit verbringe und interagiere.

Der Algorithmus spült ständig die Beiträge in meinen Newsfeed, die mich in meiner Weltsicht bestätigen. Andere Ansichten und meiner Meinung wahrscheinlich zuwiderlaufende Beiträge werden mir dagegen gar nicht erst gezeigt, ganz einfach. Warum auch, das bringt keine Likes und vergrault die Nutzer. Also »Willkommen in der Echokammer«[56]. Ob die Vertiefung der Gräben zwischen den Menschen nun alleine an den Algorithmen liegt, darüber kann man unterschiedlicher Meinung sein. Wenn ich prinzipiell nicht offen für andere Sichtweisen bin, würde es wahrscheinlich auch nicht helfen, wenn man mir einen Blick über den Tellerrand der eigenen Filterblase ermöglichte.[57] Andererseits fördert es auch keine Offenheit, wenn meine Wirklichkeit durch die permanente Einseitigkeit der uns zur Verfügung gestellten Informationen keinen Raum mehr für andere Deutungsmöglichkeiten lässt.

Der Journalist Jan Fleischhauer erlebte das vor ein paar Jahren im Selbstversuch. Er legte sich einen Fake-Account auf Facebook zu und gab sich als AfD-nahe Frau aus: »Es ist erstaunlich, wie sich die Wahrnehmung verdüstert, wenn Facebook einen als AfD-Sympathisanten identifiziert hat. Man tritt in eine Welt, in die selten ein Sonnenstrahl fällt.«[58] Sofort bekam er regelmäßig Videoclips in seinen Newsfeed gespielt, in denen arabisch aussehende Jugendliche auf um Hilfe rufende Menschen einschlugen – immer mit der Aufforderung, die Videos unbedingt zu teilen. »Wer das länger mitmacht, muss unweigerlich zu dem Schluss gelangen, dass Deutschland vor die Hunde geht, wenn sich nicht bald was ändert.«[59] Das Verrückte: Nichts davon fand sich in den einschlägigen Nachrichten.

Für Menschen, die sich in dieser Blase aufhalten, kann das eigentlich nur bedeuten, dass die Presse lügt. Oder dass sie Falschdarstellungen oder Verzerrungen ausgesetzt werden. Aber nachdem wir ja wissen, dass unserem Gehirn unser Selbstbild »am Herzen« liegt, entscheidet es sich doch gerne für die erste Variante. In diesem Fall für das Urteil: Lügenpresse.

Die sozialen Medien tragen also möglicherweise nicht zuletzt durch ihr Geschäftsmodell dazu bei, dass wir tatsächlich in verschiedenen Realitäten leben und immer schwerer miteinander ins Gespräch kommen. Dass das, von dem wir meinen, es mit Gewissheit sagen zu können, sich fundamental von dem unterscheidet, was andere meinen sicher zu wissen. Vertieft wird der Graben noch durch sogenannte Trolle[60], die bewusst Falschinformationen und Provokationen verbreiten, und den rüden Umgangston, der der Anonymität im Netz geschuldet ist. Persönlich habe ich noch nie so viele Gesprächsabbrüche wie im Corona-Jahr erlebt. Ich habe mitverfolgt, wie Menschen, die eigentlich befreundet waren, plötzlich nicht mehr miteinander redeten, sich »entfreundeten«, weil sie auf einmal nicht mehr in derselben Wirklichkeit lebten.

Und das ist nicht wirklich überraschend: Gerade in Krisenzeiten wie zum Beispiel während einer globalen Pandemie, in denen nichts mehr seinen gewohnten Gang geht, sind es unsere Ansichten, Annahmen und Meinungen, unser Blick auf die Welt und das, was wir für wahr halten, was uns vermeintlich Halt gibt, weshalb das alles bis aufs Äußerste verteidigt werden muss. Das infrage zu stellen, hieße – so die darunterliegende Angst – *uns* infrage zu stellen. Das kann nicht sein, das darf nicht sein.

Was wir schon in Zeiten von gefühlter Stabilität nur schwer hinbekommen, nämlich uns selbst und anderen Fehler und Irrtümer einzugestehen, Schwäche zu zeigen und einander wirklich aufmerksam zuzuhören, wird in Krisenzeiten zur Zerreißprobe. Wenn der Boden schwankt, suchen wir nach Halt, nach vermeintlichen Gewissheiten. Wir halten uns fest an Fakten und Wahrheiten, an Überzeugungen und Ideologien – nicht zuletzt, um uns einem Lager zugehörig zu fühlen, uns mit etwas, mit jemandem zu identifizieren. Dabei teilen wir alle wahrscheinlich so viel mehr, als uns trennt: Die Verunsicherung darüber, wie es weitergeht. Den Schmerz über den Verlust des Gewohnten. Die Trauer darüber, dass wir unsere Feste nicht gemeinsam feiern, unsere Kranken nicht besuchen und unsere Alten nicht begleiten durften. Dass wir so viel nicht wissen und nicht wissen können. Darüber miteinander zu sprechen, den anderen mitzuteilen, wie es uns geht und wie wir uns fühlen, anstatt uns gegenseitig anzuklagen. Uns gegenseitig einzugestehen, dass wir keine Gewissheit haben, würde uns entlasten, doch gerade unsere Angst, dann jeden Halt zu verlieren, hält uns davon ab. Wie wir die Welt sehen, ist also stark durch unseren jeweiligen Blick beeinflusst, und der eigene Blick, also unsere Interpretation dessen, was wir wahrnehmen, kann sich stark von dem Blick eines anderen unterscheiden.

Grenzen unserer Wahrnehmung

Diese von unserem Gehirn in seiner Pförtnerfunktion gelenkte Sinnkonstruktion ist jedoch nicht die einzige Einschränkung unserer Wahrnehmung. Auch wenn wir in der Lage wären, die Millionen Bits an Information zu verarbeiten, die ständig auf uns einströmen, hätten wir noch immer kein vollständiges Bild der Welt, in der wir leben.

Die Möglichkeiten der Sinneswahrnehmung sind von Mensch zu Mensch sehr unterschiedlich. Die einen können kaum in ein Elektrofachgeschäft gehen, ohne von dem ganzen Gepiepse irre zu werden, die anderen riechen den Müllwagen schon, bevor er um die

Ecke biegt. Oder bekommen Brechreiz, wenn im gleichen U-Bahn-Abteil jemand Red Bull trinkt. Wieder andere sehen Töne und hören Farben, das nennt man dann Synästhesie.[61] Unsere Wirklichkeiten unterscheiden sich also schon dadurch, wie unsere Sensoren eingestellt sind, durch die wir uns die Welt erschließen. Als Sehende kann ich mir nicht vorstellen, wie jemand, der blind ist, die Welt um sich herum erfährt. Als Hörende liegt es außerhalb meines Zugriffs, wie es wohl sein mag, nichts zu hören. Auch als weißer Frau bleiben mir zahllose andere Perspektiven verschlossen.

Vor allem hören, sehen, riechen und spüren wir anders als andere Spezies, hier stoßen wir rein physikalisch und physiologisch an Grenzen. Zum Beispiel hören Hunde die Hundepfeife, wir Menschen nicht. Deren Töne liegen ober- und unterhalb bestimmter Frequenzen, die für das menschliche Ohr nicht wahrnehmbar sind. Diese Sinneseindrücke finden also für uns schlicht nicht statt, obwohl sie da und durchaus messbar sind.

Es gibt Muster in der Natur, die wir gar nicht sehen können, weil sie nur in einem bestimmten Wellenlängenbereich sichtbar sind, den Menschen nicht wahrnehmen, Bienen und Hummeln aber möglicherweise schon. Anders als Fledermäuse können wir keinen Ultraschall wahrnehmen, und wir verfügen über kein Seitenlinienorgan, wie Fische es haben, um in Formation schwimmen und spüren zu können, wenn sich ein Fressfeind nähert. Genauso fehlt uns der Magnetsinn, der Zugvögel auf ihrer Reise leitet. Wir können uns schlicht nicht vorstellen, wie eine Fledermaus, ein Fisch oder ein Vogel die Welt wahrnimmt. Übrigens haben auch Pflanzen einen Tastsinn, sogenannte Mechanorezeptoren – Sinneszellen für Berührung.[62] Aber wie fühlt eine Pflanze? Vielleicht wird uns eines Tages eine Technologie ermöglichen, das alles nachzuvollziehen,[63] aber bis dahin bleibt uns diese Erfahrung verschlossen.

Wir sind in unserer Erschließung der Welt auf das beschränkt, was wir überhaupt wahrnehmen können. Alles, was darüber hinausgeht, entzieht sich unserer Erfahrung und dementsprechend unserem Erkenntnishorizont. Sehr anschaulich wird das in einer erstmals 1884 erschienenen Erzählung namens »Flatland« geschildert. Der Ich-Erzähler, ein Quadrat, begegnet darin unter anderem einer Kugel, von der er, als zweidimensionales Wesen, natürlich immer nur einen Ausschnitt sehen kann. Die Kugel versucht ihm verzweifelt zu erklären, wie ein dreidimensionaler Raum aussieht und was die Wörter »oben« und »unten« bedeuten. Doch scheint es unmöglich, mit Begriffen das zu beschreiben, was jenseits der Erfahrung liegt. Erst als die Kugel das Quadrat mit in ihre Dimension nimmt, *begreift* das Quadrat, was durch ihre Worte nicht zu vermitteln war.[64] Genauso, wie dem Quadrat die Vorstellung einer dritten Dimension schwerfällt, geht es uns, wenn wir versuchen, uns eine vierte, fünfte oder jede weitere Dimension auszumalen. Unsere Auffassung steckt im Korsett unserer Erfahrungen, das sollten wir uns in Erinnerung rufen, wenn uns etwas unmöglich scheint.

Auch unsere Sprache formt unsere Wahrnehmung. Durch sie kategorisieren und strukturieren wir unsere Erfahrungen, durch sie erschließen wir uns die Welt. Zum ersten Mal wurde mir dies vor vielen Jahren deutlich, als eine Freundin, die gut Italienisch konnte, mir eröffnete, dass es im Italienischen eine Bezeichnung für das Gefühl wohliger Müdigkeit nach einem guten Essen gab. Der Zustand, in dem man pappsatt ist, aber sich dabei richtig gut fühlt: »abbiocco«. Ich war begeistert, ich hatte gar nicht gewusst, dass man auch positiv vollgefressen sein kann. Ab dem Zeitpunkt fiel mir immer öfter auf, wie sehr uns unsere eigene Sprache beeinflusst und begrenzt in dem, wie wir die Welt sehen. Später in meinem Japanologie- und Sinologiestudium stieß ich andauernd auf Strukturen, Wörter und Ausdrücke, die in meinem Kopf und in meinem Herzen die Türen und Fenster weit öffneten. So konnte man die Welt da draußen also auch sehen!

Was mich aber am meisten beeindruckt hat, war, wie schwer es ist, das vertraute Gerüst loszulassen. Ich war beim Sprachenlernen eigentlich immer recht gut, weil ich dabei sehr analytisch vorging. Ich musste bloß einen Satz in seine Einzelteile zerlegen und übersetzen, ganz einfach. Sobald ich einmal die Struktur verstanden hatte, ging alles Weitere ziemlich schnell. Das funktionierte allerdings nur, solange die andere Sprache strukturell dem Deutschen ähnlich war.

Mit Chinesisch ging das nicht mehr, das merkte ich spätestens dann, als ich in Taiwan lebte und von dieser Sprache umgeben war. Ich konnte die Leute einigermaßen verstehen und mich verständlich machen, aber es war holprig, unbeholfen. Bis mir irgendwann klar wurde, dass der Knackpunkt mein vertrautes Sprachgerüst war. Ich versuchte nach wie vor, mich an vertrauten Strukturen entlangzuhangeln – Subjekt, Prädikat, Objekt. Ab dem Moment, da ich mich davon löste, fing ich an, in der fremden Sprache wie ein Fisch im Wasser zu schwimmen, anstatt strampelnd zu versuchen, mich irgendwie über Wasser zu halten. Und die Welt um mich herum begann sich ebenfalls zu verändern. Ich nahm andere Dinge wahr als zuvor, denn ich hatte plötzlich eine Sprache dafür. Ich erfuhr in der Alltagspraxis, was der Philosoph Ludwig Wittgenstein dazu gesagt hatte: »Die Grenzen meiner Sprache bedeuten die Grenzen meiner Welt.«[65]

Ich weiß, dass ich nichts weiß

Natürlich wissen wir, dass wir bei Weitem noch nicht alles wissen, mit der Betonung auf »noch«. Dafür gibt es ja die Wissenschaft! Wir wiegen uns gerne in dem Glauben, dass wir durch Forschung und Technologie irgendwann einmal alles wissen können. Dass eines

Tages alle Rätsel gelöst sein werden. Und so ganz abwegig ist das ja nicht, wenn man sich unseren Erkenntniszugewinn allein in den letzten paar Hundert Jahren ansieht.

Von der Erkenntnis, dass die Welt keine Scheibe ist, über die Entdeckung der Schwerkraft hin zu der der Elektrizität, des Magnetismus, die Erfindungen von Dampfmaschine, Auto, Flugzeug, Rakete, Computer und Internet – all das ist in atemberaubender Geschwindigkeit passiert, vor allem, wenn man sich überlegt, dass unsere Vorfahren schon die ersten 90.000 Jahre gebraucht haben, um vom Jagen und Sammeln auf Sesshaftigkeit und Ackerbau umzusteigen.

Es gibt also die Dinge, von denen wir wissen, dass wir sie wissen, und es gibt die Dinge, von denen wir wissen, dass wir sie (noch) nicht wissen. Darum kümmern sich die Wissenschaft oder die Religion. Es gibt aber auch Dinge, von denen wir nicht wissen, *dass* wir sie wissen. Dinge, die uns so selbstverständlich sind, dass wir uns darüber keine Gedanken machen. Von denen andere keine Ahnung haben, dass wir sie wissen beziehungsweise dass es da überhaupt etwas zu wissen gibt.

Und dann gibt es Dinge, von denen wir nicht mal wissen, dass wir sie nicht wissen. Die wir vielleicht gar nicht wissen können, weil sie für uns nicht wissbar sind. Viele zukünftige Entdeckungen werden uns wahrscheinlich Erkenntnisse bringen, von denen wir heute noch nicht mal wissen, dass wir sie wissen könnten. Unseren Vorfahren ging es zum Beispiel mit der Schwerkraft so. Die war immer schon da, und sie wurde von den Menschen erst vor wenigen Jahrhunderten bewusst als wirkende Kraft wahrgenommen, bewiesen und gemessen; vorher hatte man schlicht keine Ahnung, dass es da etwas zu entdecken gab. Ein Stein fiel halt herunter und blieb dort liegen, weil das seine natürliche Position war. Für Aristoteles war diese Auffassung sogar der Beweis, dass die Erde das Zentrum des Universums war, da alle schweren Gegenstände laut seiner Auffassung dorthin strebten.[66]

Eher trifft allerdings die seinem berühmten Kollegen Sokrates zugeschriebene Aussage zu: »Ich weiß, dass ich nichts weiß.« Es ist nämlich ein wahres Paradox, dass wir, je mehr wir wissen, desto mehr erkennen, was wir nicht wissen. Ich habe diese Erfahrung erstmals während meines Studiums gemacht, und zwar immer dann, wenn ich für eine Hausarbeit oder ein Referat Literatur wälzen musste. Ich fing mit einem Buch an und schaute dann hinten in den Literaturangaben nach, was es an brauchbarem Material gab. Um gleich noch eine Handvoll Bücher in der Unibibliothek zu bestellen, bei denen ich dann wieder hinten in den Angaben nach noch mehr Literatur… und so weiter. Es dauerte nicht lange und ich war total frustriert, weil ich merkte, wie wenig ich wusste und gelesen hatte.

Die Kehrseite dieses Paradoxes nennt sich übrigens Dunning-Kruger-Effekt.[67] Dabei kann begrenztes Wissen dazu verleiten, zu denken, man wüsste mehr, als das tatsächlich der Fall ist. Unwissen führt demnach zu mehr Selbstvertrauen, als Wissen es tut. Mich persönlich machen inzwischen starke Überzeugungen misstrauisch, und zwar sowohl meine eigenen als auch die von anderen, weil sie zum einen eine falsche Sicherheit vorgaukeln und zum anderen die Demut und Offenheit verhindern, die es in unserer komplexen und ungewissen Welt eigentlich bräuchte.

Andererseits kann die Erkenntnis, wie viel man nicht weiß, nicht nur frustrierend sein, sie kann auch Angst machen. Schließlich fürchten wir nichts mehr als das Unbekannte. Die unsichtbare Bedrohung ist in Horrorfilmen weit gruseliger als jedes Monster. Ich kann mich gut daran erinnern, wie ich mit 13 Jahren zum ersten Mal *ES* von Stephen King gelesen habe. Der Clown war schon schlimm genug, aber das eigentlich Gruselige war das formlose Böse, von dem der Clown nur eine von vielen Gestalten war. Das, von dem ich zitternd bis zum Finale nicht *wusste*, was es war, wie es aussah. Soweit ich mich erinnere, habe ich danach tagelang nicht geschlafen.

Es ist das Unvorstellbare, das Unbekannte, die Leerstelle, die uns ängstigt und die uns auch Angst vor dem Tod haben lässt, denn der Tod ist das ultimativ Nicht-Wissbare. Ist er das Ende? Oder kommt danach noch etwas?

Das hat auch den Hirnforscher David Eagleman beschäftigt, dem allerdings das Nicht-Wissen weniger Angst macht, als dass es seine Kreativität befeuert: Neben seiner wissenschaftlichen Arbeit ist er auch Schriftsteller und macht in seiner zauberhaften Kurzgeschichtensammlung »Sum« 40 verschiedene Vorschläge, wie es nach dem Tod weitergehen könnte. Seine Leidenschaft für die Wissenschaft begründet David Eagleman sogar damit, dass durch das Forschen an den Rändern des Wissens immer noch mehr Fragen freigelegt werden. Hinter jeder Tür liegen viele weitere verschlossen, und in seinen literarischen Texten spielt er damit, was hinter diesen Türen liegen könnte.[68] Und eröffnet so auch für uns die Möglichkeit, unsere Angst vor dem Ungewissen mit Neugier zu tauschen. Es berührt mich, wenn ein Neurowissenschaftlicher, der sich sonst streng analytisch mit Hirnströmen beschäftigt, sich so leicht und spielerisch dem Nicht-Wissbaren nähert. Wenn er frei, offen und poetisch damit umgeht, noch ganz viel nicht zu wissen. Und es völlig okay findet, im Dunkeln zu tappen.

Anstatt sich also aus Angst vor dem Unbekannten an vermeintlichen Wahrheiten festzuhalten, kann es sogar befreien und kreativ werden lassen, wenn wir verstehen, wie wenig wir tatsächlich wissen und wissen können und wie viel Offenheit das tatsächlich bedeutet. Die einzige Gewissheit, die wir dann noch brauchen, lautet: Wo Ungewissheit, da Möglichkeit.

Glaube nicht alles, was du denkst

Was wir wahrnehmen und meinen zu wissen, hängt durchaus nicht nur von uns allein ab. Um in unserer Umwelt zu überleben, müssen wir uns ständig an neue Gegebenheiten anpassen. Müssten wir dafür erst alle Informationen selbst sammeln und alle benötigten Erfahrungen eigens machen, hätten wir ganz schön zu tun. Glücklicherweise können wir von anderen lernen – von unserer Familie, unseren Freunden, in der Schule etc. Dabei nehmen wir jedoch nicht nur die Informationen, die uns übermittelt werden, auf, sondern auch die Art und Weise, wie sie verarbeitet werden. Wir bekommen unsere Art zu denken von unseren nächsten Bezugspersonen und der Gesellschaft, in der wir leben, und geben sie an unsere Kinder weiter. Man könnte sagen, es macht uns sogar als Menschen aus, dass wir als soziale Wesen die Gedankenstrukturen unserer Umgebung übernehmen können und das auch laufend tun.

Die Gesellschaft an sich ist eine Art »geistiger Organismus«[69] und formt die Welt, wie wir sie erleben. Er ist Teil von uns und wir sind Teil von ihm.[70] Diese kollektiven Gedankenformen bestimmen auch, was wir für möglich und unmöglich halten.

Das, was wir meinen zu wissen, hängt also stark von unserer Umgebung ab, unsere Wahrheit von der Wahrheit der Gruppe, zu der wir uns zugehörig fühlen. Mit dieser Wahrheit identifizieren wir uns ebenso wie wir uns mit unserer sozialen Gruppe identifizieren. Unsere Grundannahmen decken sich weitestgehend mit den Annahmen derer, die wir lieben, schätzen und respektieren und von denen wir geliebt, geschätzt und respektiert werden wollen.

Das, von dem wir also meinen, es sicher zu wissen, sind oft nicht hinterfragte Gedankenstrukturen, die wir übernommen haben, und es ist gar nicht so einfach, sich von ihnen zu lösen. Selbst wenn wir Gedanken oder Meinungen entwickeln, die von der vorherrschenden Sichtweise der eigenen sozialen Gruppe abweichen, fällt es uns schwer, diese dann auch zu äußern, da wir daraus resultierende Konflikte fürchten müssen. So sehr identifizieren wir uns mit diesen »Wahrheiten«, dass es uns den Boden unter den Füßen wegziehen kann, wenn wir oder eben andere unserer Bezugsgruppe sie ernsthaft infrage stellen.

Tatsächlich zeigt sich gerade im überreizten Klima einer Krise, in der die Menschen ohnehin schon stark verunsichert sind, dass eine Kommunikation über abweichende Positionen mit sehr viel Achtsamkeit und Fingerspitzengefühl geführt werden muss, weil sie sonst als feindlicher Akt interpretiert wird.

Aber auch wenn uns die kollektiven Gedankenformen bei der Orientierung helfen, können sie uns andererseits ein Bein stellen. Wenn wir zu sehr an den gewohnten und akzeptierten Denkmustern festhalten, haben wir keinen Platz für neue Ideen und Veränderung.

Sogar den Menschen, denen man wohl die größte Objektivität und Unabhängigkeit im Denken nachsagt, geht es nicht anders. Wissenschaftler sind genauso anfällig dafür, in bestehenden Denkmustern und Gedankenformen zu verharren, wie alle anderen auch.

So müssen auch in der Wissenschaft neue Erkenntnisse erst eine breitere Akzeptanz finden, bevor sie als valide akzeptiert werden, da es auch Wissenschaftlern schwerfällt, gehätschelte und lieb gewonnene Gedankenformen loszulassen, in die man möglicherweise viel Arbeit und Lebenszeit investiert hat.

Einsteins eher abwehrende Reaktion auf die Entdeckung der Quantenmechanik wurde zu dem geflügelten Wort: »Gott würfelt nicht.«[71] Dabei hatte er selbst wenige Jahrzehnte zuvor mit seiner allgemeinen Relativitätstheorie die Welt der Physik auf den Kopf gestellt und erfahren müssen, dass es viele Jahre dauerte, bis sie von einer Mehrzahl der Physiker ernst genommen wurde. Man möchte vielleicht meinen, dass bahnbrechend neue Erkenntnisse sofort erfreut von der Wissenschaftsgemeinschaft begrüßt werden, aber von wegen. Auch Wissenschaftler halten an ihrem Weltbild fest, besonders wenn es gut zu den eigenen Erkenntnissen passt und außerdem in Mode ist.

Nun ist die Quantenphysik noch um einiges herausfordernder als die Relativitätstheorie, erschüttert sie doch eine unserer fundamentalen Grundannahmen, nämlich die, dass unsere Welt materiell und im Kern stabil ist. Es ist schon erstaunlich genug, dass kein einziges der Bestandteile, die in diesem Moment unseren Körper bilden, nicht das kleinste Atom, zum Zeitpunkt unserer Geburt schon darin gewesen ist, weil wir uns etwa alle sieben Jahre komplett erneuern. Aber dass Atome zu 99,9 Prozent aus leerem Raum bestehen und entsprechend der winzige Anteil materieller Substanz alles andere als solide ist, raubt unserer Welt den letzten Rest an Stabilität. Um dem Ganzen die Krone aufzusetzen, entzieht sich diese Grundsubstanz unseres Universums unserer vollständigen Beobachtung. Es lässt sich immer nur entweder ihre Position oder Geschwindigkeit bestimmen – nie beides zugleich. Wenn man das nämlich versucht, dann ist das Ergebnis jedes Mal ungenau. Die Theorie in der Physik, die dieses Phänomen beschreibt, nennt sich Heisenbergsche Unschärferelation, auf Englisch übrigens »Uncertainty Principle« – das Ungewissheitsprinzip. Und obwohl diese Entdeckung bald ihren einhundertsten Geburtstag feiert, bildet der Glauben an die Stabilität von Materie nach wie vor das Fundament unseres Weltbilds, wir denken uns die Atome wie Legosteinchen, die sich zusammenbauen lassen.[72] Und wer kann uns das vorwerfen, wenn schon Einstein von dieser neuen Entdeckung erschüttert wurde? Gedankenformen zu verändern, kann ein langwieriger Prozess sein.

Die Illusion von Objektivität

Wir Menschen sind also nicht sehr objektiv, auch Wissenschaftler und Wissenschaftlerinnen nicht. Was aber ist mit Maschinen und Technologie? Computer können doch sicherlich nicht subjektiv sein, oder? Die Frage beantwortet sich schnell, wenn man überlegt, von wem Computer programmiert werden. Besonders bei der Künstlichen Intelligenz ist das ein Problem – KI ist genauso rassistisch, sexistisch und voreingenommen wie die Person, die sie programmiert beziehungsweise die Auswahl beziehungsweise Menge und Qualität der Daten, mit der sie gefüttert und geschult wurde. Das ist bei der Künstlichen Intelligenz besonders problematisch, da sie von vielen als objektiv wahrgenommen und dementsprechend eingesetzt wird, um sensible Entscheidungen zu treffen, die subtil in den Alltag eines jeden eingreifen. Die eventuell darüber verfügt, ob ich einen Kredit bekomme oder nicht. Die als Sensor im Seifenspender verbaut ist und möglicherweise keine Seife spendet, weil der Algorithmus die Hautfarbe der Hand darunter nicht erkennt, weil er auf diese nicht geschult wurde.

Künstliche Intelligenz beziehungsweise maschinelles Lernen sind lernende Algorithmen und beruhen auf einer unendlich großen Menge eingespeister Daten. Daraus entsteht eine Art neuronales Netzwerk, das aufgrund der vorgegebenen Muster Beziehungen erkennen und diese gewonnenen Erkenntnisse auf neue Daten anwenden kann. Die Auswahl der Daten, mit denen die KI gefüttert wird, ist also kritisch. Die KI spiegelt unter anderem die Vorurteile und Gedankenformen derjenigen Person(en) wider, die sie programmiert hat (haben). Beispielsweise sind laut der Statistik die meisten Programmierer weiß, männlich und unter vierzig Jahre alt.[73] Die Daten, mit denen die KI gefüttert wird, spiegeln außerdem die Voreingenommenheit derer wider, die sie erzeugt, erhoben und ausgewählt haben.

Dadurch, dass unser jeweiliger Blick auf die Welt zwangsläufig durch unsere begrenzte Wahrnehmung geprägt ist, ist absolute Objektivität so unerreichbar. Auch Nachschlagewerke, wohl der Goldstandard, was Objektivität angeht, werden von Menschen zusammengestellt und verfasst, Menschen mit Meinungen und Prägungen. Sogar Wikipedia, die nicht mehr wegzudenkende Universalwissensquelle im Internet, die dieses Jahr ihren zwanzigsten Geburtstag feiert, hat ein Problem mit Voreingenommenheit – und das, obwohl die Online-Enzyklopädie frei zugänglich und für jeden bearbeitbar ist, was – so könnte man meinen – zu größtmöglicher Objektivität führen sollte. Durch eine genügend große Anzahl von Menschen, die an den einzelnen Artikeln kontinuierlich arbeitet, sollten sich extreme Positionen durch das Korrektiv der Menge von selbst auspegeln. So die Hoffnung. Jede und jeder kann nämlich bei Wikipedia mitmachen und jeden Artikel editieren und verbessern. Es gibt keine Schlussredaktion der einzelnen Wikipedia-Einträge. Erst, wenn ein Artikel »geflaggt«, also gemeldet wird, weil er gegen bestimmte Regeln verstößt, wird er zunächst mit einer Warnung versehen und gegebenenfalls gelöscht. Das klingt erst mal sehr gut. Vorausgesetzt, der Durchschnitt der Autoren auf Wikipedia spiegelt den Durchschnitt der Bevölkerung wider. Das allerdings tut er nicht, denn der Großteil (90 Prozent!) der hauptsächlich ehrenamtlichen Autoren ist laut einer Studie ebenfalls weiß und männlich.[74] Den Verantwortlichen hinter Wikipedia ist dieses Problem bewusst, und sie versuchen durch verschiedene Kampagnen und regelmäßige Aufrufe zum Mitmachen die Diversität unter den Autoren zu erhöhen. Allerdings zeigen sich hier strukturelle Probleme, wie beispielsweise, dass weiße Männer aus der Mittelschicht im Vergleich zu anderen Bevölkerungsgruppen durchschnittlich mehr freie Zeit zur Verfügung haben, in der sie Wikipedia-Artikel schreiben beziehungsweise überarbeiten können.[75] In einigen Regionalversionen gibt es darüber hinaus ideologische Überhänge. Das zeigt das Beispiel der kroatischen Wikipedia, das bereits wiederholt in die Kritik geraten ist. In Kroatien wird an Schulen und Universitäten deshalb explizit vor einer Nutzung gewarnt und stattdessen auf die englischsprachige Wikipedia verwiesen.[76]

Das Beispiel Wikipedia veranschaulicht also sehr schön, dass bei Weitem nicht alles, von dem wir meinen, es sei objektiv und neutral, tatsächlich auch ist. Zugleich zeigt es auch das ständige Ringen um die Deutungshoheit : Was ist wahr? Wer hat recht? Was ist gut, was ist böse? Was ist richtig, was ist falsch? Ganz besonders in Zeiten von Ungewissheit und Instabilität wird mit besonders harten Bandagen um diese Deutungshoheit gekämpft. Ich spüre oft einen Schmerz, wenn sich Menschen gegenseitig als Idioten beschimpfen. Wenn sie sich übereinander lustig machen und die Überzeugungen des Gegenübers öffentlich ins Lächerliche ziehen. Dieser Schmerz ist nicht nur mein eigener, es ist auch der Schmerz derjenigen, die sich in Hohn und Zynismus flüchten. Es ist der Schmerz derer, die sich den Spott nicht gefallen lassen und zurückgiften. Es ist der Schmerz jener, die sich im Recht fühlen und so die eigene Verunsicherung überdecken. Ich würde mir wünschen, wir würden uns über diesen Schmerz unterhalten, *miteinander* sprechen, einander beim Fühlen zuhören, anstatt über Wirklichkeitsinterpretationen zu debattieren. Das heißt nicht, dass wir um des lieben Friedens willen allem zustimmen sollen, obwohl wir es falsch finden.

Nur anstatt anzugreifen, könnte man auch mitteilen, wie es einem gerade damit geht. Dass man sich nicht wohl mit dem fühlt, was das Gegenüber sagt. Dass es einen trifft. Traurig macht. Ärgert. Und statt absoluter Formulierungen zu verwenden, ist es einen Versuch wert, sich weniger kategorisch auszudrücken: »Mein Gefühl ist, dass…«, »Ich kann mich irren, aber…«, »Es wirkt auf mich so, als…«. Das kann eine Brücke der Verständigung schaffen, die es dann möglich macht, sich über die eigenen Unsicherheiten auszutauschen, statt sich Gewissheiten um die Ohren zu schlagen.

Also Ahnung statt Gewissheit. (Mit-)Gefühl statt Überzeugung. Frage- statt Ausrufezeichen. Es ist völlig in Ordnung, nicht zu allem eine Meinung zu haben und etwas nicht zu wissen.

Um hier die Erkenntnisse dieses Kapitels zusammenzufassen: Es gibt unvorstellbar viel, was wir nicht wissen und nicht wissen können, und das, was wir für wirklich und wahr halten, ist bis zu einem gewissen Grad immer eine Projektion, die unser individueller Wahrnehmungsfilter erzeugt hat. Auch ist das, was wir wissen können, immer beschränkt durch unsere Sinne, den Stand der Wissenschaft, unsere gesellschaftlichen Scheuklappen und kollektiven Gedankenformen. Nicht einmal das, wir für vermeintlich objektiv halten – Wissenschaftler, Technologie und Nachschlagewerke – sind gefeit vor Verzerrungen und Voreingenommenheit.

Wir erschaffen uns permanent und in jedem Augenblick unsere Wirklichkeit selbst, je nach Kontext und Gesellschaft, in der wir uns befinden und inklusive aller erdenklichen Verzerrungen. Die Vorstellung, dass die wirkliche Wirklichkeit für uns nicht erfassbar ist, mag im ersten Moment verunsichern. Vielleicht finden Sie das sogar unerhört und völlig abwegig. Paul Watzlawick (das war der mit dem weiter oben beschriebenen Radikalen Konstruktivismus) sah das anders und meinte sogar, dass es Menschen freier, verantwortungsbewusster und bereiter für Zugeständnisse macht, wenn sie einsehen würden, dass sie die Konstrukteure ihrer eigenen Wirklichkeit seien.[77] Ich finde das einen spannenden Gedanken: Wir erkennen dann nämlich, dass unsere gehätschelten Gewissheiten nichts anderes sind als Geschichten über uns und die Welt um uns herum, die wir uns selbst und einander erzählen. Und diese Geschichten beeinflussen, wer wir glauben zu sein, sie bestimmen unsere Meinungen und lenken unser Verhalten. Es lohnt sich also hinzuschauen und die eigenen Gewissheiten immer wieder zu hinterfragen und zu überprüfen.

Dabei können wir uns gegenseitig unterstützen, denn zu oft sind wir gegenüber unseren eigenen Geschichten betriebsblind. So wie wir Menschen uns durch unsere kollektiven Gedankenformen gegenseitig davon abhalten können, Neues zu sehen und ganz andere Perspektiven einzunehmen, so können wir andererseits einander auch aus unseren kognitiven Verzerrungen heraushelfen, indem wir sie füreinander sichtbar machen – auf freundliche Art und Weise.

Wenn uns nämlich andere, denen wir vertrauen und die wir respektieren, auf unsere eingeschränkte Perspektive hinweisen, uns wertschätzend darauf aufmerksam machen, dass es da noch mehr als eine Sichtweise geben könnte, und wir in der Lage sind, diese Hinweise zu nehmen, ohne uns angegriffen oder in unseren Grundfesten erschüttert zu fühlen, dann ist die Tür offen für Entwicklung und etwas wirklich Neues.

Denn jetzt mal Hand aufs Herz: Alles, aber auch wirklich alles an unserer Existenz ist so unendlich rätselhaft. Wo kommen wir her? Wo gehen wir hin? Wie entsteht Leben? Wo endet das Universum? Was passiert nach unserem Tod oder ist es dann einfach vorbei? Befinden wir uns vielleicht alle in einer Simulation?[78] Vielleicht ist auch alles ganz anders. Vielleicht liegen wir ganz falsch. Vielleicht ist es die Venus. Oder eine Heulboje.

Es ist diese Grundhaltung von Demut vor der Begrenztheit des eigenen Wissens und des Sich-selbst-nicht-zu-ernst-Nehmens, die uns sehr dabei helfen kann, Ungewissheit besser auszuhalten und sogar als Chance zu sehen. Denn wie schon gesagt, wo Ungewissheit herrscht, da ergeben sich Möglichkeit, und das ist doch zunächst einmal ein sehr hoffnungsvoller Gedanke. Doch wenn wir uns auf diese Reise begeben wollen, müssen wir auch einen anderen Umgang mit Fehlern finden. Denn wenn wir uns vor Fehlern fürchten, dann wagen wir nichts Neues. Dann scheuen wir das Unbekannte und bleiben da, wo wir uns auskennen, und versuchen das Bekannte immer weiter zu perfektionieren. Warum das in unserer komplexen und dynamischen Welt problematisch ist und wie sich dem entkommen lässt, darüber mehr im nächsten Kapitel.

Das Wichtigste in Kürze

Was Sie aus diesem Kapitel mitnehmen können:
- Wir können nicht alles wissen.
- Wie wir die Welt sehen, sagt mehr über uns, als es über die Welt sagt.
- Die Algorithmen der sozialen Medien und Suchmaschinen verstärken unsere Sichtweise noch.
- In Situationen großer Ungewissheit halten wir uns an *unseren* Wahrheiten fest.
- Ungewissheit kann Angst machen, aber auch Kreativität freisetzen.
- Es ist in Ordnung und kann befreiend sein, nicht alles zu wissen und nicht zu allem eine Meinung zu haben.

Das Ende der Perfektion

Da sind wir also, im Hafen von Las Palmas, Gran Canaria. Absprung-becken für einen Großteil der Atlantiküberquerungen von Ost nach West in jeder Saison. Heimat der ARC, der Atlantic Rally for Cruisers, der größten Segelrally der Welt, an der jährlich im November über 200 Boote teilnehmen. Kolumbus höchstselbst machte bei seiner ersten Atlantiküber-fahrt hier Station; der Gouverneurspalast, in dem er zu Gast war, ist heu-te ein Museum.

Nach einer viertägigen Überfahrt von Marokko machen wir am Gästesteg fest und schauen uns staunend um. Die Marina (der Boots-Campingplatz innerhalb des Hafens) kommt uns verglichen zu dem, was wir bisher gesehen haben, riesig vor. Was uns aber vor allem sofort auffällt: die Boote. Da sind ganz andere Kaliber dabei als die immer gleichen, sauber geputzten Charter-boote im Mittelmeer. Unser Budget hatte einen neuen Oberwasseranstrich nicht mehr hergegeben, so haben wir uns zwischen diesen Mittelmeeryachten immer ein bisschen gefühlt wie der eine abgestorbene Zahn in einem ansons-ten strahlend weißen Gebiss. Ganz anders in Las Palmas, hier liegt das vol-le Spektrum. Von riesigen Superyachten bis hin zu Booten, die augenschein-lich fast auseinanderfallen. Genauso bunt sind die Crews.

Unser neuer Stegnachbar ist ein knallgelbes, mit Rostflecken durchsetztes Stahlboot. Das Steuerrad ist ein zweckentfremdetes Mopedrad, die Wind-steueranlage ist auch selbst gebaut. Die Besitzer tauschen sich um die Welt, erzählen sie uns, als wir sie später auf dem Steg treffen. Wild sehen sie aus, aber sie strahlen zahnlückig übers ganze Gesicht – der Zahnarzt war wohl nicht an Tauschgeschäften interessiert.

In der Marina herrscht permanente Geschäftigkeit, es wird gesägt, geschraubt, geschliffen, gestrichen. Bis auf die Handvoll Segler, die Las Palmas zu ihrer Heimat gemacht haben, wollen sie alle rüber. Den Atlantik überqueren. Und jedes Jahr gibt es in der Marina eine Deadline, denn ab September trudeln langsam die Teilnehmer der ARC ein, und es muss Platz gemacht werden für über 200 Boote. Die Nicht-Rally-Teilnehmer werden gnadenlos rausgeschmissen, immerhin füllt die ARC jährlich ordentlich die Hafenkasse. Bis dahin wollen alle Arbeiten abgeschlossen sein, sonst muss ein anderes Plätzchen gesucht werden. Das ist zu ARC-Zeiten auf allen Kanareninseln schwierig bis unmöglich.

Aber nicht alle Segler werden dieses Jahr den Atlantik überqueren, auch wenn sie es sich fest vorgenommen haben. Immer ist etwas noch nicht richtig, immer fehlt noch etwas.

Wir lernen einige Segler kennen, die seit Jahren die Abfahrt jedes Jahr aufs Neue verschieben. Irgendwann stelle ich fest, dass das an mir zu nagen beginnt. Auch ich bemerke laufend mehr Dinge an unserem Boot, die noch nicht gut genug sind, die noch gemacht werden müssen. Mir dämmert, warum die anderen nicht loskommen. Sie sind dem Sog der Optimierung und der Perfektion erlegen, und dieser Sog ist offensichtlich ansteckend.

Wir meinen, Perfektion anzustreben, alles immer weiter zu optimieren und somit auch Fehler vollständig zu vermeiden, verschaffe uns Sicherheit. Nur ist das ein unendliches Spiel. Alles geht immer noch besser, und je mehr man sich in ein Thema hineinfuchst, desto mehr verschiebt sich die Perfektionslatte nach oben.

Vielleicht kennen Sie das: Sie installieren ein neues Programm auf Ihrem Rechner, und an der Fortschrittsanzeige sehen Sie, dass die Installation schnell vorangeht – bis sie sich plötzlich bei 95 Prozent so sehr verlangsamt, dass die letzten fünf Prozent ebenso lange brauchen wie die 95 Prozent davor. Genauso verbrennen wir durch den Anspruch, alles hundertprozentig richtig zu machen, unverhältnismäßig viel Zeit und auch Energie, obwohl in den meisten Fällen 95 Prozent völlig ausreichen würden. Oder sogar nur 80 Prozent. Das Pareto-Prinzip aus dem Bereich des Projektmanagements bestätigt diese Beobachtung. Dort heißt es nämlich, dass für 80 Prozent des Ergebnisses 20 Prozent Aufwand nötig seien, es für die letzten 20 Prozent dagegen noch mal 80 Prozent des Aufwands bräuchte.

Hinter unserem Perfektionismus und Optimierungswahn steckt einerseits die Sorge, den eigenen und fremden Ansprüchen nicht zu genügen, andererseits gibt uns das Streben nach Perfektion auch die Illusion von Kontrolle. Und es verschafft uns etwas Luft! Oft wird nämlich das Herauszögern einer Abfahrt, Abgabe oder einer Entscheidung mit ewigem Herumfeilen und Perfektionieren kaschiert, einfach, weil noch der Mut für den nächsten Schritt fehlt.

So geht es vielleicht auch den Seglern, die heute noch in Las Palmas an ihren Booten schrauben, damit sie auf alle, wirklich alle Unwägbarkeiten einer Ozeanüberquerung vorbereitet sind. Fehler sollen antizipiert und vermieden werden, wo es nur geht. Das zu wollen ist natürlich grundsätzlich nicht verkehrt, nur ist es sehr wahrscheinlich, dass einem eben trotzdem ein Fehler unterläuft oder etwas passiert, worauf man nicht vorbereitet war. Dann ist vielmehr die Frage, ob ich die entsprechenden Hilfsmittel an Bord habe und über die notwendigen Fähigkeiten verfüge, um das Problem zu beheben. Und ob ich aus dem Fehler lerne.

Durch Fehler besser werden

Der Wert von Fehlern liegt nämlich genau darin: Indem sie passieren, zeigen sie uns die Schwachstellen und ermöglichen es uns so, besser zu werden. Wenn es uns gelingt, auf Fehler zu reagieren und das durch den Fehler entstandene Problem zu lösen, gewinnen wir mit jedem Mal mehr Vertrauen, mit schwierigen Situationen und unvorhergesehenen Schwierigkeiten fertigzuwerden. Das nimmt zugleich die Angst vor dem Ungewissen, denn was auch immer kommt, wir können auf unsere Erfahrung und die Fähigkeit, damit fertigzuwerden, vertrauen. Fehler in einem gewissen Rahmen zuzulassen, bereitet uns also besser auf Unvorhergesehenes vor, als Fehler um jeden Preis zu vermeiden, so paradox das zunächst klingen mag.

Es gibt freilich Situationen, in denen Fehler fatal sein können. Wenn man als Patient auf dem Operationstisch liegt, will man sich darauf verlassen können, dass man hinterher nicht Teile des OP-Bestecks im Bauch hat, dass das richtige Körperteil behandelt wurde und die Operateure sich vor dem Eingriff die Hände gewaschen haben.

Auch Fehlertoleranz beim Betrieb eines Atomkraftwerks ist keine gute Idee. Es gibt eben Fehler, die ernsthafte Konsequenzen nach sich ziehen und Menschenleben – manchmal sogar unzählige – gefährden. Solche Fehler dürfen natürlich nicht passieren. Es geschieht aber doch immer wieder, und dann können sie wenigstens dazu beitragen, dass wir daraus klüger werden. Man kann nämlich nicht nur aus den eigenen Fehlern, sondern auch aus denen anderer lernen. Das gelingt aber nur, wenn es uns die Strukturen, in denen wir uns bewegen, auch ermöglichen, Fehler zuzugeben und wir darüber hinaus weniger schambehaftet damit umgehen – dazu später noch mehr.

Ich folge einer Reihe Langzeitseglern auf den sozialen Medien, und zwar nicht nur, um die tollen Bilder anzuschmachten und meine Sehnsucht nach dem Bootsleben zu befeuern (eine meiner Lieblingsbeschäftigungen, wenn ich eigentlich meine Buchhaltung machen müsste), sondern auch um zu lernen. Zum Beispiel bin ich dabei über den Törnbericht einer befreundeten Seglerfamilie gestolpert, die zwischen Französisch-Polynesien und Neuseeland plötzlich Wasser im Boot hatte, ziemlich viel Wasser. Das ist verdammt unangenehm und ganz schön Furcht einflößend so mitten auf dem Ozean. Glücklicherweise konnten sie die Ursache schnell feststellen – die Propellerdichtung hatte sich gelockert, man hatte wohl vergessen, diese vor der Abfahrt zu überprüfen – und das Leck provisorisch schließen. »Propellerdichtung checken« kam also sofort auf unsere Vorbereitungsliste für die nächste längere Überfahrt.

Mit dieser Eigenschaft von Fehlern, nämlich dass sie ein lebendiges System (und dazu gehören auch wir Menschen) stärken und verbessern können, hat sich der amerikanisch-libanesische Wirtschaftswissenschaftler Nicholas Nassim Taleb eingehend beschäftigt.

Er vertritt die Ansicht, dass Zufall und Wahrscheinlichkeit eine größere Rolle bei der Bewältigung von Problemen spielen, als wir gemeinhin glauben, und hat sich lange mit unvorhersehbaren Ereignissen, sogenannten »Schwarzen Schwänen«[79], auseinandergesetzt.[80] Immer wieder stand er vor der Frage, wie man Schwarze Schwäne einigermaßen unbeschadet übersteht oder sogar gestärkt aus ihnen hervorgeht.[81]

Zum einen legte er dar, dass unwahrscheinliche Ereignisse häufiger vorkommen, als wir denken. Zum anderen fragte er sich, was das Gegenteil des Unberechenbaren, Zerbrechlichen, kurz: der Fragilität, sein könnte. Zunächst denkt man vielleicht an »robust« beziehungsweise »stabil«, doch das bedeutet ja nur, dass etwas nicht kaputtgeht. Eine Vase aus Porzellan geht kaputt, wenn man sie hinunterwirft, ein Stein dagegen nicht, er ist robust. Aber lebendige Systeme funktionieren anders. Sie sind nicht nur robust und stabil, sondern können auch von Fehlern lernen und durch sie besser werden. Wie das Ungeheuer Hydra in der griechischen Mythologie, dem für jeden Kopf, der ihm abgeschlagen wird, zwei nachwachsen (um gleich mal ein schön gruseliges Beispiel zu bemühen). Für diese Eigenschaft, nämlich an Störungen und Krisen zu wachsen, hat Taleb das Kunstwort »antifragil« geprägt. Antifragil zu sein bedeutet, an Fehlern nicht nur *nicht* kaputtzugehen, sondern durch sie sogar besser und stabiler zu werden. Antifragilität bestimmt unter anderem die Grenze zwischen dem, was lebendig, organisch und komplex (der menschliche Körper) und dem, was unorganisch ist (die Waschmaschine in Ihrem Badezimmer – oder wo auch immer Ihre Waschmaschine steht).

Das Antifragile liebt den Zufall und die Ungewissheit, was auch eine gewisse Zuneigung zu Fehlern bedeutet (zumindest zu einer bestimmten Art von Fehler), weil es daran wächst.

Das beste Beispiel für ein antifragiles System ist die Natur selbst. Die »kalkuliert«[82] Fehler und Misserfolge mit ein, hat Back-ups z.B. in Form zahlreicher Artenvarianten in der Hinterhand und ist vor allem auf Anpassung aus.

Der von Charles Darwin verbreitete Begriff »Survival of the fittest«[83] wird nach wie vor meist als »Überleben des Stärkeren« übersetzt, dabei war eigentlich gemeint, dass diejenigen Lebewesen begünstigt werden, die an die jeweiligen Umweltbedingungen besser *angepasst* sind. »Fit« steckt nämlich nicht nur in »Fitnessstudio«, sondern auch in »My jeans don't fit anymore«, also »Meine Jeans *passen* nicht mehr«. Spezies, die sich nicht hinreichend an auftretende Veränderungen ihrer Umgebung anpassen können, werden sich wahrscheinlich nicht durchsetzen.

Antifragil ist etwas, sei es nun Pflanze, Tier, Mensch oder System, also dann, wenn es unvermeidliche Störungen und Misserfolge absorbieren kann und dabei – wenn überhaupt – nur minimalen Schaden davonträgt und sich durch den Fehler noch besser an die Gegebenheiten anpassen kann.

Kontinuierlich kleinere Fehler zuzulassen, kann dabei helfen, antifragiler zu werden. Diese kleineren Fehler erhöhen nämlich die Aufmerksamkeit und lassen dadurch große Fehler unwahrscheinlicher werden. Stellen Sie sich vor, sie wandern entlang einer Felswand und plötzlich kommen Sie in einen kleineren Steinschlag. Aufgeschreckt blicken Sie nach oben und sehen dort einen großen Felsbrocken, der gerade beginnt, sich von der Steilwand zu lösen. Die kleineren Steine waren nur die Vorboten seines Absturzes und bewahren Sie vor Schlimmerem, denn ohne sie hätten Sie nicht nach oben geschaut.

Auch auf dem Boot sind wir eigentlich immer froh, wenn kleinere Fehler passieren. Die sind dann vielleicht ärgerlich und nicht selten schmerzhaft (wenn ein nicht verstautes Buch quer durchs Boot fliegt und einem an den Kopf knallt, zum Beispiel), zugleich verringern sie die Wahrscheinlichkeit, dass besonders in kritischen Situationen wirklich große Fehler passieren. Wie zum Beispiel, dass man vergisst, den schweren Dampfkochtopf zu sichern, und unerwarteter Wellengang den Topf vom Herd katapultiert. Oder man hat ein Fall – das ist eines der Seile, mit denen sich ein Segel reffen, also die Segelfläche verkleinern lässt – nicht aufgeräumt, plötzlich frischt der Wind auf, das Boot legt sich durch den Druck auf die Segel unerwartet auf die Seite, und das Fall verknotet sich dermaßen, dass das Reffen nicht mehr möglich ist. In beiden Fällen ist das kein Spaß, und kleine Fehler sind unsere Erinnerungshilfen, alles permanent gut zu sichern und aufzuräumen.

Organismen und Organisationen sind ebenfalls lebendige Systeme. Solange wir sie aber durch eine mechanistische Brille betrachten und so tun, als würden sie wie Maschinen funktionieren (oder eben nicht funktionieren), übersehen wir, wie anpassungsfähig lebendige Systeme von Natur aus eigentlich sind. Vorausgesetzt, wir würden nicht um jeden Preis versuchen, alle Fehler auszumerzen, um Perfektion zu erreichen und so vermeintlich Sicherheit herzustellen. Genau das ist es nämlich, was unsere Organisationen anfällig macht für Krisen und Störungen. Denn wenn ein lebendiges System nicht kontinuierlich kleine Fehler machen darf, um dadurch zu lernen und immer anpassungsfähiger zu werden, kann es auf Störereignisse nicht flexibel reagieren – es wird fragil und zerbrechlich. Auf der Basis dieser Erkenntnisse konnte Taleb die Weltwirtschaftskrise 2008 »voraussagen««, einfach deshalb, weil er dem globalen Finanzsystem Fragilität attestiert hatte. Er wusste, dass das System nicht anpassungsfähig genug war, um eine größere Störung auszuhalten. In der Tat war er sich dessen so sicher, dass er darauf spekulierte: Während seiner Zeit als Hedgefond-Manager entschied er sich gegen das branchenübliche Vorgehen, jeden Tag ein bisschen mehr zu gewinnen und zugleich hinzunehmen, eines Tages möglicherweise viel zu verlieren. Stattdessen war er bereit, es jeden Tag ein bisschen »falsch« zu machen und dadurch Geld zu verlieren für die Aussicht, vielleicht irgendwann eine Menge zu gewinnen. Und tatsächlich – nach Jahren, in denen Taleb eisern an seiner Strategie festhielt, weil er so von der Fragilität des Systems überzeugt war und sich sicher war, dass der Tag kommen würde, an dem es zusammenbräche, war sie da, die Weltfinanzkrise von 2008. Und Taleb war auf einen Schlag sehr, sehr reich.[84]

Noch einmal, weil das so wichtig ist: Fehler um jeden Preis zu vermeiden, erzeugt nicht mehr Sicherheit, sondern bringt ein lebendiges System (und auch wir Menschen sind lebendige Systeme) um die Chance, zu wachsen und zu lernen. Es wird anfällig für Störungen von außen, weil es nicht geübt hat, sich immer wieder den Umständen anzupassen und kontinuierlich besser zu werden. Und »besser« bedeutet in diesem Zusammenhang anpassungsfähiger, nicht perfekter.

Deshalb plädiert Taleb dafür, kleine Fehler, Rückschläge und Verluste einzukalkulieren. Puffer zu haben, Plan B, C und D mitzudenken. Kleinere Risiken einzugehen und von vornherein damit zu rechnen, dass es schiefgehen könnte. Nur so viel zu riskieren, wie man gut verkraften kann zu verlieren. Das gilt auch für die Finanzen: Man solle riskante Investitionen quasi in dem Moment, in dem sie investiert würden, abschreiben. Anstatt sein Erspartes da anzulegen, wo es ein bisschen riskant, aber auch ein bisschen sicher ist – also in der Mitte – rät Taleb dazu, den größten Teil ganz konservativ und einen kleinen Teil, nämlich so viel, wie man verkraften kann zu verlieren, hochriskant zu investieren. Diese Strategie nennt der Wissenschaftler »Hantelstrategie«: Wie bei einer Hantel finden sich Gewichte, sprich die Investitionen, nur an den Enden und nicht in der Mitte. Ich finde die Analogie etwas schräg, weil die Gewichte einer Hantel auf beiden Seiten eigentlich gleich schwer sind, aber sei's drum.[85]

Diese asymmetrische Strategie lässt sich aber nicht nur bei den Finanzen, sondern auch in anderen Bereichen des Alltags anwenden. Ein Profisportler trainiert nicht im mittleren Anstrengungsbereich, sondern absolviert einerseits ein Grundlagentraining mit geringer Intensität und andererseits ein Leistungstraining mit maximaler Intensität. In Bezug auf den Umgang mit Ungewissheit heißt das konkret: Sorgen Sie einerseits für größtmögliche Stabilität und versuchen Sie sich andererseits immer wieder an etwas Neuem, von dem Sie keine Ahnung haben, ob es erfolgreich ist.

Ähnlich wie bei Talebs Hantelstrategie gehen erfolgreiche Unternehmer immer wieder Risiken ein, aber sie riskieren nur so viel, wie sie auch zu verlieren bereit sind. Der österreichische Schokoladenhersteller Zotter ist dafür ein gutes Beispiel. Er sah sich gezwungen, mit innovativen Produktideen seinen Umsatz zu steigern. Er experimentierte mit handgeschöpften Schokoladen in ungewöhnlichen Geschmacksrichtungen wie Apfel-Karotte oder Kürbiskernöl, was zum damaligen Zeitpunkt eine echte Neuheit war. Zwar lief gerade *Chocolat* mit Johnny Depp und Juliette Binoche in den Kinos, und Schokoladen mit Chili, Salz, Pfeffer oder anderen Gewürzen waren für Feinschmecker *de rigueur*, aber noch weit davon entfernt, Teil des Sortiments des Supermarkts um die Ecke zu sein. Zotters Vorhaben war zum damaligen Zeitpunkt also durchaus gewagt.

Die Entscheidung für handgeschöpfte Schokoladen fiel deshalb, weil Zotter mit ihnen einen geringen Kostenaufwand hatte. Herstellung und Vermarktung fanden zu Beginn in der eigenen Konditorei statt, wo auch unmittelbar getestet werden konnte, wie die Schokoladen beim Kunden ankamen. Die einzige Konsequenz eines Misserfolgs wäre gewesen, dass Zotter seine Arbeitszeit umsonst investiert hätte. In den ersten Jahren experimentierte er viel mit Geschmacksrichtungen, Verpackung und Preis, machte dabei einiges falsch, korrigierte und justierte nach.[86] Es hat sich gelohnt: Inzwischen gehören zum Unternehmen eine eigene Kakaorösterei und eine Dependance in Shanghai. Zotter Schokoladen zählen laut dem Handbuch *Schokolade – Das Standardwerk* zu den 25 besten der Welt.

Auf Ihren Alltag übertragen, bedeutet das, dass Sie, wenn Sie etwas riskieren möchten, das idealerweise in Bezug auf etwas tun, das keinen existenziellen Schaden anrichtet, wenn es schiefgeht. Es darf wehtun, aber eben nicht zu weh. Sie verwetten also nicht Haus und Hof oder Ihre Gesundheit, sondern Sie setzen etwas aufs Spiel, dessen Verlust sie notfalls verkraften können, weil Sie nicht vom Erfolgsfall, sondern vielmehr vom Scheitern ausgehen. So können Sie abwägen, ob die Konsequenzen vertretbar sind, und treffen auf Basis Ihrer Überlegungen die Entscheidung für oder gegen das Risiko. Auch bei meinen eigenen Entscheidungen habe ich mir immer Szenarien ausgemalt, was alles schiefgehen könnte, und dann mein Vorhaben auf ein Maß zusammengedampft, dass der entsprechende *Worst Case* verkraftbar schien. Vor unserem ersten Umzug nach Taiwan hat mir beispielsweise geholfen, mit einer Freundin gemeinsam alle Eventualitäten durchzugehen und einen »Abbruchpunkt« zu finden, also: Was wäre, wenn wir uns dort nicht wohlfühlten? Wenn wir dort keinen Anschluss fänden? Wenn mein Sohn, der sich zu der Zeit ausschließlich von Nudeln ohne alles ernährte, dort nichts entdeckte, was ihm schmeckte? Jedes dieser Szenarien hätte im blödesten Fall dazu führen können, dass wir unseren Aufenthalt abbrechen und zurück nach Deutschland hätten kommen müssen. Das wäre dann zwar schade gewesen, aber bestimmt nicht das Ende der Welt. Wir hätten Geld für Flüge und die Miete vor Ort in den Sand gesetzt, ohne Frage, aber auch das wäre verkraftbar gewesen. Da wir unsere Wohnung in München behalten und nur untervermietet hatten, hätten wir recht unkompliziert zurückkommen können. Anders hätte es vielleicht ausgesehen, hätte ich die Wohnung aufgegeben und mein ganzes Erspartes in eine Immobilie in Taiwan gesteckt. Selbst das hätte keinen Weltuntergang bedeutet, es wäre nur komplizierter zu lösen gewesen.

Auch dieses Normalisieren von Scheitern gehört zu einer konstruktiven Fehlerkultur dazu, denn ein Risiko birgt immer automatisch eine Wahrscheinlichkeit zu scheitern, sonst wäre es kein Risiko. Sind wir uns dessen aber bewusst und denken das Scheitern, also den *Worst Case* mit, dann kann uns nicht viel passieren.

Die »richtigen« Fehler machen lernen

Viele erfolgreiche Unternehmer sind sozusagen Profis im Falschmachen, beziehungsweise sie wissen instinktiv, dass sie die »richtigen« Fehler machen sollten, nämlich die, aus denen sie lernen.

Bevor wir in die Schule kommen, beherrschen wir diesen konstruktiven Umgang mit Fehlern noch recht gut. Niemand muss Kleinkindern erklären, wie das mit dem Laufen und Sprechen funktioniert. Wenn sie es lernen, dann in genau ihrem Tempo. Vor allem lernen sie durch Versuch und Irrtum; Fehler sind für den Lernprozess genauso wichtig wie die erfolgreichen Versuche. Leider verlieren die meisten Kinder diesen spielerischen Umgang mit dem Falschmachen spätestens dann, wenn sie in die Schule kommen.

Hier bringen Fehler nämlich Punktabzüge, werden mit Rotstift an- und durchgestrichen und mit schlechten Noten geahndet. Vielleicht können Sie sich noch erinnern, was für ein blödes Gefühl es war, eine Arbeit zurückzubekommen, in der ganz viel rot markiert war. Ich jedenfalls habe mich dann jedes Mal wie eine Versagerin gefühlt.

Als mein Sohn in der dritten Klasse war, kam er eines Tages heulend nach Hause, in der Hand hielt er eine Matheprobe, auf die er eine Vier bekommen hatte. Mathe war schon damals sein Lieblingsfach, und er war erschüttert von der schlechten Note. Er zeigte mir die Probe und erklärte mir ganz genau, wo er die Fehler gemacht hatte. In dem Moment begriff ich: Aber jetzt hat er es verstanden! Er hatte genau verstanden, wo sein Denkfehler gelegen hatte und konnte ihn mir sogar erklären. Doch wie oft ist es genau andersherum? Wie oft machen wir etwas nur zufällig richtig, bekommen dafür zum Beispiel in der Schule eine gute Note, haben aber tatsächlich nichts gelernt? Umso schlimmer also, dass mein Sohn mir tränenüberströmt gegenübersaß, total wütend auf sich selbst. Ich schwor mir, das Erkennen seiner Lernerfolge nicht mehr von irgendwelchen Noten abhängig zu machen und ging mit ihm eine Riesenportion Eis essen.

Was also wäre die Lösung, etwa gar keine Noten mehr? Die Kinder alles durch Versuch und Irrtum lernen zu lassen? Ehrlicherweise habe ich auf diese Frage auch keine Antwort. Ich habe mich jahrelang auf der Suche danach mit reformpädagogischen Methoden und Ansätzen auseinandergesetzt, und habe sie nicht gefunden, alles hatte einen Haken. Meine größte Erkenntnis aus meiner Suche war, dass es keine Pauschallösungen gibt, die für alle passt, denn jeder Mensch ist nun mal verschieden und lernt anders. Vielleicht ist aber auch hier der Punkt, sich offen mit der Frage zu beschäftigen als *eine* Antwort zu finden.[87] Was ich mir auf jeden Fall für unsere Kinder im Kontext von Ungewissheitstoleranz wünschen würde, wäre ein sicheres Umfeld, in dem sie Fehler machen dürfen, ohne dafür beschämt zu werden. In dem sie spielerisch lernen dürfen. Denn sonst – so meine Erfahrung und Einschätzung – merzen wir langfristig keine Fehler aus, sondern erziehen unseren Kindern die Scham vor dem Falschmachen und die Angst vor Fehlern an. Wir machen sie fragil statt antifragil. Wir machen sie ungewissheits*in*tolerant.

Der eigene Umgang mit Fehlern

Kultur lässt sich nicht verordnen. Deshalb hat es für mich auch wenig Sinn, Antifragilität oder eine »positive Fehlerkultur« von oben überzustülpen. Ein erster Schritt wäre ein ehrlicher Blick in den Spiegel. Ja, das Unternehmen, in dem ich arbeite, die Gesellschaft, in der ich lebe, mag keine konstruktive Fehlerkultur haben. Aber wie sieht es bei mir selbst aus? Was ist meine eigene Haltung zu Fehlern? Wie reagiere ich auf Fehltritte anderer? Wie streng bin ich mit mir selbst? Mit den Menschen, die mir nahestehen? Und was ist mit meinem Arbeitsumfeld? Reagiere ich schadenfroh, wenn ein Fehler auffliegt, den jemand anders begangen hat? Spreche ich vielleicht sogar abfällig hinter dem Rücken dieser Person über ihr Missgeschick? Empfinde ich Spott und Hohn?

Sich das einzugestehen, kann unangenehm sein, ist aber wichtig. Es geht nicht darum, sich dafür zu verurteilen, sondern es zunächst einfach anzuerkennen und dann weiterzuforschen. Wie fühlt sich dieser Hohn an? Was steckt da drin – vielleicht Erleichterung, dass man selbst nicht in der Schusslinie steht? Wie sind wir aufgewachsen in Bezug aufs Falschmachen? Was waren die Konsequenzen? Was davon wiederholen wir vielleicht mehr oder weniger bewusst?

Ich selbst habe irgendwann festgestellt, dass bei mir Schrecksituationen immer ein Schuldgefühl erzeugen, ich unterstelle mir reflexartig, dass ich irgendetwas falsch gemacht habe. Was folgt, ist, dass ich – genauso reflexartig – sofort zum Angriff übergehe. Beispiel: Ich radle eine Straße lang, mir kommt ein Auto entgegen, das mir viel zu wenig Platz lässt, und ich beschimpfe den Autofahrer. Genauer auf Gefühle und Reaktionen gesehen, passiert Folgendes: fröhliche Unbedarftheit (»Ach wie schön ist doch das Stadtleben im Frühling, lalalala«), Schreck (»Huch, wo kommt denn das dicke Auto her?!«), Schuldgefühl (»Bin ICH zu weit in der Mitte?«), automatische Attacke (»Du Depp, lern halt Autofahren, wenn du schon meinst, mit deiner sinnlosen SUV-Panzerkapsel die Stadtluft verpesten zu müssen!!!!!«). Gekrönt wird diese automatisierte Emotionskaskade häufig noch von einem ganz schlimmen Ungerechtigkeitsgefühl, wenn der Autofahrer nicht nur uneinsichtig ist (also mich ignoriert), sondern obendrein sogar mir die Schuld gibt (also mich zurückbeleidigt). Das ist dann einfach herzzerreißend gemein. Ich war früher wegen so etwas nicht selten dermaßen aus der Fassung, dass ich mich erst ein paar Minuten fangen musste, bevor ich wieder aufs Rad steigen konnte. Seitdem ich meine Choreographie von Schuld, Scham und Angriff aber kenne, passiert es mir immer seltener, dass ich vor Empörung zitternd, orientierungslos und wie ein Rohrspatz schimpfend auf der Straße stehe.

Doch vor allem ist mir dadurch bewusst geworden, wie ich mit den Fehlern der Menschen umgehe, die mir am nächsten stehen. Wenn mein Sohn früher ein Glas umgeschmissen hat, habe ich ihn dafür oft unverhältnismäßig geschimpft. Heute ist mir bewusst, dass dabei ein unerträgliches Schuldgefühl zum Tragen kam (»Wieso war ich nicht rechtzeitig zur Stelle? Ich bin eine schlechte Mutter!«), das sofort in einen Angriff umgelenkt werden musste. Das passiert mir heute noch ab und an, aber lange nicht mehr so häufig.

Von daher weiß ich, wie tief dieser erlernte Umgang mit Fehlern sitzt und wie stark Fehler mit Schuld verknüpft sein können. Wir gestehen uns selbst keine Fehler zu und anderen schon gleich gar nicht. Wenn wir aber nicht anfangen, uns selbst und anderen Fehler zu verzeihen, können wir auch keine konstruktive Fehlerkultur entwickeln. Hier spiegelt sich im Großen, was im Kleinen vorhanden oder eben nicht vorhanden ist.

Fehlerkulturen – bei uns und woanders

Woher dieser schuldbehaftete Umgang mit Fehlern kommt? Das hat zum großen Teil kulturelle Wurzeln. Wir haben in Deutschland ein Thema mit Fehlern – zumindest laut einer Studie des Experten für Organisationspsychologie Michael Frese, nach der wir im internationalen Fehlertoleranz-Ranking auf dem vorletzten Platz landen.[88] Nur Singapur ist noch weniger fehlertolerant. Fehler werden mit verbissener Genauigkeit geahndet, die Schuldigen mit Genuss festgenagelt. Gut ist nicht gut genug, es muss perfekt sein. Dafür kritisieren wir gerne und am liebsten vermeintlich konstruktiv. Das hat alles seine Berechtigung, wir sind nicht ohne Grund Spitzenreiter weltweit, wenn es um Qualität und Präzision geht. Aber in der Innovation sind wir inzwischen weit abgeschlagen. Nach einer relativ kurzen Phase, in der zwischen 1852 (als Krupp nahtlose Radreifen für die Eisenbahn entwickelte) und 1919 (Junkers' Bau des Flugzeugs F13) deutsche Innovationen die Welt prägten, ist unsere Volkswirtschaft bis heute von den Wertschöpfungsketten abhängig, die bereits das Kaiserreich trugen.[89] Angst vor Fehlern ist die natürliche Feindin von Innovation, und diese Angst prägt die deutsche Kultur heute scheinbar mehr denn je.

Religion spielt beim Umgang mit Fehlern ebenfalls eine große Rolle. Wie bereits erwähnt, bin in Bayern aufgewachsen, das vor nicht allzu langer Zeit noch sehr viel erzkatholischer war als heute, ich ging auf eine Mädchenklosterschule und wurde gemeinsam mit

meinen Schulkameradinnen schon in der Grundschule zum Beich-
ten geschickt. Wir wurden da auch nicht nach unserer Meinung
gefragt, die Beichte war ganz einfach Voraussetzung für die Erst-
kommunion. Und obwohl meine Eltern in ihrer Erziehung herzlich wenig Wert auf Religion legten, haben mich diese Rituale im
Kontext der Schule tief geprägt.

Ich kann mich heute noch erinnern, was für eine Riesenangst ich
hatte, dem Pfarrer im Beichtstuhl von meinen Sünden zu erzählen.
Ich konnte an den Tagen vor meiner Erstbeichte kaum essen und
schlafen vor lauter Scham. Ich wollte diesem fremden Menschen
auf der anderen Seite des Holzgitters nicht erzählen, dass ich im
Urlaub den Knackfrosch von anderen Kindern am Strand gemopst
hatte. Aber ich hatte auch Angst, was passieren würde, wenn ich
es verheimlichte, Gott sah und wusste schließlich alles! Überhaupt
hat mich das als Kind immer verwirrt: strafender Gott, liebender
Gott – ja was denn nun?

Andere Sitten, andere Fehlerkulturen

Der Umgang mit Fehltritten ist auch in anderen Kulturkreisen und
Religionsgemeinschaften ein zentrales Thema, das in Kategorien
von Schuld und Sünde oder Scham und Schande gefasst wird. Ich
weiß noch, wie wir im Japanologiestudium regelmäßig von ri-
tuellen Selbstmorden in Japan lesen mussten. Samurai, Generä-
le, Firmenchefs und Politiker: Um der Schande eines begangenen
Fehltritts zu entgehen und die engsten Angehörigen vor Stigmati-
sierung zu schützen, begingen japanische Männer Harakiri, also
professionellen und institutionalisierten Selbstmord.

Auch in China dreht sich alles ums Gesicht. Das kann man verlieren, jemandem wegnehmen, aber auch geben. Das chinesische

Wort für »peinlich« lässt sich wörtlich mit »gesichtsverlierend«[90] übersetzen. Wo man bei uns am liebsten sofort mit dem Finger auf den Schuldigen zeigt, vermeiden Chinesen genau das wie der Teufel das Weihwasser. Dass sich daraus unzählige lustige und weniger lustige interkulturelle Kommunikationsschwierigkeiten ergeben, versteht sich von selbst. Meine mäßige Expertise beschränkt sich auf Ostasien, doch soweit ich weiß, ist der Themenkomplex Schuld/Scham/Schande auch in anderen Kulturkreisen ein bestimmender Faktor für den Umgang mit Fehlern. [91] Aber ob scham- oder schuldgetrieben – keiner dieser Ansätze hilft einem, konstruktive Lösungen dafür zu finden.

Und was ist mit den Ländern, die in dem Ranking der genannten Studie zu Fehlertoleranz auf den vorderen Plätzen liegen? In den USA gibt es den Begriff des »Failing Forward«, des »vorwärts Scheiterns«. Eine Unternehmung in den Sand zu setzen, ist dort kein Karrierekiller – im Gegenteil. Jeder erfolgreiche Unternehmer, der etwas auf sich hält, hat mindestens ein Projekt gegen die Wand gefahren. Bei uns hingegen gilt es als Versagen, bankrottzugehen, Insolvenz anzumelden. Man ist dadurch auf Jahre hinweg verbrannt.

Ich finde es schwierig, Einzelaspekte aus Kulturen herauszugreifen, um sich daran zu orientieren (»Machen wir es doch so wie die Amerikaner!«). Man sollte so etwas immer im Kontext sehen. Ich glaube auch nicht daran, dass es eine Lösung sein kann, »die« amerikanische Fehlerkultur auf unsere Kultur zu übertragen, auch wenn diese im Silicon Valley regelrecht zum Fetisch erhoben wird. Schließlich existiert neben »Failing Forward« auch noch »Hire and Fire«, die Praxis, Angestellte schnell mal zu entlassen, wenn beispielsweise die »Performance« nicht stimmt. Die Erkenntnis, dass anderswo anders mit Fehlern umgegangen wird, eröffnet uns jedoch neue Perspektiven.

Wie alles Lebendige ist Kultur ein komplexes Phänomen, das nicht aus isolierten Einzelteilen besteht, die beliebig ausgetauscht und zusammengesetzt werden können. Aus dem Grund ist auch jeder Kulturwandel eine extrem zähe und langwierige Angelegenheit. Nur: Solange wir kein Verständnis unseres eigenen Umgangs mit Fehlern haben und wir uns nicht darin üben, zu vermeiden, jedes Mal in die Schuldgefühl-Scham-Schuldzuweisungs-Falle zu tappen, ist es wenig sinnvoll, eine »positive« Fehlerkultur oder Lernkultur zu postulieren. Für die braucht es keine leeren Motti, sondern neben den Strukturen, in denen es möglich ist, Fehler zuzugeben, auch Geduld, Achtsamkeit, Wohlwollen und die Bereitschaft zu verzeihen. Wenn ich Fehler mit Schuld oder Scham verbinde, wird sich diese Haltung sehr wahrscheinlich auf meine Umgebung, z. B. meine Familie oder meine Kollegen übertragen und den Umgang miteinander oder Arbeitsprozesse auf die eine oder andere Weise behindern. Sehen wir in Fehlern jedoch Potenzial für Kreativität und akzeptieren wir sie als unvermeidliche Ereignisse, in denen »das Richtige« bereits enthalten ist, können wir sie stückweise von ihrem schlechten Ruf befreien und ihnen einen festen Platz in unserem Leben einräumen. Dann können wir uns selbst und anderen Fehler erlauben.

Perfektion, die natürliche Feindin der Anpassung

Wenn wir also davon ausgehen, dass uns Fehler dabei helfen, immer besser zu werden, dann müssen wir doch einfach möglichst viele kleine Fehler machen, um irgendwann perfekt zu sein, oder? Ja und nein. Wenn »immer besser« bedeutet, immer besser angepasst zu sein, und wenn mit »perfekt« gemeint ist, perfekt angepasst zu sein, dann könnte man das so sagen. Allerdings wird das meistens nicht so verstanden. Statt zu fragen: »Besser für wen genau?«,

»Optimal in welchem Umfeld?«, vergessen wir oft den Kontext, und damit verrennen wir uns in ein unhaltbares Ideal.

»Perfekt« bedeutet laut Definition nicht nur fehlerfrei, sondern auch vollendet und endgültig. Die Zeitform des Perfekts verwenden wir im Deutschen für abgeschlossene Handlungen. Perfektion ist also ein absoluter Zustand. Aber absolute, unveränderbare Zustände und das sich ständig in Bewegung befindliche Leben passen nicht so recht zusammen. Etwas kann nur für einen Augenblick und in einem bestimmten Kontext perfekt sein; sobald sich die Umstände ändern, ist es schon wieder vorbei mit der Perfektion.

Überhaupt, die Sache mit der Perfektion und der heilige Gral der Optimierung. Unsere Produkte wollen wir optimieren, unsere Zusammenarbeit und natürlich uns selbst. Immer wenn ich eine Werbung sehe, bei der es heißt: »Der beste XYZ, den es je gab!«, wünsche ich mir, stattdessen mal zu lesen: »Das neue XYZ – so gut wie das davor!« Oder: »Der neue XYZ – fast so schnell, wie der Vorgänger!« Das wäre natürlich Quatsch, aber wenigstens originell. Natürlich will keiner so ein Produkt haben, alles muss immer noch besser, noch schneller, noch kleiner oder größer sein. Noch optimaler. Denn die Annahme lautet: Was optimal ist, ist nicht angreifbar. Dann sind wir oben angekommen und haben es geschafft. Dann sind wir glücklich. Dann kann uns nichts passieren.

Was für ein Irrtum. Perfektion kann vielmehr genau zum Gegenteil von Sicherheit führen. Im Alltag kann sie uns sogar krank machen, das hat eine Studie amerikanischer Psychologen gezeigt.[92] Wer immer alles hundertprozentig erledigen will, der schadet also sogar seiner Gesundheit. Woran liegt das? Etwas immer noch besser machen zu wollen, verursacht Unzufriedenheit und Stress, das Herz schlägt schneller, der Blutdruck steigt und mit ihm das Risiko auf Herzkreislauferkrankungen. Perfektionisten stehen dauerhaft unter Druck, ob bewusst oder unbewusst. Sie sind durchgehend damit beschäftigt, sich selbst und ihre Leistungen weiterzuoptimieren,verlangen das zumeist auch von anderen und ignorieren dabei nicht selten Überlastungsgrenzen – sowohl die eigenen als auch die der anderen.

Neben dem Kreislauf kann darunter auch das Immunsystem leiden. Weil der Körper durch den vom Perfektionismus verursachten Dauer- und somit toxischen Stress damit beschäftigt ist, die Organe für die vermeintlich benötigten Spitzenleistungen mit ausreichend Energie zu versorgen, kommen andere Aspekte wie beispielsweise unsere Immunabwehr zu kurz, und wir sind anfälliger für Krankheiten.[93]

Anstatt das Leben also sicherer zu machen, kann uns Perfektionismus sogar gefährden.

Darüber hinaus nimmt der Vorgang der Optimierung und Perfektionierung Zeit in Anspruch, Zeit, in der sich die Umstände – wie wir schon gesehen haben – ständig ändern. Es geht schließlich immer *noch* perfekter, immer *noch* optimaler – der Stress und der Druck hören niemals auf, denn das Leben ist den Perfektionisten stets einen Schritt voraus.

Nicht umsonst gibt es in der Software-Entwicklung den Ausdruck der verfrühten Optimierung: Wenn man zu lange an einer Software arbeitet, kann es passieren, dass sich die Umstände plötzlich ändern und damit alle Optimierungsversuche hinfällig geworden sind. Der Komplexitätsforscher Stuart Kauffman hat herausgefunden, dass gerade die Suche nach der optimalen Lösung innerhalb eines komplexen Systems – und das Leben ist ein komplexes System – zum Zusammenbruch führt.[94] Es gibt einfach zu viele Bestandteile, die miteinander in Einklang gebracht werden müssen, um das Optimum zu erreichen. Das wäre extrem aufwendig und bräuchte zu viel Zeit, als dass es durch Herumprobieren oder Nachdenken je erreicht werden könnte.

Die Idee des Optimalen und des Perfekten ist deshalb Fantasie, eine menschliche Fiktion. Der Gedanke, etwas komplett richtig machen zu können, ist ein Folgeirrtum des Perfektionsstrebens. Die Evolution ist kein Optimierungsprozess, sondern ein neugieriger Erkundungsgang, bei dem die Landschaft, die erkundet wird, selbst am Entstehen ist. Das macht die Zukunft so unvorhersehbar – und das Leben lebenswert.[95]

Zudem bekommen viele, die mit der Optimierung und Perfektionierung beschäftigt sind, gar nicht mit, dass andere eventuell schon längst an etwas Neuem arbeiten, das sie überflügeln wird. So ging es zum Beispiel dem amerikanischen Unternehmen Blockbuster. Die Videothekenkette war einst die größte der Welt und hatte zu ihren Hochzeiten an die 9.000 Filialen. Das Angebot, die damals noch kleine Firma Netflix zu kaufen, lehnte der Chef von Blockbuster nicht nur ab, er lachte die Netflix-Gründer angeblich sogar aus. Gerade mal ein Jahrzehnt später musste Blockbuster Insolvenz anmelden und Netflix wurde zum Vorreiter im Streaming von Filmen.[96]

Offensichtlich ist es in einer sich ständig verändernden Umgebung nicht ungefährlich, sich laufend weiterzuoptimieren, denn Optimierung und Perfektion sind Feindinnen der Anpassung.

Besser ist es in vielen Fällen, auf Perfektionierung zu verzichten und stattdessen etwas Neues zu wagen, selbst wenn man darin nicht perfekt sein wird. Man sollte wachsam bleiben, was die Veränderungen in der Umwelt angeht. Anstatt das eigene Geschäftsmodell immer weiterzuverbessern und es mit Nägeln und Klauen zu verteidigen, könnte es lohnender sein, sich zunächst darauf zu besinnen, was das eigentliche Anliegen ist, und dann mit neuen Modellen zu experimentieren, die zu diesem Kernanliegen passen. So hätte sich Blockbuster auch fragen können: Was ist denn unser eigentliches Anliegen? Worum geht es uns eigentlich? Geht es uns nicht darum, dem Publikum Filme ins Wohnzimmer zu bringen? Eventuell wäre es dem Unternehmen dann gelungen, erfolgreich neue Wege zu gehen, statt obsolet zu werden. Sie hätten Teil der sogenannten »Disruption«[97] sein können, anstatt ihr Opfer.

Eine persönliche Fehlerkultur entwickeln

Die beste Vorbereitung auf eine ungewisse Zukunft ist eben nicht, immer weiter zu optimieren und zu versuchen, jeden Fehler zu vermeiden. Sondern sich von Perfektion zu verabschieden, offen zu bleiben für Neues, aufmerksam zu sein für Veränderungen in der Umgebung, Fehler einzukalkulieren und aus ihnen zu lernen. Und sich immer wieder zu fragen, worum es uns eigentlich geht.

Auch wir beschlossen letztlich, loszusegeln und die Atlantiküberquerung in Angriff zu nehmen, auch wenn wir noch monatelang hätten weiteroptimieren können. Anstatt uns in Details zu verlieren und ständig zu überlegen, wie sich alle Eventualitäten verhindern ließen, fingen wir stattdessen an darüber nachzudenken, wie wir ihnen im Falle eines Falles begegnen würden. Wir spielten unterschiedliche Szenarien durch und überprüften, ob wir alles Nötige an Bord hatten, um auch größere Pannen beheben zu können. Wir freundeten uns mit dem Gedanken an, dass höchstwahrscheinlich irgendetwas schiefgehen würde. Was es dann natürlich auch tat, aber davon an anderer Stelle mehr. Wir jedenfalls waren überwiegend darauf gut vorbereitet, konnten das Problem beheben und haben höchstwahrscheinlich so viel daraus gelernt, dass uns derselbe Fehler nicht noch einmal passieren wird.

Anstatt nach Superlativen zu streben und für immer bessere Ergebnisse und eine perfekte Leistung ins Hamsterrad zu steigen, können wir mit den zu Anfang des Kapitels besprochenen 80 Prozent experimentieren und uns ehrlich fragen: Wie wichtig wären an dieser Stelle die fehlenden 20 Prozent? Worum geht es mir tatsächlich? Was könnte schlimmstenfalls passieren, wenn es nicht perfekt ist? Stehen Menschenleben auf dem Spiel? Wem würde ich mit diesen 20 zusätzlichen Prozent etwas beweisen und warum ist mir das so wichtig? Kann ich mir über das Urteil anderer überhaupt sicher sein? Und macht nicht jeder Fehler – wer ist schon perfekt?

Fehler gehören also zum Leben dazu, mehr noch, sie können uns sogar dabei helfen, »antifragiler« zu werden. Sie können uns widerstandsfähiger machen, und wir können an ihnen wachsen.

Allerdings kann uns unsere Reaktion auf Fehler auch wichtige Informationen geben: Sich aus Fehlern nicht so viel zu machen und nach Missgeschicken und Fehltritten schnell wieder aufzustehen, ist erst einmal hilfreich. Zugleich besteht dabei jedoch die Gefahr, dass wir übersehen, was im *Zwischenraum* zwischen Hinfallen und Aufstehen liegen kann. Wenn wir zu schnell über unseren Fehler hinweggehen, dann geben wir auch dem Ärger, der Enttäuschung und der Scham keinen Raum. Wir sind dann zwar im Handumdrehen wieder auf den Beinen – und das ist grundsätzlich toll! – schauen nach vorne und gehen weiter, treten aber dennoch auf der Stelle, denn wir verpassen das, was die mit dem Fehler verbundenen Gefühle uns sagen wollen.

Was aber meine ich mit diesem Zwischenraum? Wie kann man ihn finden, und warum ist er so wertvoll? Um diese und weitere Fragen soll es im nächsten Kapitel gehen.

Das Wichtigste in Kürze

Was Sie aus diesem Kapitel mitnehmen können:
- Die letzten 20 Prozent brauchen am längsten – wir sollten uns gut überlegen, wann sich dieser Aufwand lohnt.
- Aus Fehlern lernt man – und zwar nicht nur aus den eigenen.
- Antifragilität bedeutet die Fähigkeit, durch Fehler und Störungen besser zu werden.
- Eine konstruktive Fehlerkultur lässt sich nicht verordnen, sondern fängt beim Einzelnen an.
- Perfektion ist die Feindin der Anpassung.

Diese entsetzliche Lücke!

Eine Woche, eine verdammte ganze Woche bin ich jetzt schon seekrank. So lange hat es noch nie gedauert, bis es mir besser geht. Vor einer Woche sind wir aus New York losgesegelt, direkt hinter einem Tief, das wir noch abgewartet haben. Das heißt natürlich, dass der Seegang nicht ohne ist, wir haben ordentlich Wellen, dafür aber auch guten Wind, und wir sind richtig schnell.

Ich kann das allerdings nicht genießen, weil ich ununterbrochen seekrank bin. Zwar muss ich mich kaum übergeben, aber ich liege von morgens bis abends irgendwo herum, während meiner Freiwache⁹⁸ drinnen im Salon oder in der Koje, während meiner Schicht draußen im Cockpit (dann muss ich mich für den obligatorischen Rundumblick alle zwanzig Minuten einmal aufrichten). Das Einzige, was ich essen kann, sind Kaubonbons und zwischendurch mal eine »Pretzel«.

Aber das Schlimmste ist die Leere im Kopf. Während ich sonst bei längeren Passagen über das Meer Musik, Podcasts und Hörbücher gehört, den Rest der Crew mit meinen Akkordeonübungen belästigt und – sofern mein Gleichgewichtsorgan mich ließ – Bücher gelesen habe, geht jetzt nichts davon. Sogar Musik verschlimmert das flaue Gefühl, das hatte ich noch nie. Es gibt nichts, aber auch gar nichts, womit ich mich ablenken kann. Außerdem fühle ich mich total nutzlos, was auch nicht hilft.

Ich habe gerade Schicht und im Cockpit halb sitzend, halb liegend Position bezogen und schaue einfach nur aufs Meer. Inzwischen liegen um die 1.500 Kilometer zwischen uns und der nächsten Küste, um uns herum sieht man nur Wasser und unendliche Weite. Das ist es, was ich eigentlich am Segeln auf dem offenen Meer so liebe: 360 Grad Horizont. Der ultimativ unverstellte Blick. Aber gerade leide ich.

Vor der Überfahrt habe ich mich immer wieder mit Quantenphysik be-
schäftigt, aber jedes Mal einen Knoten im Gehirn bekommen, wenn ich ver-
sucht habe, mir das konkret vorzustellen: Wie kann etwas Teilchen und Welle
zugleich sein?! Nun tauchen plötzlich einzelne Begriffe in meinem Bewusst-
sein auf, die ich im Zusammenhang mit Quantenphysik aufgeschnappt habe:
Verschränkung. Unschärfe. Kollaps. Schrödingers Katze. Viele-Welten-The-
orie. In mir beginnt sich alles zu drehen, ich schaue weiter aufs Wasser. Die
Wellen heben und senken sich, sie heben unser Boot und setzen es sanft wieder
ab. Der Ozean atmet. Ich atme. Alles atmet. Der Ozean atmet ein, was ich
ausatme, ich atme ein, was er ausatmet. Und plötzlich sind sie weg, die Gren-
zen, die mich vom Ozean trennen, sie verschwimmen und werden unscharf. Ich
ende nicht mehr an meiner Haut, sondern dehne mich aus, verschmelze mit
der Welt um mich herum, bin Welle und Teilchen zugleich. Bin verschränkt
mit jedem und allem. Mir laufen die Tränen herunter, ich weiß nicht, war-
um, und ich weiß es doch. Ich verstehe Quantenphysik nicht, aber ich begrei-
fe ... etwas. Mein eigener Standpunkt, meine Perspektive haben sich durch
die ständige Bewegung aufgelöst, es gibt nur noch Bewegung und Beziehung.

Wir sind es in unserer auf Optimierung fixierten Welt so gewohnt,
unangenehme Zustände möglichst schnell aufzulösen, Lösungen
für Probleme zu finden und die aus Nicht-Wissen, offenen Fragen
und Unerklärlichkeiten bestehende Lücke zu überspringen, dass
wir gar nicht den Wert sehen, der sich in diesem vernebelten, ver-
schwommenen, zwielichtigen Zwischenraum versteckt. Ich stelle
mir das gern bildlich vor: So wie wir von Stein zu Stein hüpfend ein
Fließgewässer überqueren, springen wir von einer Gewissheit zur
nächsten und überqueren so den seltsamen Raum der Ungewissheit, der das Dazwischen, die Lücke, bildet. Denn dieser Raum, in
dem es keine festen Standpunkte gibt, diese sich in Wellen verwandeln, sich auflösen und neu ordnen, ist uns total fremd.

Und Standpunkte sind uns doch so wichtig! Sie geben uns Halt
und Orientierung, durch sie können wir uns verorten, zu anderen

zugehörig fühlen. Man bezieht Stellung, das hat was von sich in Sicherheit bringen oder in Kampfposition gegen etwas zu gehen. Darin stecken eine gewisse Absolutheit und Härte, es sind klare Grenzen erkennbar. Auf den Trittsteinen, die uns über den Bach führen, gibt es kein Sowohl-als-auch, nur ein Entweder-oder, Richtig oder Falsch. Anders im Zwischenraum. Da lösen sich Grenzen auf, werden unscharf, die Dinge sind nicht mehr klar voneinander zu unterscheiden. Da fühlen wir uns erst einmal sehr unwohl und wollen möglichst schnell wieder weg.

Warum fällt es uns so schwer, es auszuhalten, wenn wir etwas nicht kategorisieren und bewerten können? Klar, unsere Vorfahren mussten blitzschnell Einschätzungen vornehmen, die über Leben und Tod entscheiden konnten. Freund oder Feind? Essbar oder nicht essbar, giftig oder ungiftig? Ist dieses Tier mein Mittagessen oder ich seins?

Aber unsere Sehnsucht nach Klarheit, unser Hang zum Bewerten und Bescheidwissen hat auch kulturelle Gründe. Aristoteles hat vor über 2.000 Jahren in einer Sammlung von Texten die Kunst der Logik beschrieben und gilt deshalb als ihr Begründer.[99] Ich finde solche Datierungen und Zuschreibungen immer etwas schwierig, weil Ideen eher Kinder ihrer Zeit sind als die Kopfgeburt einzelner Menschen, aber offensichtlich entwickelte sich im antiken Griechenland eine solche Denkweise und fand bei Aristoteles seinen datierbaren Ausdruck, der Einfluss auf die gesamte folgende Geistesgeschichte des Kontinents nahm.

Die binäre Logik gründet auf der Idee, dass alles entweder A oder Nicht-A ist. Etwas kann irgendwie sein *oder* nicht sein, beides zugleich geht nicht. Zwei sich widersprechende Aussagen können nicht beide wahr sein.

Wir sind in unserer Kultur sozialisiert, Beobachtungen und Sachverhalte in dieses Denkmuster zu pressen. Und das tun wir andauernd: Verhält sich jemand abweichend von der Norm, ist er entweder »bad« oder »mad«, böse oder irre. Dass er auch beides oder mal das eine, mal das andere oder weder noch sein könnte, sprengt dieses Denkmuster. Binäres Denken zeigt sich auch dann, wenn wir glauben, wir müssten Partei ergreifen, weil – so die Logik – die eine Seite recht und die andere notwendigerweise unrecht hat. Eine binäre Logik lässt eine überparteiliche oder eine wohlwollend neutrale Position nicht zu.

In unserer Kultur wird entsprechend erwartet, dass wir eine klare Meinung vertreten, Sichtweisen sollen möglichst nicht von Zweifeln und Ungewissheiten getrübt sein. Ich experimentiere stattdessen schon länger damit, zu Sachverhalten keine Meinung zu haben und das auf Nachfrage auch genauso zu sagen. Ich fühle mich dabei immer noch ein bisschen unwohl, ertappt, fast ungenügend. Denn als aufgeklärter Bürger muss man doch zu allem und jedem eine Meinung haben, sonst hat man sich einfach nicht gut genug informiert oder gilt als ignorant.

Gleichzeitig (auch hier gilt kein Entweder-oder, sondern ein Sowohl-als-auch!) stelle ich immer wieder fest, wie unfassbar erleichternd es ist, sich selbst keine Meinung abzuverlangen. Zwischendurch mal mit den Schultern zu zucken und zu sagen: »Keine Ahnung, darüber hatte ich noch keine Lust nachzudenken«, ist befreiend, verringert das Erregungspotenzial und hat darüber hinaus den Vorteil, dass man sich nicht auf eine Position festlegen muss. So eine Position ist nämlich ein Miststück. Wie der Kaugummi, in den man tritt, wird man sie nicht so schnell wieder los. Zum einen nageln uns andere gerne darauf fest, zum anderen verbiegen wir mit einer festen Position die Wirklichkeit eher so, dass sie zu dieser Position passt, als dass wir sie an die Wirklichkeit anpassen. Sonst müssten wir ja vielleicht sogar uns selbst und anderen eingestehen, dass wir möglicherweise falsch gelegen haben.

In der sogenannten paradoxen Logik gelten andere Regeln als in der aristotelischen Geisteshaltung. Sie tritt vor allem in den fernöstlichen Philosophien und Glaubenssystemen auf. Anders als die aristotelische Entweder-oder-Logik ist die paradoxe Logik eine Logik des Sowohl-als-auch.[100] Im Daoismus zum Beispiel, der etwa im vierten Jahrhundert vor unserer Zeitrechnung – also ungefähr zeitgleich zu Aristoteles' Wirken – in China entstanden ist, wimmelt es nur so von Paradoxien und paradoxen Parabeln.

Ich musste im Studium daoistische Texte aus dem klassischen Chinesisch übersetzen, und ich kann mich gut erinnern, wie viel Kopfschmerzen mir das bereitete. Ganz anders als konfuzianische Texte (bei denen praktisch jeder Vers mit »Konfuzius sagt« beginnt, die Wortfolge also immer ähnlich ist, was die Übersetzung sehr erleichtert) sind daoistische Texte vieldeutig, unscharf und voller Andeutungen und Widersprüchlichkeiten. Die Nicht-Existenz klar abgegrenzter Wortarten und das völlige Fehlen von Satzzeichen taten das Ihre, um mich in die Verwirrung zu stürzen. Zudem konnten die einzelnen Zeichen eine inhaltliche, aber auch eine strukturierende Funktion haben – manchmal sogar beides –, aber das musste man sich erst einmal erarbeiten. In meiner Erinnerung gab es jedenfalls kaum eine klare grammatikalische Struktur, an der ich mich entlanghangeln konnte. Es ist nicht verwunderlich, warum sich die über die letzten 200 Jahre entstandenen zahlreichen Übersetzungen daoistischer Texte in westliche Sprachen teils so stark voneinander unterscheiden.

Meine eigenen Übersetzungen waren ein ziemlicher Krampf, und ich brauchte Jahre, um mich von meinem Daoismus-Trauma zu erholen. Ich erzähle das, um zu verdeutlichen, dass mir durchaus bewusst ist, wie schwer es ist, aus unseren gewohnten Denkstrukturen auszubrechen. Unser Denken ist – wie weiter oben schon beschrieben – stark mit der oder den uns vertrauten Sprache(n) verknüpft, die uns permanent zu Entscheidungen zwingt: Im Deutschen sind das zum Beispiel Genus, Numerus, Tempus: männlich oder weiblich? Einzahl oder Mehrzahl? Gegenwart oder

Vergangenheit? Passiv oder Aktiv? Unbedingt braucht es ein Subjekt, auch wenn es inhaltlich gar keinen Sinn macht, wie im Satz »Es regnet.« Im *modernen* Chinesischen, das mich mit seinem Pragmatismus immer sehr beeindruckt hat, würde hier einfach nur stehen: »fallen Regen«. In alten chinesischen Texten ist die Sprache weniger pragmatisch, sondern schwammiger, uneindeutiger und weniger trennscharf.

Als ich mich viele Jahre später wieder zaghaft mit solchen alten daoistischen Texten zu befassen begann, stellte ich erstaunt fest, dass ich sie plötzlich viel besser verstand als während des Studiums. Es war aber eine andere Form des Verstehens, es handelte sich vielmehr um ein *Begreifen*. Die Verse machten plötzlich irgendwie *im Ganzen* Sinn, sie berührten mich, sie bewegten etwas *in* mir. Vielleicht hatte die ganze Quälerei damals doch etwas gebracht, indem sie mich in die paradoxe Logik einführte und mir auf den Weg verhalf, Uneindeutigkeiten besser auszuhalten.[101]

Wie schwierig das paradoxe Denken ist, wenn man binäres Denken gewohnt ist, können Sie anhand eines westlichen Denkparadoxon (die gibt es nämlich durchaus auch) an sich selbst ausprobieren. Versuchen Sie sich doch mal an dem sogenannten »Allmachtsparadoxon« und beobachten Sie, was das mit Ihnen macht: »Wenn Gott allmächtig ist, kann er dann einen Stein erschaffen, der so schwer ist, dass er ihn selbst nicht heben kann?«[102] Wenn Sie sich damit beschäftigen, können Sie gut sehen, ob es Ihnen gelingt, Widersprüchliches im Kopf auszuhalten. Meist sind wir es zu gewohnt, dass es *eine* Antwort, eine Lösung gibt. Wenn aber Antwort und Lösung unverfügbar sind, wird es unangenehm. Da kennen wir uns nicht aus, wollen bloß schnell weg. Dabei ist es durchaus wertvoll, zumindest zu versuchen, eine Weile in diesem Zwischenraum zwischen Problem und Lösung zu verweilen.

Im Daoismus haben diese Zwischenräume einen hohen Wert, denn dort zeigt sich das Dao, die höchste und reinste Wahrheit.

Der Wert eines Gefäßes zeigt sich da, wo das Gefäß *nicht* ist, nämlich in seinem Hohlraum, der Wasser halten kann – so heißt es in einem Vers aus dem Tao Te King: »Wo das Gefäß nicht ist, da ist es nützlich.«[103]

Auch im Chan- oder japanischen Zen-Buddhismus, der eine Mischung aus Buddhismus und Daoismus ist, gibt es Praktiken und Übungen, um diese Zwischenräume offen zu halten. Eine dieser Praktiken ist das Kôan. Das Kôan ist ein kurzer Text in Form einer Anekdote, eines Dialogs, einer Frage oder einer Aussage, um Zweifel im Schüler bezüglich seiner Annahmen über die Welt zu provozieren. Kôan wirken auf den Laien meistens völlig paradox, sinnlos und unverständlich. Ein Ziel ihrer Kontemplation ist die Erkenntnis der »Nichtzweiheit« und das Auflösen der Illusion, dass die Dinge sich unterscheiden und dass das Ich eine eigene, vom Rest abgegrenzte Existenz hätte. Eines der bekanntesten Kôan ist die Frage nach dem Geräusch einer einzelnen klatschenden Hand. Bei einem Kôan geht es nicht um die verstandesmäßige Erfassung eines Problems, sondern um eine Erfahrung, die sich intuitiv durch Meditation zeigt. Durch den Einsatz von Kôan kann der Meister den Reifegrad seines Schülers beurteilen.

Im Folgenden möchte ich Sie mitnehmen in diese Zwischenräume und Ihnen zeigen, warum es sich lohnen kann, den eigenen Standpunkt zu verlassen und Gegensätzliches oder Widersprüchliches, also diese Zwischenräume zu ertragen. Nicht sofort nach Antworten und Lösungen zu suchen, sondern den möglicherweise unangenehmen Zustand der Ungewissheit auszuhalten, ja ihn zu halten, damit sich Antworten und Lösungen zeigen können, damit Dinge passieren und an ihren Platz fallen können.

Aushalten und offen bleiben

Wenn andere zu uns mit ihren Fragen und Problemen kommen, neigen wir ganz schnell dazu, ihnen eine Lösung zu präsentieren. Wir meinen, deshalb kämen sie zu uns, um unseren Rat einzuholen, und unser Auftrag sei es, die Lösung zu präsentieren und Ratschläge zu geben. Aber nicht umsonst gibt es das Sprichwort: »Ratschläge sind auch Schläge.« Anstatt den Möglichkeitsraum aufzumachen, schließen wir ihn mit Ratschlägen, wir *schlagen* die Tür zu.

Dagegen können wir unserem Gegenüber viel mehr helfen, wenn wir das Problem und die Frage einfach eine Weile da sein lassen und gemeinsam überlegen, was sich durch dieses Problem zeigt. Denn oft ist ein Problem bloß ein Symptom von etwas anderem, das darunter liegt. Wenn wir sofort dazu übergehen, eine Lösung für das Problem zu suchen, dann übersehen wir, was es uns vielleicht sagen will. Das ist zum Beispiel der Fall, wenn es irgendwo in unserem Körper zieht und wir sofort eine Schmerztablette einwerfen, ohne erst mal nachzuforschen, woher der Schmerz eigentlich kommt. Nun ist mit dem »Aushalten« nicht gemeint, die Zähne zusammenzubeißen und den Schmerz zu unterdrücken, ganz im Gegenteil. Es ist vielmehr ein waches Aushalten und genaues Hinhören und Hinspüren gefragt. Wo – um beim Beispiel zu bleiben – zeigt sich der Schmerz genau? Ist er neu oder zeigt er sich immer wieder? In welchen Situationen ist er besonders stark? Vielleicht brauchen wir einfach mal eine Pause, vielleicht sollten wir ihn aber auch abklären lassen.

Auch ein Problem, das wir gerade haben, ist oft nur das Symptom von etwas, das möglicherweise darunter liegt. Stürzen wir uns auf die Lösung des Problems, bleibt das, was vielleicht tiefer verortet ist, im Verborgenen bzw. Unbewussten und kann dort als »Problem-Dramaturg« sein Unwesen treiben und immer neue Probleme und Dramen produzieren und inszenieren. Erst durch das

Verbleiben mit dem Problem, das genaue Hinhören und Beobachten, kommen wir ihm auf die Schliche. In den vorherigen Kapiteln ging es um den Wert von Fehlern und darum, wie das Vermeiden von Fehlern eben nicht zu mehr Sicherheit führen muss. Es wurde auch das Konzept des »Failing Forward«, des Vorwärts-Scheiterns, erwähnt: Diesem aus dem US-amerikanischen Raum stammenden Begriff zufolge sind Fehler nichts Schlimmes, im Gegenteil, sie gehören dazu, frei nach dem Motto »Hinfallen, Krone richten, aufstehen, weitergehen.«

Allerdings sollte es uns nicht verführen, zu schnell ins Neue und damit in die nächste (vermeintliche) Gewissheit zu springen. Vor einiger Zeit hatte ich es mit einem vielversprechenden und quirligen Jungunternehmer zu tun, der sich mit einer Frage an mich wandte. Er hätte selbst gar kein Problem mit Ungewissheit und damit, immer wieder Neues auszuprobieren, aber seine Umwelt würde sich um ihn sorgen, was wiederum ihn verunsicherte. Vielleicht hätten die anderen ja recht? Vielleicht sollte er sich mehr Gedanken machen und weniger optimistisch sein? Sich nicht jedes Mal sofort das nächste Projekt vornehmen, wenn das vorherige schiefgegangen war?

Dieser Fall machte mich sehr nachdenklich. Wenn wir uns nämlich nach einer Erfahrung des Scheiterns sofort auf Neues stürzen, sofort das nächste Projekt beginnen, die nächste Beziehung eingehen, springen wir von einem Trittstein zum nächsten, anstatt innezuhalten und zu beobachten, was auftaucht. Wahrscheinlich zeigen sich zunächst hauptsächlich Schmerz, Trauer und Enttäuschung. Das ist natürlich unangenehm. Aber es lohnt sich, diese unliebsamen Gefühle nicht einfach wegzuschieben, denn auch in Schmerz und Enttäuschung liegen wertvolle Informationen verborgen. Informationen darüber, was uns wichtig ist, wer wir sind und wie wir sein möchten. Vielleicht zeigen sich noch ganz andere Dinge. Möglicherweise merken wir nach einer Weile, dass wir etwas ganz anderes wollen. Vielleicht wollen wir, statt eine neue Beziehung einzugehen, viel lieber etwas Neues lernen. Vielleicht möchten wir gar nicht sofort den nächsten Job antreten, sondern erst mal eine Auszeit nehmen und Zeit mit den Menschen verbringen, die uns wichtig sind.

Das alles kann sich aber kaum zeigen, wenn wir schon zu wissen meinen, was der nächste Schritt ist, wohin wir unseren Fuß setzen wollen. Indem wir im Zwischenraum bleiben, erlauben wir uns, Prozesse anzustoßen – Denkprozesse, Wahrnehmungsprozesse und Verarbeitungsprozesse. Mit Prozessen meine ich in diesem Zusammenhang dynamische, aber offene Vorgänge, die wir nicht steuern und deren Ausgang wir nicht kennen. Nur wenn wir genau diese Prozesse zulassen, kann wirklich etwas Neues entstehen. Wenn wir also eben nicht sofort in die nächste Unternehmung springen, sondern uns die Zeit nehmen, das Vergangene auf uns wirken zu lassen und aufmerksam zu erforschen, was es im Jetzt mit uns macht. Das ist nicht einfach, weil wir in dieser Zeit damit leben müssen, noch nicht zu wissen, wie es weitergeht. Meiner Erfahrung nach zeigt und ergibt sich aber immer irgendwas – meistens etwas, das man nicht erwartet hat.

Ich stelle mir das gerne bildlich vor: wie sich, wenn etwas endet und etwas Neues noch nicht begonnen hat, ein Zwischenraum auftut, eine Öffnung. So wie Leonard Cohen singt: »There is a crack in everything. That's how the light gets in.«[104] Diese Öffnung ist also ganz hell und freundlich, sie möchte uns etwas zeigen. Doch wenn wir sie ignorieren, geht sie schnell wieder zu, und wir haben die Chance verpasst, etwas zu lernen oder etwas Neues zu schaffen.

Deshalb geht es auch viel weniger darum, irgendetwas *auszuhalten* im Sinne von »Augen zu und durch«, als vielmehr darum, diesen Zwischenzustand *offen* zu halten, oder einfach nur zu halten und bewusst mit dem Zustand zu sein.

Von Mister Spock lernen

In den Zwischenräumen zu bleiben ist allerdings nicht immer leicht, weil es unserer Tendenz widerspricht, uns schnellstmöglich dorthin zu flüchten, wo wir uns vermeintlich auskennen. Glücklicherweise gibt es Strategien, die uns dabei helfen können, den Zwischenraum zu nutzen, und ich möchte Ihnen zwei davon vorstellen.

Die erste Strategie kann dabei helfen, dass im Zwischenraum Ruhe einkehrt, denn oft wird es in unserem Kopf erst einmal laut, wenn es still wird. Damit ist gemeint, dass wenn wir zwischendurch Leerlauf haben und unser Hirn nicht mit etwas anderem beschäftigt ist, gerne unser Kopfkino losgeht: In unserem Kopf quatschen alle möglichen Stimmen durcheinander, die Gedanken kreisen, Erinnerungen, Schuldgefühle, Aufregung über Kommendes, Irritation über Gehörtes und so weiter wechseln sich blitzartig ab.[105]

Damit sich im Zwischenraum aber überhaupt etwas zeigen kann, braucht es möglichst wenig Ablenkung durch diese innere Kakophonie. Die Strategie, die sich hier für mich als sehr wirkungsvoll erwiesen hat, ist das gedankliche und emotionale Ausleeren, das ich dadurch herbeiführe, dass ich meine Beobachtungen, Gefühle und Gedanken aufschreibe oder sie mit jemandem teile.

Wenn ich zum Beispiel das Gefühl habe, dass da etwas ist, das meine ganze Bandbreite frisst, weißes Rauschen, das mich besetzt oder blockiert, vielleicht ein Druckgefühl auf der Brust oder auf den Schultern erzeugt, dann versuche ich, das im Schreiben oder im Erzählen loszulassen. Zum einen macht dieses Ausleeren Platz für Neues, und zum anderen zeigen sich schon allein dadurch Erkenntnisse, nach denen ich gar nicht gesucht habe, aber die mir trotzdem helfen.

Heutzutage nennt man diese schriftliche Variante des geistigen Ausleerens übrigens in schickem Englisch häufig auch »Journaling«. Im Grunde handelt es sich dabei um eine Art Schreibmeditation. Ich habe zu dem Zweck ein Word-Dokument auf dem Rechner, in das ich mich seit Jahren gedanklich und emotional ausleere. Wenn ich mich morgens zum Arbeiten an den Rechner setze und merke, dass etwas scheinbar Ungelöstes mich blockiert, dann hole ich mir das Dokument und fange einfach an drauflos zu schreiben. Nicht selten bin ich selbst überrascht davon, was nach zehn Minuten alles auf dem »Papier« steht. Vor allem ist danach wieder Platz in meinem Kopf für neue Ideen und Gedanken.

Bei den »Morgenseiten«, einer bestimmten Form des »Journaling«, schreibt man morgens nach dem Aufstehen drei DIN-A4-Seiten voll, ganz intuitiv, ohne sich vorher Gedanken zu machen. Es geht nur darum, den eigenen Bewusstseins- und Gedankenstrom aufs Papier zu bringen. Außer den Erkenntnissen, zu denen man durch Techniken wie dieser gelangen kann, schaffen sie auch Platz für Neues.

Die zweite Strategie zum Offenhalten von Zwischenräumen, die ich kurz beschreiben möchte, ist die, sich selbst beim Denken und Fühlen zu beobachten und so die Informationen wahrzunehmen, die unsere Gedanken und Gefühle beinhalten. Ich nenne diese Strategie »Mister-Spock-Modus«. Wie Mister Spock aus *Raumschiff Enterprise*, dessen Eigenschaft es ist, das menschliche Verhalten zu hinterfragen und der als Halb-Vulkanier nur von Logik geleitet wird, beobachte ich mich in dem Modus einfach nur selbst. »Faszinierend. Ich stelle fest, dass ich mich gerade total wütend fühle.«

Durch die Formulierung »ich fühle mich wütend« statt »ich bin wütend« bringen Sie Abstand zwischen sich selbst und Ihre Gedanken und Gefühle. Genauso, wie Sie Ihre eigene Hand wahrscheinlich unscharf sehen, wenn Sie sie direkt vor Ihre Nasenspitze halten, ist es schwierig, die eigenen Gedanken und Gefühle zu beobachten, wenn der Abstand zu ihnen zu gering ist. Die Formulierung »ich fühle mich wütend« stellt klar, dass Sie die Wut zwar fühlen, sich aber nicht mit ihr identifizieren. Probieren Sie gerne mal aus, ob sie einen Unterschied zwischen den beiden Beschreibungen bemerken.

Diese Strategie kann dabei helfen, diejenigen Informationen, die sich im Zwischenraum zeigen, wahrzunehmen. Insbesondere Informationen in Gestalt unangenehmer Gefühle wie Enttäuschung, Schmerz, Traurigkeit und Scham werden ohne diese Art von Aufmerksamkeit schnell weggedrückt und übergangen. Das aber wäre schade, denn wie weiter oben beschrieben, liegen in diesen Gefühlen für uns wichtige Informationen.

Es lohnt sich also, nicht gleich in die Lösung beziehungsweise ins Machen zu springen, sondern stattdessen erst einmal bei dem zu bleiben, was gerade da ist, und neugierig zu beobachten, was sich in diesem Zwischenraum zeigt. Die beiden hier beschriebenen Strategien können dabei helfen.

Was Zwischenräume mit Intuition zu tun haben

Der Zwischenraum zwischen Gewissheiten ist auch ein besonders guter Nährboden für unsere Intuition. Mit Intuition ist ein Erkenntnisgewinn ohne erörternden Gebrauch des Verstandes gemeint, also die Fähigkeit, Gegebenheiten zu erfassen, ohne aber die zugrundeliegenden Zusammenhänge explizit zu verstehen. Diese Fähigkeit wird oft auch als Bauchgefühl bezeichnet. Tatsächlich tut das nicht nur der Volksmund, sondern auch Wissenschaftler sehen einen Zusammenhang zwischen der Intuition und dem sogenannten »Darmhirn«.[106] Ihnen zufolge kann unser Bauch sowohl unser Wohlbefinden als auch unsere Entscheidungen beeinflussen.

In Zuständen der Ungewissheit ist der Bauch nicht selten ein besserer Ratgeber als die Gedanken in unserem Kopf. Es kann uns in unübersichtlichen Situationen ein Kompass sein. Nur leider haben wir es in unserer perfektionistischen Absicherungsgesellschaft etwas verlernt, unserem Bauch zu vertrauen, und stützen uns lieber auf »Fakten« basierende »rationale Entscheidungen«. Das ist schön und gut, aber ganz oft ermöglicht die Faktenlage allein keine eindeutigen Entscheidungen, und was dann? Dann bleibt nur die leise Stimme der Intuition, und die ist besonders gut hörbar in den Zwischenräumen zwischen Problem und Lösung, zwischen Frage und Antwort.

Unser Körper spielt für die Intuition deshalb eine so wichtige Rolle, weil er besonders geschickt darin ist, uns auf Muster aufmerksam zu machen, Muster, die zu komplex sind, um ins Bewusstsein vorzudringen. Wenn ein schon bekanntes Szenario wieder auftaucht, gibt uns der Körper einen Anstupser: Durch Gänsehaut, das Zusammenziehen des Magens, einer Beschleunigung des Atems oder einer Anspannung der Muskeln kommuniziert er mit uns. Wer in der Lage ist, solche Hinweise des Körpers ähnlich wie die durch eigene Gefühle wahrzunehmen, also gut auf seinen »Bauch« zu hören, kann sie nutzen, um intuitiv informierte Entscheidungen zu treffen.[107]

Es gibt eine Fähigkeit namens »Negative Capability«. Damit ist ein Zustand absichtlicher und zugleich absichtsloser Aufgeschlossenheit und Achtsamkeit, in dem Widersprüche, Unsicherheit und Uneindeutigkeit ausgehalten werden, ohne sich um Tatsachen und Vernunft zu scheren, gemeint. *Negative Capability* ist eine nahe Verwandte der Ambiguitätstoleranz, also jener Fähigkeit, die uns hilft, Mehrdeutigkeiten und Unerklärlichkeiten und zugleich die daraus resultierenden Zweifel und Verwirrung auszuhalten. Sie hilft, der Versuchung zu widerstehen, den Zustand des Nicht-Wissens vorschnell durch eine Einordnung in Erklärungen, Kategorien und Konzepte zu beenden. Für Künstler ist diese Art der »grundlosen Gelassenheit«[108] eine wichtige Voraussetzung, um in einen ergebnisoffenen Schaffensprozess einzutauchen, sich der Inspiration hinzugeben und sich von der Intuition führen zu lassen. Aber auch wir Otto-Normal-Lebenskünstler können uns von diesem Zustand leiten lassen, um uns kreative Freiräume zu schaffen.

Als ich vor Jahren einem guten Freund von unserem angedachten Segelabenteuer erzählte, und ich die berechtigten Fragen nach Geld, Schule und Sicherheit anscheinend wieder einmal recht unbefriedigend beantwortete, lachte er und meinte zwinkernd: »Also Idee ohne Konzept, oder?« Bingo, er hatte den Nagel auf den Kopf getroffen und ein neuer Lieblingshashtag war geboren: #ideeohnekonzept. Genau das ist es nämlich, was ich persönlich unter *Negative Capability* verstehe: in der offenen Idee zu und mit dem Gefühl dazu zu verweilen, ohne sofort in die Kristallisation durch ein Konzept zu springen. Nichts gegen Konzepte, die brauchen wir ebenfalls. Es geht hier einmal mehr nicht um richtig oder falsch. Aber eine Idee ist für mich etwas Offenes, etwas, das im Unterschied zu einem Konzept noch keine klaren Grenzen hat.

Die Autorin Charlotte Krafft beschreibt in einem fiktiven Interview mit der fiktiven amerikanischen Autorin Corinne Clark ihren kreativen Prozess so, dass sie eine lebendige Idee erst »töten« muss, um sie weiterverarbeiten zu können. Die Idee selbst ist nämlich nicht greifbar und diffus. Indem sie die Idee tötet, legt sie sich fest und kann sie im besten Fall zu etwas Genießbarem zubereiten.[109] Auch nach meinem Verständnis kann sich eine Idee jederzeit verändern, sie bleibt dynamisch. Ein Konzept dagegen ist für mich eine Gestalt gewordene Idee, auf deren Basis man dann planen und ausführen kann. Für Inspiration und Kreativität ist es hilfreich, ein Weilchen länger mit der wandelbaren Idee zu bleiben und ihre Offenheit und Diffusität auszuhalten und zu beobachten, was sich zeigt, bevor man daraus ein Konzept baut.

Raum ist nicht leer

Vielleicht können Sie sich noch ein Stückchen mehr mit der Idee anfreunden, mehr auf die Zwischenräume zu achten und diese zu nutzen, wenn Sie wissen, dass wir selbst und in der Tat die ganze Welt einschließlich des Universums überwiegend aus Zwischenräumen bestehen.

Wenn Sie mit Ihrer Hand eine Tischoberfläche berühren, fühlt sie sich fest und hart an. Wenn wir uns am Tisch den Fuß stoßen, kann das ganz schön wehtun. Ein Stück Stoff wirkt dagegen weich, ist aber trotzdem fühlbar. Woraus bestehen aber diese Flächen und Strukturen, die wir anfassen, auf die wir einwirken und die auf uns einwirken können? Was ist das, diese Materie?

In der Schule haben wir im Chemieunterricht gelernt, dass ein Atom die kleinste, nicht weiter zerlegbare Einheit eines Elements ist. Das Verrückte ist, dass Atome fast ausschließlich aus leerem Raum bestehen. Der winzige Anteil tatsächlicher materieller Substanz ist völlig instabil. Unsere ganze Welt, einschließlich uns selbst, besteht also aus viel, viel mehr Zwischenräumen als aus fester Materie!

Unser landläufiges Verständnis von Materie geht weitestgehend auf den englischen Naturforscher Isaac Newton zurück, der im 18. Jahrhundert befand, dass alles aus harten, undurchdringlichen, aber beweglichen Teilchen zusammengesetzt ist. Laut diesem Gedankengebäude ist die Welt ein gigantischer Lego-Baukasten mit unzähligen Bauteilen, die zu verschiedenen Stoffen zusammengesetzt werden können.

Dann, vor etwas über hundert Jahren, beobachteten Physiker, dass sich Teilchen, die noch kleiner sind als Atome, zum Beispiel Elektronen, unserem Zugriff und unserer Beobachtung entziehen. Sie nannten sie Quanten. Die Wissenschaftler konnten entweder messen, wo sich so ein Teilchen aufhielt, oder wie schnell es sich bewegte. Wann immer sie versuchten, beides gleichzeitig zu bestimmten, wurden die Ergebnisse »unscharf«. Der Quantenphysiker, dem das zuerst auffiel, war Werner Heisenberg, und seine Entdeckung hieß fortan die Heisenbergsche Unschärferelation.

Und was für eine Entdeckung das war: Die kleinsten Bausteinchen unserer Welt haben keine klar definierte Identität! Sie sind genau genommen noch nicht einmal Teilchen. Damit wird alles infrage gestellt, wovon die Menschen zuvor ausgegangen waren – nämlich, dass sich die Welt aus fester Materie zusammensetzt.[110] Stattdessen besteht sie aus viel, viel Raum. Raum, wo vermeintlich nichts ist.

Raum, Zwischenraum, nicht Materie, ist also die Grundzutat unseres Universums. Im Weltall können wir uns das vorstellen, aber dass es in uns und in praktisch allem, von dem wir Dichte und Kompaktheit erwarten würden, genauso leer aussieht, das ist schon schwerer zu begreifen. Tatsächlich sind wir eigentlich genauso leer wie der Weltraum. Was wiederum bedeutet, dass wir Menschen viel poröser sind, als wir normalerweise annehmen. Das ist schon ein wenig gruselig.

Gleichzeitig ist dieser Raum kein leerer Raum! Früher dachte man sich Materie als etwas, das allein und isoliert tapfer durchs unendliche All reist und fast nie auf andere Materie trifft. Spätestens die Entdeckungen der Quantenphysik haben gezeigt, dass nicht nur das All, sondern der gesamte »leere« Raum tatsächlich sehr belegt ist, man könnte sogar sagen, es wuselt darin allüberall! Überall sind Felder, die man zwar nicht sehen, aber deren Effekte man beobachten kann. Zu diesen Feldern gehören Magnetfelder, die wiederum elektrische Felder erzeugen, und auch die Schwerkraft in Form von gekrümmter Raumzeit ist so ein Feld. Vermeintlich leerer Raum ist voller unsichtbarer, aber effektiver Strukturen und Verbindungen. Die Dinge, die wir in Experimenten sehen und beobachten, also die physische Gestalt von Materie in Form subatomarer Teilchen (unserer Quanten), sind nur ein Nebeneffekt dieser Felder. Diese subatomaren Teilchen entstehen für einen kurzen Moment, wenn zwei oder mehrere Felder zusammentreffen, und sie verschwinden so schnell, wie sie erschienen sind. Was wir für die Bausteine der Welt gehalten haben, sind nur die beobachtbaren Auswirkungen aufeinandertreffender Felder, flüchtige Erscheinungen, die sich für einen kurzen Moment als Materie manifestieren. Vermeintlich leerer Raum ist voll von sich gegenseitig durchdringenden Einflüssen und unsichtbaren Kräften, die sich miteinander verbinden.

Ich finde diese Vorstellung wunderschön und auch sehr tröstlich.

Denn was auf der Ebene der Quantenphysik gilt, lässt sich auf unseren Umgang mit Ungewissheit anwenden. Vielleicht hilft auch Ihnen der Gedanke, dass die Räume zwischen vermeintlichen Gewissheiten eben nicht leer, sondern voller Ideen und Informationen sind. Vielleicht können Sie sich dadurch vertrauensvoller ins Ungewisse begeben und dort ein wenig länger bleiben, um neugierig zu warten, was sich zeigt.

Dabei helfen uns unsere Ahnung, unser Vertrauen und unsere Intuition. Sie nehmen uns bei der Entdeckung dieser Ideen und Informationen im Zwischenraum an die Hand.

Dafür müssen wir unsere gewohnte Brille absetzen, und falls Sie Brillenträgerin sind so wie ich, dann wissen Sie, was das bedeutet: Alles verschwimmt und wird unscharf, entweder in der Nähe oder in der Ferne, je nachdem, ob Sie weit- oder kurzsichtig sind. Ich für meinen Teil bin sogar sehr stark kurzsichtig, und manchmal, wenn die Welt mich überfordert, setze ich meine Brille ab und orientiere mich statt durch meine Augen durch meine Erinnerung, mein Körpergedächtnis und meine Intuition. Das geht nicht immer gut und führt gelegentlich zu blauen Flecken, aber es verändert meine Perspektive.

Es gibt dazu eine schöne Übung, sie heißt »Der weite Blick«. Dafür stellen oder setzen Sie sich mitten in einen Raum. Wenn Sie eine

Brille tragen, nehmen Sie die bitte ab. Fokussieren Sie zuerst einen beliebigen Punkt, der sich geradeaus vor Ihnen befindet (das kann ein Bild oder ein Möbelstück oder ein Fleck an der Wand sein). Im nächsten Schritt versuchen Sie – ohne Ihren Kopf zu bewegen, Ihr Blick bleibt nach vorne gerichtet – Dinge gleichzeitig mit in den Blick zu nehmen, die links und rechts vom ursprünglich fokussierten Objekt liegen. In einem weiteren Schritt nehmen Sie noch mehr vom Raum in Ihr Sichtfeld auf, und zwar auch die Zimmerdecke und den Fußboden. Spätestens dann haben Sie wahrscheinlich das Gefühl zu schielen, besonders wenn Sie diese Art zu sehen nicht gewohnt sind. Am Schluss sollten Sie versuchen, alles zu »sehen«, was Sie noch gerade so in Ihr Blickfeld bekommen. Bleiben Sie eine Weile einfach in diesem Zustand. Es ist schwer, in Worten zu fassen, was diese Art zu sehen mit einem macht. Am besten Sie probieren es einfach mal aus.

Wenn Sie das erste Mal Ihren gewohnten Blick auf die Welt ablegen, wird die Schärfe anfangs abnehmen, denn diese Sehschärfe ist an Ihre gewohnte Art des Denkens gebunden. Nach und nach aber kann sie durch etwas Neues ersetzt werden, durch eine andere Art des Denkens.

Der Quantenphysiker und Träger des alternativen Nobelpreises Hans-Peter Dürr nannte diese Art des Denkens »Ahnung«[111]. Damit meinte er weder Hokuspokus noch vage Mutmaßungen, sondern eine Art des Denkens, in der sich verschiedene Formen der Wahrnehmung überlagern und ergänzen können. Ahnungen können Paradoxien, Uneindeutigkeiten und Widersprüche eher erfassen und lassen uns das Verhalten dieser kleinsten Partikel, der Quanten, eher begreifen als das Analyseverfahren des Baukastensystems.[112] Ich erkenne in Dürrs Gedanken die Erfahrung wieder, die ich zu Beginn dieses Kapitels geschildert habe, als die Grenzen zwischen mir und dem Ozean zu verschwimmen schienen. Anders kann ich mir das, was dort passiert ist, auch nicht erklären.

Ich habe von etwas, das vielleicht mit Quantenphysik zu tun hat, eine Ahnung bekommen. Aber ich schaffe es nicht, dies in Worte zu kleiden. Immer, wenn ich versuche, diese Ahnung zu fassen zu bekommen, entzieht sie sich meinem Zugriff. Sie ist wie ein scheues Tier, das sich nicht fotografieren lässt und bei dem ich immer zu spät auf den Auslöser drücke, sodass es auf jedem Foto nur unscharf und verschwommen zu sehen ist. Man sieht nicht genau, *was* es ist, nur *dass* da was ist.

4'33"

Es war der 29. August 1952. Ein kultur- und musikbegeistertes Publikum hatte sich in der Maverick Concert Hall in Woodstock, New York, für einen Klavierabend mit dem renommierten Pianisten David Tudor versammelt. Man war gespannt, denn das Programm enthielt auch eine Uraufführung eines Stückes des zeitgenössischen Komponisten John Cage. Als es so weit war, trat der Pianist an den Flügel, schloss den Deckel, setzte sich auf den Klavierhocker und spielte … nichts. David Tudor saß einfach nur da und tat gar nichts. Nach einer Weile stand er auf und öffnete den Deckel des Flügels wieder, nur um sich im Anschluss erneut hinzusetzen und nicht zu spielen. Dieser Vorgang wiederholte sich noch ein paar Mal, genauer gesagt drei Mal während vier Minuten und 33 Sekunden, die dem verwirrten und entrüsteten Publikum wie eine Ewigkeit vorkamen.

»4'33"«, vier Minuten und 33 Sekunden, ist auch der Titel, den John Cage seinem Stück gegeben hat. Er wollte damit zeigen, dass alle Klänge zu Musik werden können, auch Geräusche vom nervösen Hin- und Herrücken der Stühle oder das entrüstete Geflüster im Publikum. Dem Komponisten war seine Komposition durchaus ernst, er wollte sich damit nicht im Geringsten über das Publikum lustig machen, sondern den Zuhörern die Erfahrung eröffnen, dass es so etwas wie Stille nicht gibt.

Wir hatten das Stück im Musikunterricht in der Schule besprochen, und ich war damals ähnlicher Meinung wie das empörte Publikum: Das ist doch keine Musik! Gleichzeitig ist mir etwas im Kopf geblieben, was John Cage gesagt hat und woran ich mich bei der Beschäftigung mit Zwischenräumen wieder erinnert habe: »There is no such thing as an empty space or an empty time. There is always something to see, something to hear.«[113] Es gibt weder leeren Raum noch leere Zeit, irgendetwas lässt sich immer wahrnehmen. Genauso ist es mit den Zwischenräumen zwischen Gewissheiten, diese Räume sind nicht leer! Ebenso wenig wie physikalische Räume leer sind. Doch John Cage hat auch gesagt, die essenzielle Bedeutung von Stille sei, den Vorsatz, etwas zu hören, aufzugeben. Das ist ein ganz wesentlicher Punkt. Sich auf Zwischenräume einzulassen bedeutet, dass man den Vorsatz, irgendetwas zu tun oder zu wollen, aufgibt, und seine Aufmerksamkeit auf das richtet, was in dem Moment da ist und sich zeigt.

Übergänge und die Ränder des Chaos

Die Natur macht uns genau wie die Kunst und die Physik darauf aufmerksam, wie wenig leer Zwischenräume sind. An den Rändern dessen, wo das eine aufhört und das andere noch nicht begonnen hat, geht es oft recht bunt und lebendig zu. Wenn zwei verschiedene Ökosysteme aufeinandertreffen, spricht man in der Biologie von einem Ökoton. Dort ist die Artenvielfalt meistens besonders groß – größer als die Summe der Arten, die in den angrenzenden Gebieten vorkommen!

Gebirgsketten bilden oft Ökotone aufgrund der vielfältigen klimatischen Bedingungen an ihren Hängen, aber auch dort, wo Wald und Wiese oder Land und Wasser aufeinandertreffen, entstehen Ökotone. Am Übergang zwischen Land und Ozean beispielsweise führen das intensive Sonnenlicht und die Verwirbelung von Salz- und Süßwasser zur größten Vielfalt an Korallen, Fischen, Seesternen, Muscheln und anderen Lebewesen.

Das Wort »Ökoton« setzt sich zusammen aus »Ökologie« und »Tonos«, das aus dem Griechischen kommt und »Spannung« bedeutet. In Ökotonen als Saumgebieten der Natur erzeugt das Aufeinandertreffen verschiedener Ökosysteme eine Spannung, die besonders fruchtbar ist. Vergleichbar mit einer Brücke, die zwischen zwei Landschaftsräumen aufgespannt ist, erlaubt ein Ökoton den Bewohnern der angrenzenden Gebiete, sich miteinander auszutauschen. Der Biologe und Philosoph Andreas Weber beschreibt das so: »Ein Übergang ist der Ort, an dem zum Beispiel der Wald die Wiese ruft und die Wiese dem Wald antwortet.«[114] Durchreisende Tiere tragen Samen, Blütenstaub oder Fruchtkerne an ihrem Körper und bringen so neue Impulse in die eingeschworene Wald- oder Wiesengemeinschaft. Entsprechend findet man in diesen Ökotonen vielfach seltene oder besondere Gewächse.

Übergänge sind also günstige Ausgangspunkte für die Entwicklung von Neuem, weil dort Ressourcen von beiden angrenzenden Systemen verfügbar sind. Hafenstädte ziehen mich schon deshalb besonders an. Dort traf die lokale Kultur in besonderem Maße über Jahrhunderte hinweg auf Fremdes und Neues. Mit den Schiffen kamen Neuigkeiten aus aller Welt, Sprachen vermischten sich, neue Gewürze und Zubereitungsarten fanden Einzug in die einheimische Küche, nicht wenige Ankommende blieben und ihre Traditionen hinterließen tiefe Spuren. Jedes Mal, wenn wir mit dem Boot in eine Hafenstadt kamen, konnte ich sie intensiv spüren, diese Verdichtung und diesen Austausch – als ob der Ort sich über die Zeit vollgesogen hätte mit dieser besonderen Stimmung und Vielfalt. »An den Rändern des Chaos spielt sich das Leben ab«[115], sagt der Biologe und Komplexitätsforscher Stuart Kauffman, und mich fasziniert der Gedanke, denn anscheinend muss sich alles ändern, damit es so bleiben kann, wie es ist. Auch im menschlichen Alltag sind es die Übergänge am Rand des Chaos, wo Neues entsteht und sich Überraschendes zeigt. Übergangsräume, in denen die gewohnten Regeln nicht mehr greifen, stellen gefühlt alles auf den Kopf und reißen uns aus unseren eingespielten Rhythmen heraus. Zumal wenn es kein Zurück gibt und sich neue Gewohnheiten und Strukturen erst herausbilden müssen. Das kann jeder nachvollziehen, der schon einmal von einer Stadt in die andere gezogen ist oder einen neuen Job angenommen hat. Plötzlich muss man sich neu zurechtfinden und erwirbt sich damit neue Wege und Möglichkeiten. So unangenehm und sogar brutal sich manche Übergänge anfühlen mögen, vor allem wenn man selbst mittendrin steckt, ermöglichen sie uns also zugleich neue Erfahrungen, Erkenntnisse und Gefühle, die sonst in unserem geregelten Alltag keinen Platz haben. Nur hier kann wirklich Neues entstehen, etwas, das andere und vielleicht auch mehr Eigenschaften hat als das, was wir bisher kennen.

Besonders Krisen wirbeln einiges durcheinander, aber sie wirbeln auch den Staub auf, der über die Jahre so vieles verdeckt und versteckt hat. Sie sind zugleich Kontrastmittel und Katalysator. Und als Kontrastmittel zeigen sie gnadenlos die Schwachstellen im System auf: während der Pandemie das Problem der unterbezahlten Pflegekräfte, die fehlende Absicherung von Künstlern und Kulturschaffenden, die fragilen Lieferketten, die Brüchigkeit unserer Demokratien, Ungleichheiten, unser mangelndes Verständnis für komplexe Vorgänge, unseren Narzissmus und unsere Schwierigkeit, miteinander zu kooperieren.

Als Katalysator stoßen sie Entwicklungen an oder beschleunigen sie, und damit sind nicht nur die digitale Transformation und eine breitere Akzeptanz der Arbeit aus dem Homeoffice gemeint, sondern auch viele kleine Dinge, die vorher nicht möglich gewesen wären. Autoparkplätze an den Straßen müssen Freischankflächen weichen. Kulturveranstaltungen werden als Demo angemeldet.[116]

Übergänge sind kreative Räume, in denen es durch Veränderungsdruck und dem Zusammenkommen verschiedener Perspektiven und Ideen zu echter Innovation kommen kann. Hier werden alte Muster aufgebrochen, vormals gebundene Energien freigesetzt und neue Bündnisse geschlossen.

Alles ist Prozess

Im Grunde genommen befinden wir uns aber nicht nur in Krisenzeiten oder bei den Änderungen unserer Lebensumstände, sondern permanent im Übergang. Alles ist im ständigen Wandel, Beziehungsgefüge und Zusammenhänge, auch wenn wir uns schwertun, uns das vorzustellen bzw. es wahrzunehmen. Instabilität und Stabilität befinden sich im ständigen Wechsel, Dinge entstehen aus dem Nichts und vergehen ins Nichts. Das Wesen des Lebendigseins ist dieser ewige Tanz zwischen diesen beiden Zuständen – Stabilität und Instabilität, Beständigkeit und Bewegung. »Stillstand ist der Tod«, sang schon Herbert Grönemeyer in seinem Song »Bleibt alles anders«[117] und fasste dabei eine Grundkonstante unserer Existenz zusammen. Wobei das keinesfalls als Aufforderung zu verstehen ist, nicht innezuhalten und stattdessen immer weiterzurennen, weiterzumachen, weiterzutun. Das Absurde ist ja, dass wir durch dieses uns selbstauferlegte Gebot, ständig beschäftigt zu sein, am Erhalt des Bekannten und Vertrauten arbeiten. Das Leben und die Veränderung passieren nämlich von ganz allein ohne unser Zutun, das merkt man aber am besten, wenn man selbst stillhält.

Materie ist letztlich nur die Schlacke dieser dynamischen und kreativen Wirklichkeit, sie bildet sich durch eine Art Gerinnungsprozess aus Ideen und Möglichkeiten. Dummerweise ist es aber gerade die Materie, also das, was wir greifen und definieren können, woran wir uns orientieren.[118]

Wie tief die Sehnsucht nach dem Definierten, dem klar Abgegrenzten in uns steckt, zeigt sich nicht zuletzt in unseren Sprachen. In der Sprache der Potawatomi, einem indigenen Volk in Nordamerika, sind siebzig Prozent der Wörter Verben. Zum Vergleich: Im Englischen sind es nur dreißig Prozent, im Deutschen gar nur zehn Prozent![119] Substantive stellen mit Abstand die größte Gruppe der Wörter in diesen Sprachen dar. Verben sind, anders als Substantive und Adjektive, dynamisch, sie beschreiben einen Vorgang. Wörter, wie »Bucht«, die im Deutschen ein Substantiv sind, sind in Potawatomi Verben: »eine Bucht sein«. Das Substantiv »Bucht« bezeichnet ein statisches Objekt, beim Verb »eine Bucht sein« handelt es sich hingegen um einen Vorgang, einen Prozess. Denn es gab ja vielleicht in der Vergangenheit eine Zeit, in der das Wasser dieser Küste nicht in einer Bucht Schutz gesucht, sondern sich woanders aufgehalten hat. Und irgendwann einmal sind das Land und das Wasser – vielleicht aufgrund eines Sturms – keine Bucht mehr. Auch Adjektive wie »rot« sind in Potawatomi Verben.[120] Im Deutschen kennen wir das nur bei Ausdrücken wie »Es grünt« oder »Er errötet«.

Auch der weiter oben bereits erwähnte Quantenphysiker Hans-Peter Dürr schlägt vor, besser eine Verbsprache zu verwenden, wenn wir über Quantenphysik sprechen, da es in der subatomaren Quantenwelt keine Gegenstände, keine Materie, keine Substantive, also keine anpassbaren Dinge gibt. Auch verwendet er lieber die Begriffe »Wirks« und »Passierchen« statt »Teilchen« und »Atome«. Denn diese Wirks oder Passierchen sind laut Dürr eine winzige Artikulation der Wirklichkeit, eben etwas, das *wirkt*, das *passiert*, das etwas auslöst.[121]

Dass sich alles ständig ändert, erlebten wir immer wieder während unserer Segelreise. Als wir von der kleinen Insel Saba nach Kuba segelten, wollte der Wind mal wieder nicht wie wir und drehte so, dass er direkt von hinten blies. Das hört sich vielleicht ideal an, ist es aber für unser Boot nicht. In Kombination mit Wellen bedeutet Rückenwind nämlich übles Gerolle von einer Seite auf die andere. Das allein kann einen schon verrückt machen. Darüber hinaus heißt Wind von achtern, also hinten, permanentes Verstellen der Segel, denn mal bläst es ein wenig mehr von hinten links, dann wieder von hinten rechts. Das war uns zu anstrengend und ungemütlich, weshalb wir einen Umweg in Kauf nahmen und leicht nach Norden abdrehten. Auf den Karten sahen wir, dass uns unsere neue Route durch die Turks- und Caicos-Inseln führte, südöstliche Ausläufer der Bahamas. Nachdem der Wind am übernächsten Tag etwas drehen sollte, sodass wir endlich Kurs auf Kuba würden nehmen können, beschlossen wir, vor den Turks & Caicos zu ankern und einen Tag abzuwarten.

Blöderweise erreichten wir die Inseln erst bei Dunkelheit. Auf der Karte war allerdings ein Leuchtfeuer eingezeichnet, also kein Problem. Die Sonne ging unter, und unser Kartenplotter zeigte an, dass wir uns ganz in der Nähe der Inseln befanden. Aber so angestrengt wir auch durch das Fernglas in die schwarze mondlose Nacht hinein starrten, konnten wir nirgendwo ein Leuchtfeuer sehen. Wir orientierten uns also an den Tiefenangaben unseres Echolots, und ich stellte mich vorne an den Bug mit der Taschenlampe, um ins Wasser zu leuchten. Die Turks & Caicos liegen auf einem Meeresplateau und tatsächlich, plötzlich konnte ich durch das glasklare Wasser wenige Meter unter uns den Meeresboden sehen. Wir warfen den Anker, gingen schlafen und stellten am nächsten Tag fest, dass wir tatsächlich genau neben der kleinen Insel gelandet waren, von der aus uns das Leuchtfeuer laut Karte hätte leiten sollen.

Nach dem Frühstück sprangen wir ins Dinghi und fuhren zur Insel hinüber. Es ist eine ganz kleine Insel, die man zu Fuß umrunden kann. Menschen leben hier keine, dafür riesige Echsen und zahllose Vögel. Bei unserem Rundgang fanden wir es dann, das Leuchtfeuer. Es lag umgestürzt auf dem Boden, der massive Betonsockel aus seiner Verankerung gerissen. Im Jahr davor hatten drei riesige Hurrikans in der Karibik getobt, und wie so oft stimmten nun die Karten nicht mehr. Das veranschaulicht einmal mehr, dass alles immer in Bewegung ist. Fahrrinnen füllen sich, Buchten versanden, Küsten erodieren, Stürme tun ihr Übriges. Da hilft nur, vorne am Bug zu stehen und auf Sicht zu navigieren, notfalls mit der Taschenlampe. Das Leben ist ständig im Übergang und im Wandel. Auf Flut folgt Ebbe, auf Winter folgt Frühling, auf die Nacht folgt der Tag. Die Welt um uns und in uns steht nicht still, nur weil wir auf einem Bein stehend noch nicht wissen, wo wir den anderen Fuß aufsetzen sollen. Also: Lassen Sie sich auf die Zwischenräume ein. Bleiben Sie noch ein Weilchen so, beobachten Sie, weiten Sie den Blick, leben Sie die Fragen. Und seien Sie gespannt, was sich zeigt.

Das Wichtigste in Kürze

Was Sie aus diesem Kapitel mitnehmen können:
- Zwischenräume sind wertvoll, denn nur dort kann sich Neues zeigen.
- Widersprüchliches aushalten zu lernen erleichtert es, mit Ungewissheit zu leben.
- Ratschläge sind auch Schläge.
- Besser nicht von einer Gewissheit in die nächste springen, sondern sehen, was wir aus Scheitern lernen können.
- Distanz zu uns selbst, Offenheit und Leerlauf schaffen einen Freiraum für neue Ideen und Lösungen.
- Alles ist ständig in Bewegung und im Übergang.

Ergebnisoffenheit oder: Umwege erhöhen die Ortskenntnis

Ich bin total frustriert. Wir hatten doch einen Plan, einen so schönen Plan. Wann wir wo sein wollten, zu welchen Zeiten die Bedingungen am günstigsten sind. Wir hatten vor, im Herbst das Mittelmeer zu durchqueren und spätestens – spätestens! – Ende November die Straße von Gibraltar zu erreichen. Noch bevor die Winterstürme einsetzten, wollten wir auf dem Weg zu den Kanaren sein, an der marokkanischen Küste entlang. Für ein Jahr würde das Geld wohl reichen, danach wollten wir weitersehen. Soweit der Plan. Und jetzt das: Wir hängen seit zwei Monaten in Sardinien mit kaputtem Motor fest. Nicht nur, dass das unseren kompletten Zeitplan über den Haufen wirft, nein, einen neuen Motor zu kaufen und einzubauen würde auf einen Schlag unser ganzes Budget auffressen. Und das, obwohl wir schon so viel Zeit und Geld und Nerven in diesen verfluchten alten Motor gesteckt haben. So ein verdammter Mist.

Es bleibt uns schließlich nichts anderes übrig: Wir müssen in den sauren Apfel beißen und eine neue Maschine kaufen, sonst können wir unsere Reise nicht fortsetzen. So gewiefte Segler sind wir dann doch nicht, dass wir uns zutrauen, in die vielen engen Häfen ohne Motorunterstützung reinzukommen. Außerdem lädt der Motor unsere Batterien auf, wenn die Solarpaneele das bei bewölktem Himmel nicht ganz schaffen. Aber unser ganzes Erspartes ist weg, wir müssen uns sogar noch Geld leihen.

Was also tun? Wir brauchen einen Plan B. Ich klopfe bei meinen Kunden und Auftraggebern an und lasse sie wissen, dass ich wieder verfügbar bin.

Es dauert ein bisschen, aber so langsam tröpfeln immer mehr Jobs rein. An-
statt wie vorher aus München, reise ich jetzt für Trainings und Workshops aus
Cagliari an. Aus Palma de Mallorca. Aus Malaga. Von den Kanaren. Mei-
ne Kunden bekommen davon so gut wie nichts mit, und ich bin erstaunt, wie
gut das funktioniert. Ich versuche, meine Termine so zu legen, dass ich einmal
im Monat für ein paar Tage weg bin, und wir segeln so, dass wir genug Puffer
haben, falls wir mal schlechtes Wetter aussitzen müssen. Es klappt, wir kom-
men über die Runden und können unser Abenteuer fortsetzen – zumindest
solange wir in europäischen Gewässern bleiben und die Flüge bezahlbar sind.

Wir meinen, immer alles im Griff und den perfekten Plan haben zu
müssen. Zielorientiert wollen wir sein, strukturiert, fokussiert und
uns bloß nicht ablenken lassen. Der Zufall hat dabei keinen Platz,
genauso wenig wie Ungewissheit. Im Gegenteil. Die Richtung muss
jederzeit klar sein, damit wir ihr unbeirrt folgen können. Wir frisieren unseren Lebenslauf, sodass es aussieht, als sei unser bisheri-
ger Weg eine Aneinanderreihung geplanter und wohldurchdach-
ter Schritte gewesen. Jede Lücke und jede Ungereimtheit müssen
verschwinden.

Wir glauben, wahnsinnig effizient zu sein, wenn wir alles weg-
rationalisieren, was keinen für uns unmittelbar erkennbaren Nutzen hat. Was wir dabei gerne mal vergessen, ist, dass es gerade die
Dinge sind, die wir nicht eingeplant haben, die Ablenkungen, die
Störungen, die Zufälle, die – insofern wir offen genug sind, das
zu erkennen – uns neue Wege aufzeigen. Die uns plötzliche Ein-
gebungen haben lassen, uns weiterbringen und Quantensprünge
machen lassen.

Was liegt jenseits der Ergebnis- und Zielorientierung? Brauchen
wir ein neues Verständnis von Effizienz? Und welche Rolle spielt
dabei der Zufall?

Fahren ohne Navi

Ergebnis- und Zielorientierung sind so ähnlich wie Autofahren mit Navi. Wir haben ein Ziel vor Augen und richten alle unsere Handlungen danach aus, dieses Ziel auf direktem Weg zu erreichen. Dabei schauen wir nicht mehr nach links oder rechts, denn unsere Route ist klar vorgegeben. Nur übersehen wir dann oft andere Wege, auf denen wir unser Ziel angenehmer, entspannter oder sogar schneller erreichen könnten. Und genauso geht uns wahrscheinlich allerhand durch die Lappen, wenn wir uns nicht ab und zu von den Effizienz-Scheuklappen befreien und uns auf Ungeplantes einlassen.

Außerdem gilt, dass Umwege die Ortskenntnis erhöhen. Selbst wenn ich erst einmal gar nichts davon habe, dass ich mich irgendwo verirre, gewinne ich doch insgesamt einen viel besseren Überblick. Und überhaupt: Das Leben ist eigentlich zu kurz, um die Autobahn zu nehmen. Denn kennen Sie eine, kennen Sie alle.[122]

Dabei sind Ergebnis- und Zielorientierung per se nichts Schlechtes. Wenn wir keine Ziele hätten, würden wir nicht in den Urlaub fahren, beruflich auf der Stelle treten und uns vermutlich kaum noch vom Sofa wegbewegen. Aber bei fehlender Ergebnisoffenheit macht uns Zielorientierung oft verbissen und blind für ungeahnte Möglichkeiten. Wie bei einer Kameralinse, der es möglich ist, mal den Hintergrund und mal den Vordergrund scharfzustellen, hilft es auch uns, beides zu können: uns zu konzentrieren und bei der Sache zu bleiben, aber zwischendurch auch immer wieder die Antennen für Unerwartetes auszufahren, Gelegenheiten zu erkennen und sich auf Dinge einzulassen, die nicht im Fokus standen. Laut Stuart Kauffman, dem Komplexitätsforscher, den wir schon im vorigen Kapitel kennengelernt haben, entsteht Fortschritt immer dann, wenn viele winzig kleine Schritte auf ein paar wenige hochspekulative Gedankensprünge treffen. Es braucht also beides:

zielgerichtetes Forschen und wildes Herumprobieren. Ergebnisorientierung *und* Ergebnisoffenheit.[123]

Vielleicht taucht plötzlich ein alter Freund auf, der mit uns mal wieder ein Bier trinken gehen will, und – falls wir uns trotz Zeitdruck darauf einlassen – es stellt sich dabei heraus, dass er uns helfen kann, unser Ziel viel schneller zu erreichen. Oder wir entdecken ein anderes Ziel, weil uns dieser Freund auf eine ganz neue Idee bringt.

Das ist mir vor nicht allzu langer Zeit übrigens fast genauso passiert. Eine Freundin hatte mich spontan gefragt, ob ich sie zu einer Kabarettveranstaltung begleiten wolle, sie hätte Karten. Ich war eigentlich müde und hätte noch etwas zu tun gehabt, aber ich war auch neugierig und freute mich über die Einladung. Die Veranstaltung war tatsächlich richtig gut, doch es war das Gespräch auf der Rückfahrt, das meinem Leben in den darauffolgenden Monaten eine ganz neue Richtung geben sollte. Meine Freundin, eine Stadtplanerin, erwähnte eine Transformationsberatung, über die sie von Kollegen kürzlich Gutes gehört hatte, und regte an, dass ich mich dort einmal melden sollte. Ich war zu dem Zeitpunkt schon länger auf der Suche nach interessanten Kooperationsmöglichkeiten und fand spannend, was sie mir erzählte. Außerdem sind Zukunftsgestaltung und nachhaltige Stadtentwicklung Themen, die mich sehr beschäftigen. Ein paar Tage später kontaktierte ich deshalb die Beratung und bekam eine nette und interessierte Rückmeldung. Wir wollten uns zwei Wochen später unverbindlich zum Mittagessen treffen, doch dann kam alles ganz anders. Die WHO erklärte den Covid-19-Ausbruch offiziell zur Pandemie, plötzlich war Lockdown, und fast alle meiner Aufträge und Engagements wurden abgesagt. Ähnlich erging es der Beratung. Plötzlich hatten wir Zeit und keine Ahnung, wie es weitergehen würde.

Das Kennenlernen fand trotzdem statt, allerdings per Videokonferenz und angesichts der aktuellen Situation in kompletter

Ergebnisoffenheit. Wir entdeckten viele gemeinsame Interessen und Handlungsfelder, und es entwickelte sich zwischen uns eine intensive Zusammenarbeit. Seitdem verbringe ich einen großen Teil meiner Zeit mit den Themen Zukunftsgestaltung und Nachhaltige Stadtentwicklung. Ich hätte mir das nicht schöner ausmalen können. Durch die Verkettung von Zufällen habe ich nicht nur spannende neue Kollegen, sondern sogar wunderbare Freunde gewonnen.

Serendipity – die Kunst zu finden, ohne zu suchen

Es gibt im Englischen einen Begriff, für den zwar eine deutsche Lehnübersetzung existiert, die aber bei uns kaum genutzt wird: »Serendipity« beziehungsweise auf Deutsch »Serendipität«. Serendipität beschreibt die zufällige Beobachtung oder das Finden von etwas, das man gar nicht gesucht hat. Der Begriff geht zurück auf das persische Märchen *Die drei Prinzen von Serendip*, das von drei jungen Männern erzählt, die ungeplant Entdeckungen machen. Ein englischer Gelehrter hat den Begriff bereits im 18. Jahrhundert geprägt, in Mode kam er aber erst in den 1960er-Jahren.

Der »Serendipitologe« Pek van Andel von der Universität Groningen beschreibt Serendipität als die Kunst, etwas zu finden, ohne es gesucht zu haben.[124] Er hat zahlreiche Erfindungen und Entdeckungen zusammengetragen, die so nicht geplant waren. Darunter zählt er auch die Entdeckung Amerikas durch Christoph Kolumbus, der ja eigentlich nach Asien wollte und sich in seinen Berechnungen der Distanz total vertan hatte. Er deutete die ihm vorliegenden Karten so, dass die Entfernung zwischen Spanien und der chinesischen Küste gerade mal 4.500 Kilometer betragen hätte. Tatsächlich sind es aber fast 20.000 Kilometer, die Europa von Asien trennen. Er lag also weit daneben. Doch Kolumbus hatte das unfassbare Glück, dass ein ihm und seinen Zeitgenossen noch unbekannter Kontinent im Weg lag, sonst hätte seine Expedition in einer Katastrophe geendet. Die Besatzungen seiner drei Schiffe Santa Maria, Pinta und Niña standen bereits kurz vor der Meuterei, als endlich das erlösende »Land in Sicht« vom Masttopp erklang und sie eine Insel der heutigen Bahamas erreichten. Kolumbus war übrigens bis zu seinem Tod nicht vom Glauben daran abzubringen, dass er Asien erreicht hatte.

Serendipität spielte auch in jüngerer Zeit bei wissenschaftlichen Entdeckungen eine Rolle. 1964 waren zwei Wissenschaftler dabei, eine neue Antenne in Betrieb zu nehmen, um Satellitensignale zu empfangen. Aber ganz gleich, wie sehr sie die Geräte und Kabel nachjustierten, kontrollierten, säuberten und prüften – immer vernahmen sie ein Störgeräusch, ein pausenloses Zischen und Rauschen, das durch nichts auszuschalten war. Ohne es zu ahnen und vor allem ohne danach gesucht zu haben, hatten Arno Penzias und Robert Wilson die kosmische Hintergrundstrahlung, das »Echo des Urknalls« entdeckt. Für diese Zufallsentdeckung gab es später den Nobelpreis.

Aber auch Erfindungen sind nicht immer geplant, Beispiele für Serendipität gibt es auch hier zuhauf. Besonders gern wird der Klettverschluss genannt. Der Schweizer Ingenieur Georges de Mestral ging mit seinem Hund Gassi und war wieder einmal von den lästigen Klettfrüchten genervt, die im Hundefell hängen blieben und sich kaum entfernen ließen. Wieder daheim, legte er die Früchte unters Mikroskop und entdeckte winzige Häkchen, die durch ihre Elastizität auch beim Versuch, sie gewaltsam zu entfernen, nicht abbrachen. Diese Entdeckung brachte ihn auf die Idee, wie sich zwei Materialien vorübergehend verbinden ließen. Er entwickelte den textilen Klettverschluss und meldete 1951 das Patent an.

Serendipität wird oft durch beiläufige Beobachtungen ausgelöst, auf die dann die sogenannte Inkubation folgt: Das Gehirn brütet quasi im Stillen über dem Beobachteten und vernetzt es mit anderen, schon vorhandenen Informationen. Diese Phase der unbewussten Verarbeitung führt letzten Endes zu einer ganz neuen Erkenntnis, so wie bei Archimedes von Syrakus: Angeblich verstand dieser plötzlich den Zusammenhang zwischen Wasserverdrängung und Auftrieb (das nach ihm benannte Archimedische Prinzip), als eine Menge Wasser aus seiner Badewanne schwappte, worauf er unbekleidet und »Heureka!« rufend durch die Stadt lief. Auch Isaac Newtons Einsicht in die Schwerkraft, die ihm der berühmte Apfel der Legende nach verschafft haben soll, gehört in diese Kategorie. Solche Erkenntnisse treten übrigens besonders gern in gänzlich unerwarteten Momenten auf. Meistens geschieht das, wenn der Geist sich gerade entspannt – wie zum Beispiel in der Badewanne oder dösend unter einem Baum – oder sich mit etwas ganz anderem beschäftigt als mit dem eigentlichen Problem, etwa mit Klavierspielen, Fußball, Kochen oder Gärtnern.

Kann man das »Stolpern« über Lösungen und Ideen beeinflussen oder ist der Zufall wirklich rein zufällig? Der Zufall bleibt rein zufällig, allerdings lässt sich die eigene Haltung im Umgang mit Zufällen beeinflussen, indem man dem Zufall eine Chance gibt.

Forscher um den Informationswissenschaftler Naresh Argawal vom Simmons College in Boston beschreiben die für Serendipität hilfreiche Haltung als eine Mischung aus Vorbereitetsein und Aufmerksamkeit, um den Zufall im richtigen Augenblick zu bemerken und nutzen zu können. Menschen mit dieser Haltung sind dieser Beschreibung nach *super encounterer*. Solche Menschen lassen sich leicht auf Abwege führen, entscheiden schnell, was sie interessiert und was nicht, und haben wenig bis keine Angst zu scheitern. Die drei Eigenschaften, die ihnen dabei hilfreich sind, sind Neugier, Flexibilität und Frustrationstoleranz.[125]

Der Zufall lässt sich nicht kontrollieren, aber ob wir ihn für uns nutzen können, hängt davon ab, ob wir in der Lage sind, uns zwischendurch ergebnisoffen im Meer der Möglichkeiten treiben zu lassen, und bewusst Gelegenheiten schaffen, den Zufall eintreten zu lassen. Dazu gehört, Begegnungen zuzulassen, aufmerksam zuzuhören, auch mal eine Stunde interessanten Themen von Link zu Link durchs Internet zu folgen (bevorzugt außerhalb der sozialen Medien) und gespannt zu sein, worauf man stößt. Hauptsache, man verfolgt damit kein vordergründiges Ziel, sondern öffnet die eigenen Wahrnehmungsfilter.

Abgesehen von ganz neuen Gelegenheiten, die sich durch diese Art von Ergebnisoffenheit und Aufmerksamkeit gegenüber der Umgebung ergeben können, helfen wir darüber hinaus unserem Gehirn beim Finden von Lösungen und Antworten auf Probleme und Fragen, die wir möglicherweise mit uns herumschleppen. So wie sich Isaac Newton und Archimedes möglicherweise schon länger Gedanken zu Schwerkraft beziehungsweise Wasserverdrängung gemacht hatten, aber trotz angestrengten Nachdenkens zu keiner befriedigenden Antwort kamen, bevor sie ihr Gehirn in den Leerlauf schalteten.

Denn diese Art, dem Denken eine lange Leine zu lassen und den Zufall einzuladen, hilft dem analogen Denken auf die Sprünge. Analoges Denken bedeutet nicht, dass man ohne Computer denkt, sondern das Denken in Analogien.

Was heißt das genau? Grundsätzlich bedeutet Denken zunächst einmal, dass man seine Wahrnehmungen und Überlegungen in ein inneres Ordnungssystem einfügt, und das kann auf verschiedene Art und Weise geschehen. Beim rationalen, analytischen Denken geht man von Kausalitäten und logischen Schlussfolgerungen aus, es dreht sich viel um Zahlen, Daten, Fakten, und man beobachtet eher von außen.

Beim analogen Denken ist der Denkende Teil des Bezugssystems,

Eindrücke und Erkenntnisse werden danach geordnet, ob man sie zum Beispiel mit einer Erinnerung verknüpfen kann. Man »erkennt« etwas wieder, weil etwas Ähnliches schon in einem vorhanden ist. Aus diesen vorhandenen Informationen lassen sich Rückschlüsse auf die »neue« Information ziehen. Dabei verknüpft unser Gehirn eine aktuelle Erfahrung mit einer abgespeicherten Information, die auf den ersten Blick gar nichts mit dem eigentlichen Thema zu tun hat, und kommt so zu überraschenden Erkenntnissen – wir erinnern uns an Newton und die Schwerkraft. Das Denken in Analogien kann zwar einerseits auch zu Schubladendenken und Vorurteilen führen, wenn eine Erfahrung verallgemeinert oder von einer Person auf eine ganze Gruppe geschlossen wird, andererseits befeuert diese Denkweise kreative Herleitungen.[126]

Unser Gehirn macht das ganz von allein – vorausgesetzt, es bekommt vielfältigen Input. David Epstein beschreibt in seinem Buch *Es lebe der Generalist*, warum nicht nur Zielorientierung, sondern auch Spezialisierung – und zwar insbesondere im Kontext von Innovation – nicht zwangsläufig die besten Vorgehensweisen sind. Menschen mit einem weiteren Erfahrungsspektrum, die schon in anderen Branchen, Funktionen und Sparten Erfahrungen sammeln konnten, haben sehr gute Voraussetzungen fürs analoge Denken und damit für das Lösen verzwickter Probleme, an denen sich möglicherweise sogar Experten die Zähne ausbeißen.[127]

Falls Sie begeistert einem Hobby nachgehen, kennen Sie das vielleicht: Sie sind in der Lage, Analogien zwischen Ihrer Leidenschaft und den täglichen oder auch nicht täglichen Herausforderungen herzustellen. Beim Segeln beispielsweise kann man zwar nicht gegen den Wind segeln, aber man muss nur den Kurs ändern, dann lässt sich ein eigentlich ungünstiger Wind nutzen, um zum Ziel zu kommen – zwar nicht auf dem direktesten Weg, aber immerhin. Das half mir zu verstehen, dass man mit Widerständen auch anders umgehen kann.

Analoges Denken lässt sich zwar nicht planen, es passiert einfach, wenn die passenden Verbindungen und Vernetzungen im Kopf entstehen. Aber man kann für frischen Input sorgen und sich für Erfahrungen aus anderen Bereichen öffnen.

Mit allen Sinnen da sein

Nun war viel vom Kopf und vom Denken die Rede, dabei spielen unsere Gefühle, unser Körper und alle unsere Sinne bei der Herleitung kreativer Lösungen eine genauso wichtige Rolle. Um analoges Denken zu begünstigen, sollten wir nicht nur den Kopf mit vielfältigen Informationen füttern, sondern ästhetische Erfahrungen helfen uns ebenfalls ausgesprochen gut weiter. »Ästhetische Erfahrungen« klingt vielleicht etwas hochtrabend, dabei sind damit nur Erfahrungen gemeint, bei denen unsere Sinne wach und voll da sind.

Ich bin vor vielen Jahren auf eine Wortverwandtschaft gestoßen, die mich nachhaltig beeindruckt hat: Die beiden Wörter »Ästhetik« und »Anästhesie« teilen dieselbe Wurzel – *aisthesis*, das ist altgriechisch für Wahrnehmung und Empfindung. Während die Anästhesistin vor und während einer Operation dafür sorgt, dass wir betäubt sind und keine Schmerzen empfinden, lassen uns ein Konzert, eine Theateraufführung oder eine Ausstellung ganz viel fühlen. Das ist es, was wir eigentlich meinen, wenn wir etwas als ästhetisch bezeichnen – unsere Sinne werden bewegt.[128] Die von dem Schweizer Soziologen und Ökonomen Lucius Burckhardt entwickelte »Spaziergangswissenschaft« soll Umweltbedingungen durch eine bewusste Wahrnehmung sicht- und spürbar machen. Durch Erkundungsgänge und durch das Erleben typischer und alltäglicher Situationen – wie beispielsweise dem langsamen Überqueren einer vielbefahrenen Straße – können andere Perspektiven erfahren werden, zum Beispiel die älterer Bürger, die eben länger für eine Straßenüberquerung brauchen.[129] Auch das sind ästhetische Erfahrungen, also Erfahrungen mit unseren Sinnen, die emotional unseren Horizont erweitern und uns inspirieren. Das ist es auch, was Kunst für mich im Umgang mit Ungewissheit so spannend macht: ihre Offenheit und ihre Qualität, Erfahrungen zu ermöglichen und Zusammenhänge ans Licht zu bringen.

In einem meiner liebsten Vorträge »Tanz versus Powerpoint: ein bescheidener Vorschlag« erklärt der Wissenschaftsjournalist John Bohannon – mit und durch Tänzerinnen und Tänzer! –, weshalb er für die Erklärung komplizierter Phänomene und wissenschaftlicher Erkenntnisse lieber auf Tanz als auf Powerpoint zurückgreift. Selbst als Molekularbiologe versteht er meist recht wenig von dem, was ihm seine Wissenschaftskolleginnen von ihrer Forschung erzählen. Im Gegenteil – je mehr sie erklären, desto weniger versteht er. Um jemandem aber den Überblick über ein komplexes oder kompliziertes Thema zu geben, so Bohannon, sei es besser, das Thema in möglichst wenigen Worten auf den Punkt bringen zu können beziehungsweise überhaupt keine Worte zu brauchen. Dafür rief er 2008 den Wettbewerb »Dance Your Ph.D.« ins Leben, bei dem Doktoranden und bereits promovierte Wissenschaftler das Thema ihrer Doktorarbeit durch Tanz ausdrücken. Das ist zum einen wertvoll für die Wettbewerbsteilnehmer, die sich in dem Prozess, ihr Thema in Tanz zu übersetzen, diesem noch mal ganz anders nähern können. Zum anderen bekommen die Zuschauer die Gelegenheit, die oft sehr kompliziert klingenden Fragestellungen der Doktorarbeiten nicht nur intellektuell zu verstehen, sondern mit allen Sinnen zu begreifen.[130] Und es ist genau dieses »mit allen Sinnen begreifen«, das wir brauchen, um im ergebnisoffenen Raum dem Zufall möglichst viele Gelegenheiten zu eröffnen.

Dafür gibt es seit 2017 wöchentlich den ergebnisoffenen Sonntag[131] – eine symbolische Veranstaltung, die ich ins Leben gerufen habe, um uns daran zu erinnern, dass wir uns den Zufall zum Freund machen und voll in der Gegenwart ankommen sollten. Der ergebnisoffene Sonntag ist nichts anderes als eine Serendipitäts-Übung in Form eines ziel- und absichtslosen Sonntagsspaziergangs, bei dem alle Sinne wach sind und man sich allein von Intuition, Gefühl und Interesse leiten lässt. (Natürlich eignet sich jeder andere Wochentag genauso, aber Sonntag passt für viele am besten.) Achtsam mit der Umgebung aber auch mit sich selbst zu sein, spielt dabei eine große Rolle. Wonach riecht es hier? Was sind das für Geräusche? Wer ist sonst so unterwegs? Wo zieht es mich hin? Viele der Menschen, die sich auf das Experiment eingelassen haben, waren überrascht, welche Entdeckungen sie zufällig machten. Dass sich zum Beispiel plötzlich – ohne dass sie weiter darüber nachdachten – eine Erkenntnis zeigte oder eine Idee formte. Oder ihnen plötzlich Zusammenhänge auffielen, die sie vorher nicht gesehen hatten.

Die Illustratorin und Autorin Keri Smith gibt in ihrem Buch *Wie man sich die Welt erlebt* eine sehr unterhaltsame, inspirierende und außerdem total schön gestaltete Anleitung für einen ergebnisoffenen und zugleich *Sinn-vollen* Spaziergang. So rät sie dazu, immer die Augen offen zu halten, häufig den Kurs zu ändern, auf Muster zu achten und Verbindungen herzustellen. Neben dem Spaziergang beschreibt sie noch eine Reihe weiterer Ideen, die helfen, die Wahrnehmung zu schulen. So schlägt sie zum Beispiel vor, eine Sammlung kleiner Dinge anzulegen, die einem unterwegs ins Auge fallen, für die man aber ganz bestimmt keine Verwendung hat.

An anderer Stelle zitiert Keri Smith die Aussage, ein Künstler betrachte alles und lehne nichts ab, bei einem Problem verwende er alles in ihm Angesammelte für eine Lösung.[132] Mir gefällt dabei besonders, dass nichts rundheraus abgelehnt wird. Wie oft fallen uns eintausend Gründe ein, warum wir uns nicht auf etwas Neues, Unbekanntes einlassen. Wir sind bereits voller Konzepte, wie dieses

Unbekannte sein dürfte, und wenn es keinen unmittelbaren Nutzen zu haben scheint, wird es schnell verworfen. Stattdessen sollten wir uns aber auf neugieriges Entdecken einlassen.

Der Psychologe Daniel Goleman sagt: »Ein aufgeschlossenes Bewusstsein schafft eine mentale Plattform für kreative Durchbrüche und unerwartete Einsichten«,[133] und genau darum geht es bei den ästhetischen Erfahrungen, dem ergebnisoffenen Sonntag und dem offenen Entdecken der Welt. Sie schließen unser Bewusstsein auf und machen es zu einer Plattform, auf der Neues, Schönes und Unvorhergesehenes geschehen kann. Probieren Sie das selbst einmal aus. Erlauben Sie sich immer mal wieder Zeiten des Leerlaufs, ohne Absicht, dafür mit weit geöffneten Sinnen, und lassen Sie sich überraschen, was Ihr Gehirn dabei an Ideen und Lösungen zutage fördert.

Neben der Neugier und Flexibilität spielt aber auch eine gewisse Offenheit für unerwartete und sogar unerwünschte Ergebnisse eine wichtige Rolle, um dem Zufall auf die Sprünge zu helfen. Als Alexander Fleming 1928 aus dem Sommerurlaub zurückkam, machte er eine bahnbrechende Entdeckung. Der schottische Bakteriologe hatte vor seiner Abreise mit einem bestimmten Krankheitserreger experimentiert und – so geht die Legende – das Gefäß ungewaschen auf dem Tisch stehen lassen. Ein paar Wochen später war das Gefäß verschimmelt – Bakterien fanden sich dagegen keine mehr. Die bakterientötende Substanz, die Fleming aus dem Schimmelpilz extrahierte, nannte er Penicillin.

Auch Missgeschicke und sogar Scheitern können also zu überraschenden Entdeckungen und unerwarteten Entwicklungen führen, vorausgesetzt, man ist dafür offen, sie zu sehen. Der Bakteriologe hätte das verschimmelte Gefäß auch einfach entsorgen können, stattdessen hatte er es sich genauer angesehen.

Isaac Asimov, der russisch-amerikanische Biochemiker und Science-Fiction-Kultautor, soll mal gesagt haben, dass nicht etwa der bereits erwähnte Ausruf »Heureka«, sondern eher ein »Das ist ja komisch« der aufregendste Satz in der Wissenschaft sei.[134] Das fasst diese Haltung gut zusammen.

In der Tat haben die wenigen Forschungsinstitute, die über eine »Lizenz zum Scheitern« verfügen, die originelleren Ideen, veröffentlichen weitaus mehr und gewinnen mehr Preise.[135] Sie scheitern zwar auch öfter, und ein höherer Teil ihrer Ergebnisse wird überhaupt nicht zur Kenntnis genommen, aber indem sie das in Kauf nehmen, erhöhen sie ihre Chance auf einen Treffer. Wer häufig an Gewinnspielen teilnimmt, nimmt in Kauf, öfter zu verlieren, hat aber auch höhere Chancen, mal etwas zu gewinnen, als jemand, der das nie oder selten tut.

Es geht immer weiter, irgendwie

Scheitern ist also im Grunde nichts anderes, als dass ein angestrebtes Ziel nicht erreicht wird. Die Zielgerade wurde abgebrochen. Meistens führt das zu Enttäuschung, Ärger oder Verzagen. Geht man aber vom Meer der Möglichkeiten statt von der Zielgeraden aus, dann stehen uns noch unendlich viele Optionen zur Verfügung. Wir haben also die Wahl: Suhlen wir uns in Ärger und Selbstmitleid über das Scheitern und verharren im Konjunktiv (»Ach, hätte ich doch…!«, »Wäre ich doch nur…!«), oder geben wir zunächst unserer Enttäuschung angemessen Raum und betrachten dann aufmerksam das, was das Leben uns zugeworfen hat? Gibt es da etwas zu lernen? Was zeigt sich? Was ist neu, was vorher nicht zu sehen war? Das ist ein guter Augenblick, um die Linse auf Weitwinkel zu stellen.

Es geht immer weiter, irgendwie. Nur weil wir uns noch nicht vorstellen können, wie dieses Weitergehen genau aussehen könnte, heißt das noch lange nicht, dass es nicht weitergeht.

Bis zu Beginn der Pandemie kamen regelmäßig Familien auf mich zu, die überlegten, für längere Zeit gemeinsam zu verreisen, und die sich nach meinen Erfahrungen erkundigen wollten. Eine Frage, die mir wiederholt begegnete, war die nach dem »Danach«. Wie würden sich die Kinder wieder ins Schulsystem einfinden? Würden sie überhaupt wieder genommen werden? Und was wäre mit den Jobs? Mit der Wohnung? Wie ginge es danach also weiter?

So sinnvoll es ist, das Danach nicht vollkommen auszublenden, blauäugig alle Zelte abzubrechen und keinen Gedanken ans Morgen zu verschwenden, so schwer macht man es sich, wenn man im Vorfeld versucht, alles zu kontrollieren und zu wissen. Unter Umständen macht man dann nie den ersten Schritt, weil die Ungewissheit doch zu groß scheint. Was man dabei vergisst, ist, dass sich durch den ersten und jeden weiteren Schritt wieder neue Möglichkeiten zeigen, neue Begegnungen ergeben. Es ist schlicht nicht möglich vorherzusagen, was alles passieren könnte, und das ist auch gut und schön so.

Man muss erst durch eine Tür hindurchgehen, um zu sehen, was dahinterliegt. Viele Situationen, von denen wir vielleicht meinen, dass sie auf keinen Fall passieren dürfen (zum Beispiel ein Motortotalschaden am Segelboot, der das komplette Budget auffrisst), sind am Ende doch lösbarer, als wir es uns im Vorfeld hätten vorstellen können. Und sie eröffnen uns neue Wege, neue Sichtweisen. Es geht immer weiter, irgendwie.

Als wir 2016 die Jungs aus der Schule genommen haben, um aufs Boot zu ziehen und loszusegeln, dachten wir noch, dass wir das mal ein Jahr lang ausprobieren würden. Durch den Motorschaden und die damit verbundenen Verzögerungen waren wir aber nach einem Jahr noch nicht besonders weit gekommen, und es fing gerade an, Spaß zu machen und interessant zu werden. Aufhören wollten wir nicht, im Gegenteil, jetzt wollten wir es wissen. Den Atlantik überqueren. Bis nach New York segeln.

Allerdings erforderten meine Aufträge immer wieder meine persönliche Anwesenheit beim Kunden, was kein Problem war, solange wir uns noch in Europa aufhielten und ich regelmäßig ins Flugzeug springen konnte. Spätestens auf den Antillen wäre das aber ein Problem geworden, zumindest konnte ich mir zu dem Zeitpunkt noch nicht vorstellen, wie das gehen sollte. Wir mussten also für die nächste Etappe noch mal ordentlich Geld sparen, um die einkommensschwache Zeit zu überbrücken. Auch mein Freund suchte sich einen Job.

Da wir für das »Unternehmen Bordkasse« streckenweise Zeit in München verbringen mussten und in Deutschland Schulpflicht herrscht, blieb uns gar nichts anderes übrig, als zumindest unseren jüngeren Sohn (der ältere war gerade dabei, sich als Externer auf die Mittlere Reife vorzubereiten) auf eine Schule zu schicken. Es war klar, dass die Münchner Regelschulen nicht in die Hände klatschen würden, und genauso war es dann auch: Die paar, bei denen wir im Vorfeld anfragten, ob unser Sohn eine Zeit lang als Gastschüler zu ihnen kommen dürfte, wollten ihn entweder gar nicht aufnehmen oder zumindest ein Jahr zurückstufen. Nachdem wir aber auf dem Boot regelmäßig Unterricht gehalten und den Stoff des Schuljahrs komplett durchgearbeitet hatten, kam das für uns nicht infrage. Wir ließen uns nicht entmutigen und wandten uns auch an Montessorischulen, obwohl wir uns dort nicht die besten Chancen ausrechneten. Die drei Montessorischulen in und um München sind heiß begehrt, wir hatten schon für die Grundschule versucht, dort einen Platz zu bekommen – ohne Erfolg.

Zu unserer Überraschung bekamen wir schnell eine positive Antwort direkt von der Konrektorin: Sie hätte sich unsere Website angeschaut, fände unsere Unternehmung toll und würde sich freuen, unseren Sohn als Gastschüler begrüßen zu dürfen, sie hätte sogar selbst gerade eine siebte Klasse. Jackpot. Wir konnten unser Glück kaum fassen.

Und es kam noch besser! Wir wollten ja wieder los, und die Schule bot an, uns den Platz in der Klasse freizuhalten – fast für ein ganzes Schuljahr! Die zauberhafte Klassenlehrerin hängte unterdessen eine Weltkarte im Klassenzimmer auf und ließ eine Stecknadel mit uns mitreisen. Es gab sogar regelmäßige Videochats mit unserem Sohn und seiner Klasse. Nach unserer Rückkehr durfte er dann einfach so zurückkommen und im Jahr darauf seinen Schulabschluss machen. Keiner der beiden Jungs hat durch die Zeit auf dem Boot ein Schuljahr »verloren«.

Das hätten wir so nie planen können. Jeder Schulleiter und wahrscheinlich auch jeder Lehrer hätte uns von Anfang an gesagt, dass wir uns das viel zu einfach vorstellten. Dass das doch so nicht gehe. Dass man nicht einfach mitten im Schuljahr Gastschüler dazustoßen lassen könne. Und dennoch hat es funktioniert.

Natürlich hatten wir in unserer blauäugigen Sorglosigkeit fast unverschämtes Glück. Andererseits ist es durchaus möglich, dass es an manchen Stellen genau diesen naiven Optimismus braucht, damit sich Dinge ergeben können. Wäre ich von vornherein vernünftiger und angemessen pessimistisch gewesen, hätte ich nach den etwas entrüsteten Absagen der Regelschulen vielleicht die Montessorischulen gar nicht mehr kontaktiert. Aber wir waren zu dem Zeitpunkt schon zu lange außerhalb des Systems unterwegs, um wirklich zu verstehen, was das Problem sein sollte, und haben fröhlich weiterprobiert.

Einen Fuß vor den anderen oder Segeln auf Polynesisch

Verbirgt sich das Morgen in der eigenen Vorstellung im Nebel, dann bleibt einem oft nichts anderes übrig, als vorsichtig einen Schritt vor den anderen zu setzen. Wenn mich die Ungewissheit überwältigt, weil ich überhaupt nicht weiß, wie es weitergehen soll, wie zum Beispiel zu Beginn der Pandemie, als mir von jetzt auf gleich alle Aufträge wegbrachen, denke ich gern an Beppo Straßenkehrer aus Michael Endes Roman *Momo*. Beppo erklärt Momo, wie er es schafft, nicht zu verzagen, auch wenn er eine besonders lange Straße vor sich hat: Dann arbeitet er sich Schritt für Schritt, Besenstrich für Besenstrich, Atemzug für Atemzug voran. Statt die ganze Straße auf einmal in den Blick zu nehmen, bewältigt er immer nur ein kleines Stück, bis er plötzlich feststellt, dass er die ganze Straße gefegt hat.[136] Genauso versuche ich, überwältigend große Probleme in sehr kleinen, übersichtlichen Teilen zu bewältigen, immer nur den Abschnitt im Blick, der gerade vor mir liegt. Im Chinesischen gibt es dazu ein schönes Sprichwort des daoistischen Philosophen Laotse: »Auch eine Reise von eintausend Li beginnt mit dem ersten Schritt.«[137] Gerade, wenn die Ungewissheit besonders groß, eine wünschenswerte Zukunft unvorstellbar weit weg und der Weg dorthin bedrohlich oder sogar nicht zu bewältigen scheint, kann es helfen, nicht zu weit nach vorne zu blicken, sondern sich Schritt für Schritt voranzutasten und sich vielleicht auch immer wieder aufmerksam umzusehen, um wenn nötig, nachzujustieren: Passt das noch zu mir? Bin ich noch diese Person? Will ich das noch?

Dieses Vorantasten und Überprüfen geht natürlich nicht sehr schnell und in unserer »beschleunigten Gesellschaft« ist Langsamkeit nicht besonders angesagt. Aber in einem dunklen Raum, in dem Sie nicht sehen, wohin Sie laufen, rennen Sie ja auch nicht drauflos, sondern tasten sich vor und setzen einen Fuß vorsichtig vor den anderen. Wenn Sie gegen ein Hindernis stoßen, passen Sie die Richtung an.

Beim Segeln erging es uns nicht anders. Vorhersagen können danebenliegen, und vor allem im Mittelmeer wurden wir ständig von Flauten überrascht, oder der Wind drehte plötzlich. Unser wunderschöner, perfekter Routenplan wurde nicht nur durch den kaputten Motor oder andere Bootsmalheure über den Haufen geworfen, sondern auch durch Wind und Wetter. Zum Beispiel, als wir von der Insel Korfu nach Albanien übersetzen wollten. Wir waren sehr aufgeregt, da Albanien anders als die meisten anderen Mittelmeeranrainer noch eine Art weißer Fleck auf den Seekarten darstellt. Es gab kaum Infos, die Tiefenangaben auf den Seekarten waren recht veraltet, und im Hafenführer fanden wir nicht mal einen Eintrag.

Der Hafen in Saranda ist relativ ungeschützt und eigentlich nicht für Freizeitboote gedacht. Um mit dem Boot einreisen zu dürfen, ist man verpflichtet, sich im Vorfeld mit einem albanischen Agenten in Verbindung zu setzen und ihn mit den nötigen Formalitäten zu beauftragen. Wir wollten gerne ein paar Tage in Saranda festmachen und die Gegend erkunden. Dafür hatten wir schon im Internet recherchiert und uns ein paar Wanderungen überlegt. Unsere Vorfreude und Neugier waren groß.

Wir verließen Korfu und brauchten trotz der kurzen Entfernung aufgrund des schwachen Winds gefühlte Ewigkeiten, bis wir endlich in Sichtweite des Hafens von Saranda waren. Plötzlich klingelte mein Handy, unser albanischer Einklarierungsagent war dran. Wir sollten lieber umdrehen und ein paar Tage später wieder kommen, der Wind werde ab dem Abend auf Süd drehen, der Hafen sei aber nach Süden hin komplett ungeschützt und es gebe keine Vorrichtung, größere Boote zu sichern. Außerdem seien Gewitter und Böen von bis zu 50 Knoten (knapp 100 km/h) für die nächsten beiden Tage angesagt. Da wir zu dem Zeitpunkt noch ziemlich unter Zeitdruck standen (da hatten wir noch unseren wunderschönen Plan!), kam ein neuer Versuch einige Tage später für uns nicht infrage. Das war es dann mit unserem Albanien-Abenteuer. Ich heulte vor Frust. Immer wieder dieses verdammte Wetter, nie machte es, was man wollte! Zähneknirschend drehten wir um und fuhren unter Motor zurück nach Korfu, denn der Wind war inzwischen ganz eingeschlafen.

Das ist nur eine von vielen Situationen, in denen wir auf dem Boot nicht so konnten, wie wir gerne wollten. In denen wir uns vorantasteten und uns den Umständen anpassen mussten. Aber mit der Zeit wurden wir offener, ließen Wind und Wetter unsere Richtung bestimmen und die Häfen für uns auswählen. Wir übten uns in Hingabe und Demut und wurden immer langsamer. Auch nach dem Motorschaden lag die Zukunft im Dunklen, wir hatten keine Ahnung, wie es weitergehen würde. Unser Ziel, noch im Winter die Kanaren zu erreichen, hatte sich sprichwörtlich in schwarzen, stinkenden Rauch aufgelöst. Es blieb uns gar nichts anderes übrig, als einen Tag nach dem anderen anzugehen und zu schauen, was passieren würde.

Pläne und Ziele sind schön und gut, aber wir sollten uns nicht von ihnen versklaven lassen, sondern *sie* sollten *uns* dienen. Ihre Funktion ist, dafür zu sorgen, dass wir uns in Bewegung setzen. Sie sollen uns in die Zukunft ziehen, statt uns vom Losmarschieren abzuhalten, nur weil der Plan noch nicht perfekt ist. Das sind Pläne nie.

Das Ziel zu nutzen, ohne es überhaupt zu kennen, und ihrer Erfahrung sowie ihren Instinkten zu vertrauen, darin waren und sind die Polynesier Meister. Seit etwa 6.000 Jahren bewohnen Polynesier die Inseln im Südpazifik. Es ist nach wie vor nicht abschließend geklärt, wo sie ursprünglich herkamen, aber bevor sie vor langer Zeit die südpazifischen Inseln besiedelten, hatten sie mit ihren kleinen Auslegerkanus Tausende von Kilometern über den offenen Pazifik zurückgelegt. Ohne nautische Instrumente, ohne Kompass und Seekarten fanden sie in der Weite des Pazifiks die Inseln, von denen sie vorab gar nicht wussten, dass es sie gab. Sie orientierten sich an Wolkenformationen und Wellenmustern, an Strömungen und Untiefen, an Vögeln und Meerestieren, an Sonne, Mond und Sternen. Sie ließen sich leiten von Intuition, Erfahrung, Überlieferungen und Vertrauen.[138]

Inspiriert von diesem unglaublichen Geschick unter Bedingungen größter Ungewissheit, wird im Coaching in Bezug auf Krisenbewältigung eine Strategie des »Polynesisch Segelns« empfohlen.[139] Gerade in Krisen ist oft gar nicht klar, wie das Ziel genau aussieht. Das spielt aber keine Rolle, genauso wenig wie es wahrscheinlich für die Polynesier eine Rolle gespielt hat. Sie kamen trotzdem an, gerade weil sie kein bestimmtes Ziel erreichen wollten.

Hart am Wind segeln oder Kurs ändern?

Es kann also völlig in Ordnung sein, das Ziel nicht zu kennen. Aber auch wenn man sein Ziel kennt, kann vieles leichter werden, wenn man es schafft, eventuell dieses Ziel loszulassen und durch ein neues zu ersetzen, um sich so an neue Gegebenheiten und Umstände anzupassen.

Andererseits kann natürlich auch Widerstand Kräfte freisetzen und Kritik kann anspornen. Auch Gegenwind ist Wind, wie wir weiter oben gesehen haben. Bei der Entscheidung zwischen Zielorientierung und Ergebnisoffenheit ist es für mich wie beim Segeln: Auf dem Boot müssen wir nämlich auch immer wieder abwägen, wie wir den Wind nutzen, der da ist. Wollen wir unbedingt in die Richtung, aus der der Wind bläst, bedeutet das einen ungemütlichen Kurs. Gegenansegeln funktioniert natürlich nicht, aber wenn wir das Ziel nicht aufgeben wollen, bleibt noch die Möglichkeit, hoch am Wind zu kreuzen. Kreuzen bedeutet, im Zickzack zu segeln, und »hoch am Wind« segelt man, wenn der Wind schräg von vorne kommt. Gemütlich ist das nicht, und wir haben es vermieden, wo wir nur konnten. Meistens baut sich nämlich mit dem Wind von vorne eine ganz schön hohe See auf, und das Boot kracht in jede Welle. Das bedeutet dann blaue Flecken und Festkrallen beim Kochen. Hinzu kommt, dass sich jede Passage ewig in die Länge zieht.

Auf einem kleinen, sportlichen Segelboot kann Hoch-am-Wind-Kreuzen sehr spaßig sein. Unser Boot ist aber nicht klein und auch nur mittelsportlich. Außerdem war es zugleich unser Zuhause – man stelle sich also vor, die eigenen Vier-Zimmer-Küche-Bad würden sich alle halbe Stunde von der einen auf die andere Seite legen. Irgendwas reißt oder bricht dabei immer, und es fliegen Bücher, Töpfe, Zwiebeln oder Handys durch die Gegend. Das sollte man wissen und in die Routenentscheidung mit einbeziehen. Meistens war uns der Preis zu hoch, und wir überlegten uns Plan B oder C oder D – je nachdem, wohin uns der Wind eher tragen würde.

So ist es auch in unserem Alltag. Wann sind Ergebnis- und Zielorientierung angezeigt, wann braucht es dagegen Ergebnisoffenheit? Wann sind wir bereit, den Preis zu zahlen, um etwas zu erzwingen? Wann nehmen wir Gegenwind und einen unangenehmen Kurs in Kauf? Und wann entscheiden wir uns, uns zu ergeben, uns hineinzuschmiegen in die Umstände, offen für das Ergebnis zu sein und den Zufall einzuladen? Die Entscheidung mag nicht immer einfach sein. Aber immerhin haben wir die Wahl.

Das allein zu verinnerlichen und zu wissen, dass auch in der Ergebnisoffenheit ganz viel Möglichkeit liegt, vor allem, wenn wir lernen, die Umgebung aufmerksam zu beobachten und dem Zufall Chancen einzuräumen, kann bei Entscheidungen helfen.

Ängste und Unsicherheiten darüber, was alles Schlechtes passieren könnte, machen es uns allerdings oft schwer, offen zu bleiben für Neues. Aber was ist das eigentlich, was uns Sorgen macht? Was empfinden wir als riskant und unsicher und warum? Welche Risiken über- und welche unterschätzen wir vielleicht? Darum soll es im nächsten Kapitel gehen.

Das Wichtigste in Kürze

Was Sie aus diesem Kapitel mitnehmen können:

- Gelegentlich sollten wir das Navi ausschalten, denn Umwege erhöhen unsere Ortskenntnis.
- Der glückliche Zufall lässt sich durch eine Mischung aus Vorbereitetsein und Aufmerksamkeit einladen.
- Auch unerwartete oder unerwünschte Ergebnisse können uns mit Lösungen und Antworten überraschen.
- Sich zwischendurch mit unüblichen Themen und ungewohnten Tätigkeiten zu beschäftigen, unterstützt das Denken in Analogien.
- Wenn das Ziel noch nicht bekannt ist, können wir wie die Polynesier auf Intuition und Erfahrung vertrauen und ins Unbekannte aufbrechen.
- Man kann zwar den Wind nicht ändern, aber man kann die Segel verstellen und den Kurs wechseln.
- Es geht immer weiter, irgendwie.

Risiko – kein Anschluss unter Nummer Sicher

Wie aufregend. Nach Wochen der Vorbereitung in der städtischen Marina von Thessaloniki – einer einzigen Betonwüste – sind wir endlich bereit loszusegeln. Oder vielleicht sind wir auch noch nicht bereit, aber wir stehen unter Zeitdruck, denn wir sind auf Skopelos mit Freunden verabredet. Da sind wir noch so naiv, derlei Verabredungen zu treffen. Anfang August sind wir mit Sack und Pack von München nach Griechenland gefahren, haben das Boot eingeräumt und sind seitdem eigentlich startklar. Uneigentlich will der Motor aber nicht so wie wir, was dazu führt, dass wir fast drei Wochen später – gegrillt von der Sonne und zerstochen von Mücken – immer noch im dreckigen Hafenbecken liegen, statt an türkisblauen Ankerplätzen zu ankern.

Und so sehr wir uns danach sehnen endlich wegzukommen, so sehr haben wir auch Respekt vor unserer bevorstehenden ersten Nachtfahrt. Unsere Erfahrung als Familiencrew beschränkt sich zu diesem Zeitpunkt auf Tagestörns, am Abend lagen wir bisher immer rechtzeitig zurück im sicheren Hafen. Die Vorstellung, nachts auf dem Wasser zu sein, hat für uns etwas Bedrohliches. Aber schließlich kommt der Tag, an dem wir zum letzten Mal die Leinen lösen. Wir haben uns Verstärkung geholt, ein erfahrenes Seglerpaar und unser griechischer Freund und Ingenieur Giorgos sind mit an Bord. Zum Glück – mir ist nämlich die ganze Nacht speiübel, der Motor setzt ein paar Mal aus, der Behelfskühlschrank geht bei einer größeren Welle auf und leert seinen Inhalt komplett in den Salon, schließlich fängt es auch noch an zu gewittern.

Nach zehn aufregenden Stunden, die ich seekrankheitsbedingt zum Großteil dösig in einer Ecke lag, erreichen wir in aller Frühe Skopelos und fühlen
uns wie die Helden. Wir haben es geschafft, unsere erste Nacht mutterseelen-
allein mitten auf dem Ozean! Allerdings waren wir weder wirklich allein –
um uns herum fuhren ständig Fähren, Frachter und Fischerboote –, noch ist
das Mittelmeer ein Ozean. Auch befanden wir uns während unserer Überfahrt zu keinem Zeitpunkt außer Sichtweite der Küste. Aber so genau wollen wir das in unserem Triumphmoment doch nicht nehmen.

Auf diese erste Nachtfahrt folgen viele weitere, bald werden aus der einen
Nacht zwei, nicht viel später vier. Und mit jeder zusätzlichen Nacht auf dem
Wasser wächst unser Vertrauen in uns selbst, und wir finden nach und nach
einen Schlaf- und Wachrhythmus, der für unsere kleine Familiencrew gut
passt. Spätestens bei der ersten Atlantiküberquerung fühlt es sich normal an,
die Nächte auf einem durch die Nacht schaukelnden Boot zu verbringen. Der
anfängliche Horror, den wir bei der Vorstellung empfunden hatten, nachts zu
segeln, die ganzen Ängste, was dabei alles passieren könnte, waren einer un-
aufgeregten Selbstverständlichkeit gewichen.

Wie wir bisher festgestellt haben, gibt es eigentlich kaum Gewissheiten, auch wenn wir das nicht gerne wahrhaben wollen. Wir meinen, dass wir am sichersten sind, wenn wir möglichst keine Risiken
eingehen und auf Nummer Sicher gehen. Aber stimmt das denn?
Was beurteilen wir als riskant? Wovor fürchten wir uns und wovor
sollten wir uns vielleicht fürchten? Woher kommen unsere Ängste, und wie lassen sie sich überwinden?

Bei einer persönlichen, natürlich nicht repräsentativen Umfra-
ge in meinem Umfeld waren sich die meisten der Befragten einig:
Bis auf wenige Ausnahmen versuchten sie in ihrem Leben, Risiken weitestgehend zu vermeiden. Unter Risiken verstanden sie alles, was einen Verlust zur Folge haben könnte, also eine in ihren
Augen negative Entwicklung und nachteilige Auswirkung. Dazu
befragt, was für Leute denn regelmäßig Risiken eingehen würden,

fielen den meisten meiner Befragten hauptsächlich skrupellose Investmentbanker oder Extremsportler ein, die ohne Sicherung Felswände hochklettern oder gelegentlich von diesen abstürzen. Der Begriff »Risiko« scheint also ziemlich negativ besetzt zu sein. Sicherheit und Kontrolle werden dagegen gleichbedeutend mit Verantwortung gesetzt. Risiko ist quasi die böse Stiefschwester der Sicherheit.

Der Duden definiert Risiko als »ein mit einem Vorhaben verbundenes Wagnis« beziehungsweise als »ein möglicher negativer Ausgang einer Unternehmung« und die »Möglichkeit des Verlustes«.[140] Die Definition mag zutreffen, aber sie hört sich ein bisschen nach einer Ausnahmesituation an, die im Grund vermeidbar wäre. Wir dürfen nur ja keine Wagnisse eingehen und keinen Verlust riskieren, dann sind wir sicher – so lautet zumindest die Annahme, die mir immer wieder begegnet. Aber das ist eine Illusion.

Da nämlich das Leben nicht vorhersehbar ist und sich so verflixt schlecht kontrollieren lässt, beinhalten *alle* Pläne immer auch Risiken. Und ist nicht sogar das ganze Leben ein Risiko? Sobald wir morgens aufstehen, können wir nicht mit Sicherheit sagen, dass wir abends genauso wieder in einem Stück ins Bett gehen werden. Allerdings konfrontieren wir uns damit nur äußerst ungern. Stattdessen kuscheln wir uns ein in die Illusion, wir könnten Risiken und die damit verbundene Ungewissheit aus unserem Leben heraushalten.

Da wir unser Leben aber nicht auf die gleiche Weise risikofrei machen können, wie wir unsere Milch fettfrei machen, bleibt uns für einen guten Umgang mit Ungewissheit wohl nichts anderes übrig, als uns unseren Ängsten zu stellen und genauer hinzusehen, was wir selbst eigentlich unter Risiko verstehen.[141] Uns aufmerksam anzusehen, wovor wir uns fürchten und woher unsere Ängste kommen. Es gibt nämlich Dinge, die wir als riskant empfinden und vor denen wir Angst haben, obwohl das eigentlich nicht sinnvoll ist.

Dann gibt es wiederum Dinge, vor denen wir viel mehr Angst haben sollten, die uns aber keineswegs den Schlaf rauben. Auf beide möchte ich in diesem Kapitel einen genaueren Blick werfen und darüber erzählen, warum das so ist.

Risikowahrnehmung hängt von der Umwelt ab

Der Risikoforscher Gerd Gigerenzer erzählte vor ein paar Jahren in einem Vortrag, dass er als Junge panische Angst davor hatte, Wasser zu trinken, nachdem er Kirschen gegessen hatte.[142] Ich bin zwar ein paar Semester jünger als Herr Gigerenzer, aber auch ich kann mich noch an das Ballspiel erinnern, bei dem es beim ersten Fangfehler hieß: »Kirschen gegessen«, beim zweiten hatte man »Wasser getrunken«, beim dritten bekam man »Bauchschmerzen« und beim vierten Fangfehler landete man »im Krankenhaus«. Ich habe mal nachgeforscht, wo diese Vorstellung eigentlich herkommt, und herausgefunden, dass es früher in unsauberem Trinkwasser Hefepilze gab, die in Kombination mit Steinobst tatsächlich zu Bauchschmerzen führen konnten. Allerdings haben wir inzwischen längst so sauberes Trinkwasser, dass man sich darum keine Gedanken mehr machen muss. Umso erstaunlicher ist es, wie hartnäckig sich so eine Angst hält. Geben Sie mal »Kirschen« und »Wasser trinken« in die Suchmaschine ein, dann sehen Sie, wie viele Menschen diese Sorge aktuell noch beschäftigt.

Viel von dem, wovor wir uns fürchten, ist sozial erlernt und so tief internalisiert, dass die Bedrohung sich absolut real anfühlt, auch wenn dazu kein Grund besteht. Andere Sachen, die objektiv betrachtet um ein Vielfaches gefährlicher sind, jucken uns hingegen überhaupt nicht oder kaum. Und weil viele unserer Ängste sozial erlernt sind, unterscheiden sie sich von sozialer Gruppe zu sozialer Gruppe.

Als ich das erste Mal mit meinem Sohn für ein Semester in Taiwan war, war er zwei Jahre alt. Wir wohnten zur Untermiete an der Peripherie von Taipei in einer sogenannten »Gated Community«, einer bewachten Wohnanlage, in der es manchmal etwas einsam war. Umso glücklicher war ich, als ich nach ein paar Wochen Yingying und ihren Sohn auf dem sterilen Indoor-Spielplatz der Anlage kennenlernte. Anfangs saßen wir da nur zusammen herum, um unseren Jungs beim Spielen im Bällebad zuzusehen, später verbrachten wir jede freie Minute miteinander. Yingying kam eigentlich aus dem Süden Taiwans, aber sie war eine Zeitlang zu ihrer Schwiegermutter nach Taipei gezogen, um sich bei der Kinderbetreuung unterstützen zu lassen. Sie war genauso einsam wie ich und freute sich über die Abwechslung.

Bei unseren gemeinsamen Ausflügen und Unternehmungen fiel mir schnell auf, dass die Wahrnehmung dessen, was vor allem in Bezug auf Kinder als gefährlich galt, in Taiwan eine ganz andere war als in Deutschland, dazu später noch mehr.

Dass es Unterschiede zwischen sozialen Gruppen gibt, merkt man ja schon im eigenen Kulturkreis, wenn die Schwiegermutter mit den Kindern Sachen macht, die einem als Mutter die Haare zu Berge stehen lassen. Zum Beispiel, wenn die Enkel zum Aufessen genötigt werden, wahlweise durch mehr oder weniger subtile Drohungen (»Iss auf, sonst wird das Wetter morgen nicht schön!«) oder einer Extraportion Schuldgefühl (»Iss auf, in Afrika verhungern die Kinder!«). Das bietet dann herrlich gruselige Gesprächsthemen beim nächsten Krabbelgruppentreffen, denn innerhalb einer Generation und Gesellschaftsschicht, also innerhalb der gleichen sozialen Gruppe, herrscht über die gängigen Dos und Don'ts im Umgang mit dem Nachwuchs weitestgehend Konsens.

Yingying und ich gehörten aber nicht nur nicht zur selben sozialen Gruppe, wir waren in unterschiedlichen Teilen der Welt sozialisiert worden. So bekam sie jedes Mal Schnappatmung, wenn ich den Buggy auf eine Rolltreppe schob, sie selbst bestand darauf, unbedingt den Aufzug zu nehmen. Andererseits gab es in Taxis so gut wie nie Kindersitze und auf der Rückbank nicht einmal Anschnallgurte, zumindest war das damals so. Dazu muss ich vielleicht noch hinzufügen, dass in Taipei das Taxifahren eher der Normalfall als die Ausnahme ist, auch wir fuhren ständig Taxi. Während ich meinen Sohn auf den manchmal etwas wilden Taxifahrten ängstlich auf meinem Schoß umklammerte, stand Yingyings Sohn zwischen uns auf der Rückbank, um auf und ab hüpfend den Autos hinter uns zuwinken zu können. Ich betete jedes Mal, dass der Fahrer nicht abrupt bremsen müsse, und sah den Kleinen in meinen Albträumen vorne durch die Windschutzscheibe fliegen. Yingying war trotz meiner Ausführungen und Warnungen nicht von der unmittelbaren Gefahr zu überzeugen, sie fand das nicht so dramatisch, sie sei als Kind auch nie angeschnallt gewesen.

Während ich gerade im feuchtkalten Winter in Taipei ständig darauf achtete, dass mein Sohn Socken trug, um sich nicht zu erkälten, lief der von Yingying wie alle Taiwaner auch bei frischen 10 °C in Flipflops herum, immerhin mit einer dicken Jacke bekleidet. Kalte Füße – unserem Gesundheitsverständnis nach fast die Garantie für eine Erkältung – sind in Taiwan kein Thema. Wind wird dort dagegen sehr gefürchtet, und wenn wir zusammen unterwegs waren, warf sich Yingying bei jedem noch so kleinen Windstoß vor unsere Kinder. Der chinesische Ausdruck für »sich erkälten« setzt sich zusammen aus »Verletzung« und »Wind«, und Wind gehört in der chinesischen Medizin zu den Hauptverursachern von Krankheiten. Kalte Getränke und überhaupt Kälte von innen werden ebenso gemieden. Zeigten unsere Jungs nur die geringsten Anzeichen einer Erkältung, gab es nur noch lauwarme oder heiße Getränke und auf keinen Fall Eis – ganz egal, wie heiß es draußen war und wie sehr mein Sohn bettelte.

Was ich bei unserem zweiten Aufenthalt in Taipei feststellte, war, dass Taiwaner generell ein viel größeres Bedürfnis danach haben, ihre Kinder lückenlos zu beaufsichtigen. Während mein Sohn – er war inzwischen fast sechs – irgendwo auf dem Spielplatz herumturnte und ich auf der Bank entweder las oder ein Nickerchen machte, standen die taiwanischen Eltern und Großeltern grundsätzlich direkt neben ihren Kindern und kommentierten jede Bewegung: »Vorsicht!«, »Mach dich nicht dreckig!«, »Fall nicht runter!«, »Schaukel nicht so hoch!«, »Rutsch nicht so schnell!« oder »Rutsch nicht so langsam!« Wenn ich alle fünf Minuten mal einen Blick riskierte, um sicherzugehen, dass mein Sohn noch da und alles in Ordnung war, trafen mich immer vorwurfsvolle Blicke. Sie kannten mich schon, die verantwortungslose Langnasenrabenmutter, die ihr Kind einfach unbeaufsichtigt spielen ließ. Ich möchte hier noch erwähnen, dass Taiwan zu den sichersten Ländern überhaupt gehört,[143] ich würde dort spätabends allein durch den Park nach Hause gehen, ohne mich zu ängstigen. In Deutschland klemme ich mir dagegen immer meine Hausschlüssel zwischen die Finger, für den Fall, dass ein Angreifer aus dem Gebüsch springt. Mein Sicherheitsgefühl war in Taiwan also sehr, sehr hoch.

In den USA ist das mit der Aufsichtspflicht sogar noch um einiges extremer. In manchen Bundesstaaten kann es Eltern ins Gefängnis bringen oder zumindest eine empfindliche Geldstrafe kosten, wenn sie ihre Kinder daheim oder im Auto alleine zurücklassen oder wenn diese draußen unbeaufsichtigt herumlaufen. Letztens habe ich von einer Mutter gelesen, die nur kurz in ein Geschäft ging, um etwas abzuholen, während ihr achtjähriger Sohn im Auto sitzen blieb. Als sie wiederkam, war bereits die Polizei da, und es wurde Anzeige gegen sie erstattet.

Schütteln Sie jetzt vielleicht den Kopf? Finden Sie das übertrieben? Dann sei Ihnen gesagt, dass wir hierzulande Dinge tun und in Ordnung finden, bei denen Menschen aus anderen Ländern der

Angstschweiß ausbricht. Betrunkene Menschen, die an Silvester Raketen und andere Böller abschießen dürfen, zum Beispiel. Oder unsere Tradition, die Weihnachtsbäume mit echten, brennenden Wachskerzen zu schmücken. Oder dass es auf unseren Autobahnen Strecken gibt, auf denen man ohne Geschwindigkeitsbegrenzung dahinrasen kann. Andererseits ist in den USA das Recht, eine Schusswaffe zu besitzen, sogar durch die Verfassung garantiert – für uns hierzulande kaum vorstellbar.

Was den einen Angst macht, lässt andere ruhig schlafen. Diese unterschiedlichen Sorgen führen zu verschiedenen Ritualen und kuriosen Bräuchen, die mögliches Unglück verhindern sollen. In England grüßt man eine Elster besser höflich, sonst hat man einen schlechten Tag vor sich. In Schweden gibt es mehrere Arten von Gullydeckeln, die meisten sind mit einem A versehen, ganz wenige mit K oder V. Man sollte es tunlichst vermeiden, auf die A-Gullydeckel zu treten, sonst lädt man sich alles Schlechte ein, das mit dem Buchstaben A beginnt. Falls man doch mal versehentlich auf so einen Gullydeckel getreten ist, muss man sich von jemand anderem dreimal auf den Rücken klopfen lassen. Die K- und V-Deckel dagegen sind Glücksbringer. In Brasilien bekommt man Warzen an den Fingern, wenn man auf Sterne zeigt, und wenn man nachts in Korea unterwegs ist, sollte man nicht pfeifen, um nicht die Geister auf sich aufmerksam zu machen.

Das klingt alles ein bisschen verrückt? Zum Glück sind Sie selbst nicht abergläubisch! Ich natürlich auch nicht. Ich klopfe nur auf Holz, um etwas nicht zu verschreien, und freue mich, wenn mir eine Schornsteinfegerin über den Weg läuft, aber das ist ja ganz normal.

Warum aber fürchten wir so unterschiedliche Dinge? Wieso schmunzeln wir über das, was andere fürchten, und haben doch selbst nicht weniger solcher unlogischen Ängste?

Wir fürchten, was die Angehörigen unserer sozialen Gruppe auch fürchten. Und auch wenn uns die tatsächliche Erfahrung fehlt, internalisieren wir diese Warnungen so sehr, dass uns die Gefahr real erscheint – egal, ob wir sie selbst erlebt haben oder nicht. Warum tun wir das?

Das Prinzip des sozialen Lernens ist ja zuerst einmal sehr sinnvoll. Es schützt uns da, wo eigene Erfahrung tödlich sein könnte. Stellen Sie sich mal vor, jeder müsste alleine herausfinden, was essbar und was giftig ist, das wäre aus Sicht einer Spezies ziemlich ineffizient. Gerade aber weil es sinnvoll ist, nicht jede dieser Erfahrungen noch einmal selbst auszuprobieren, übernehmen wir auch Ängste, die auf einem überholten Informationsstand beruhen oder auf fehlerhaften Interpretationen. Deshalb halten sich Geschichten wie die mit den Kirschen und dem Wasser so erstaunlich hartnäckig. Wir vertrauen auf diese Ratschläge und Warnungen und fühlen uns nicht bemüßigt, sie infrage beziehungsweise auf den Prüfstand zu stellen.

Die entsprechenden Verhaltensweisen gehen uns so in Fleisch und Blut über, dass uns Widersprüche und Unlogiken gar nicht auffallen. So wie meine taiwanische Freundin, die mit dem Buggy keinen Fuß auf eine Rolltreppe setzen würde, aber keine Notwendigkeit sieht, ihren Sohn im Auto anzuschnallen. Selbst wenn uns Widersprüche und Unlogiken auffallen, auch wenn sonnenklar ist, dass es nichts bringt, auf Holz zu klopfen, kann es schließlich zumindest nicht schaden, und die anderen machen es schließlich auch!

Soziales Lernen hat – auch wenn es manchmal für Außenstehende absonderliche Formen annimmt – also durchaus seinen Grund. Aber nur, weil etwas einen Grund hat, heißt das noch nicht, dass man es unhinterfragt stehen lassen muss. Es lohnt sich, genauer zu betrachten, wovor wir Angst haben und was uns vermeintlich schadet.

Die subjektive Wahrnehmung und unsere Urängste

Auf unserer Reise wurden wir immer wieder gefragt, ob es nicht sehr gefährlich und riskant sei, mit einem kleinen Boot über den Atlantik zu segeln, immerhin hätten wir Kinder dabei. Unsere Antwort lautete stets: Segeln ist jedenfalls weit weniger gefährlich als jede Autobahnfahrt oder der Schulweg der Kinder. Zwar konnten wir uns dabei nicht auf eine entsprechende Statistik stützen, aber wir hatten uns ausgiebig mit den potenziellen Gefahren der Atlantiküberquerung beschäftigt sowie damit, wie wir die entsprechenden vermeiden beziehungsweise wie wir ihnen begegnen könnten. Wenn wir dagegen mit dem Auto irgendwo hinfahren, steigen wir einfach ein und fahren los. Jedenfalls machen wir uns keine großen Gedanken darüber, was alles passieren könnte. Genauso war es früher, wenn unsere Jungs morgens in die Schule radelten. Mir war dann zwar schon ein bisschen mulmig, ich habe sie aber trotzdem fahren lassen. Dabei passieren gerade Radfahrern im Straßenverkehr ständig Unfälle. Gefühltes Risiko und tatsächliches Risiko klaffen eben oft weit auseinander

Der Risikoforscher Rainer Sachs zeigte mit einem Experiment, wie subjektiv Menschen Risiken einschätzen und danach handeln. Er erklärte den Versuchsteilnehmern, in einer Urne lägen 20.000 weiße Kugeln und eine schwarze. Erwische man die schwarze, drohe der Tod, die weißen dagegen brächten Geld. Kein einziger der Teilnehmer des Experiments war bereit, in die Urne zu greifen, nicht einmal für eine Million Euro. Dabei stand die Wahrscheinlichkeit zu sterben (1:20.000) genauso hoch wie die Wahrscheinlichkeit, im Straßenverkehr zu sterben. Dennoch steigen viele von uns, ohne darüber nachzudenken, täglich in ein Auto.[144]

So ist es auch bei Flugangst. Statistisch gesehen ist ein Nonstop-Flug genauso riskant wie eine zwanzig Kilometer lange Autofahrt.

Wenn Sie also mit dem Auto zum Flughafen fahren und dort heil ankommen, haben Sie das Schlimmste schon überstanden, so stellt es zumindest Gerd Gigerenzer dar.[145] Bei Autounfällen sterben jährlich um ein Vielfaches mehr Menschen, und trotzdem gibt es viel weniger Leute, die aus Angst nicht ins Auto steigen, als es Leute mit Flugangst gibt. Denn die Wahrnehmung von Flugzeugabstürzen ist eine ganz andere, weil bei ihnen auf einen Schlag viel mehr Menschen betroffen sind.

Ich persönlich vermute, dass die größere Angst vor dem Fliegen noch mit etwas anderem zusammenhängt, nämlich mit bestimmten Urängsten. Sich 10.000 Meter über dem Erdboden zu befinden, ist schon irgendwie gruselig, schließlich sind wir keine Vögel und nicht ans Fliegen gewöhnt. Noch dazu müssen wir unser Leben in die Hände von Piloten geben, die das Bordsystem bedienen, wir selber haben auf den Verlauf des Flugs keinen Einfluss. Im Auto meine ich zumindest, Kontrolle darüber zu haben, wie die Fahrt verläuft. Ich sitze schließlich am Steuer! Dass Autounfälle ja nicht nur durch mich verursacht werden können, sondern zahlreiche weitere Verkehrsteilnehmer die Wahrscheinlichkeit, dass etwas schiefgeht, drastisch erhöhen, blende ich dabei aus.

Auch bei den Fragen, die uns in Bezug auf unser Segelabenteuer gestellt wurden und werden, höre ich diese Urängste heraus. Die Angst vor dem Alleinsein zum Beispiel und dass niemand zu Hilfe eilen kann, wenn irgendetwas passiert. Klar, ich kann natürlich mitten auf dem Atlantik schlecht den Krankenwagen rufen. Hätten wir einen Notruf abgesetzt, hätte es schon ein paar Stunden bis Tage dauern können, bis jemand gekommen wäre. Bis dahin hätten wir mit dem, was wir an Bordmitteln und in der Bordapotheke zur Verfügung hatten, überbrücken müssen. Etwas medizinisches Grundwissen war vorhanden – nicht genug, um eine Hand wieder anzunähen, aber für die wahrscheinlichsten Verletzungen und Erkrankungen hat und hätte es gereicht. Weil wir aber eine solche Situation vermeiden wollten, bewegten wir uns auf dem Boot grundsätzlich sehr behutsam und befolgten die goldene Bootsregel: eine Hand am Schiff, eine Hand für dich.

Eine weitere Urangst ist natürlich die vor tiefem Wasser. Was, wenn ein Sturm das Boot so beschädigt, dass es sinkt? Oder man ins Wasser fällt? Da ist es wichtig, dass alle Crewmitglieder die Bedienung des Notfallsenders kennen und die Rettungsinsel einsatzbereit ist. Jedes Crewmitglied trägt außerdem eine Weste und eine Sicherheitsleine, die besonders während der Nachtschicht am Boot eingehakt wird. Pinkeln über die Reling ist nachts strengstens verboten. Wenn da jemand ins Wasser fällt, dann ist er weg.

Stürme haben wir jedoch während der drei Jahre auf dem Boot so gut wie keine nennenswerten erlebt. Wir waren aber auch sehr konservativ unterwegs und sind nie losgesegelt, wenn sich etwas zusammenbraute. Auf dem Atlantik haben wir täglich über Satellit die Wetterkarte aktualisiert, um sicherzugehen, dass wir nicht in die Zugbahn eines Wettersystems gerieten. Wenn überhaupt, hatten wir mehr mit Flauten als mit Stürmen zu kämpfen.

Zusammenfassend kann man also sagen, dass Urängste unsere Risikowahrnehmung beeinflussen, hinzukommt aber noch die *mediale Darstellung*, die die Wirklichkeit verzerrt. Wenn ich mir so ansehe, welche Filme es in den letzten zehn Jahren über Segelabenteuer und Segelexpeditionen ins Kino geschafft haben, dann waren das eigentlich immer irgendwelche Katastrophenszenarien. Robert Redford – zugegeben grandios als Einhandsegler –, der in *All is Lost* mit seinem Boot auf einen frei flottierenden Container fährt und Leck schlägt, oder das junge Pärchen, das in *Adrift* in einen schlimmen Sturm gerät. Ein MDR-Kulturredakteur machte da sogar ein eigenes Filmgenre aus: Menschen in Seenot, im Kampf gegen die Urgewalten ganz auf sich alleine gestellt.[146] Und wenn es nicht die Urgewalten der Natur sind, dann sind es menschliche Gewalten in Gestalt mordlustiger Piraten wie bei *Captain Philips* mit Tom Hanks.

Kein Wunder, dass Menschen bei Bootsabenteuern an große Gefahren denken. Aber drei Wochen Schwachwind locken freilich niemanden ins Kino, das wäre ziemlich langweilig. Stattdessen gibt es also über dem Schiff zusammenschlagende Wellenungetüme, brechende Masten, brüllende Stürme, Menschen in Panik und das gelegentliche Meeresungeheuer, das seine Krakenarme um den lädierten Schiffsrumpf schlingt und ihn mit sich in die Tiefe zieht.

Entsprechend der medialen Darstellung ist der Eindruck der nicht nur mit dem Segeln verbundenen Risiken dementsprechend verfälscht. Das zeigt auch die Forschung: Risikowahrnehmung ist selten logisch und wird von Angst getrieben. Das alleinige Wissen um ein Risiko macht sein Eintreten *in unserer Wahrnehmung* wahrscheinlicher. Wenn wir in der Zeitung von einer Entführung oder von einem Terroranschlag lesen, empfinden wir die Wahrscheinlichkeit, dass so etwas in unserem Umfeld stattfindet, sofort als höher, als sie das in Wirklichkeit ist. Wir sind von Pest und Ebola alarmiert, obwohl es statistisch gesehen wahrscheinlicher ist, an einem Herzinfarkt zu sterben.[147] Wir fürchten das Fliegen (und Segeln) mehr als das Autofahren, obwohl letzteres, wie dargelegt, statistisch viel gefährlicher ist. Kurz gesagt: Wir fürchten oft die falschen Dinge.

Was bei der Einschätzung von Risiken helfen kann, ist laut Gerd Gigerenzer ein aufgeklärter Umgang mit ihnen. Dazu gehört beispielsweise das Wissen um den Unterschied zwischen relativen und absoluten Risiken. Wenn es zum Beispiel heißt, eine Mammographie verringere das Risiko an Brustkrebs zu erkranken um 20 Prozent, dann bedeutet das nicht, dass dadurch zwanzig von hundert Frauen nun keinen Brustkrebs bekommen! Tatsächlich bedeutet es, dass von *tausend* Frauen, die am Screening teilgenommen haben, vier an Brustkrebs erkranken, während von tausend Frauen, die nicht zum Screening gegangen sind, fünf erkranken. So gesehen stellt sich die Situation plötzlich ganz anders dar, da sich im Einzelfall das Risiko an Brustkrebs zu sterben durch ein Screening kaum verringert.[148]

Auch Kausalitäten werden oft falsch hergestellt. Es gibt Statistiken, laut derer Vegetarier und Veganer häufiger Krebs bekommen. Das liegt allerdings nicht an ihrer Ernährungsweise, sondern vielmehr an ihrer Demographie: Sie leben länger, denn sie stammen häufiger aus einer Bevölkerungsschicht mit mehr Bildung und mehr Einkommen. Und mit einem längeren Leben steigt auch die Wahrscheinlichkeit, an Krebs zu erkranken.[149] Auf den ersten Blick zeigt diese Statistik also eine Kausalität, die es so nicht gibt.

Überhaupt ist das mit den Kausalitäten so eine Sache. Wie wir schon an anderer Stelle gesehen haben, konstruiert unser Gehirn Zusammenhänge, wo vielleicht gar keine sind, und pickt sich Informationen aus unserer Umwelt heraus, die diese angenommenen Zusammenhänge bestätigen. Wenn ich also glaube, dass es nicht gesund sein kann, auf Fleisch oder sogar gänzlich auf tierische Produkte zu verzichten, dann werde ich erwähnte Statistik tendenziell als Bestätigung meiner Meinung verstehen und die Wirkzusammenhänge nicht genauer untersuchen. Als Vegetarier werde ich diese Kausalität vielleicht eher hinterfragen, aber gerne glauben, dass der Verzehr von Fleisch vermehrt zu Herzinfarkten führt.

Besonders, wenn wir verunsichert sind, suchen wir nach solchen Kausalitäten und Zusammenhängen. Wir suchen nach Antworten und Schuldigen – Antworten, die uns zumindest scheinbar verstehen lassen, was gerade passiert, und Schuldige, damit wir unsere Wut entsprechend kanalisieren können, statt sie weiter herunterschlucken zu müssen.

Was uns Halt gibt, wenn uns der Boden unter den Füßen weggezogen wird, sind deshalb Geschichten und Narrative, denn sie geben uns Struktur und Sinn und – je nach Geschichte – auch Antworten und benennen Schuldige.[150] Auch wenn es Geschichten und Narrative sind, die uns Angst machen, verbinden sie uns miteinander und sind identitätsstiftend. Sie bringen Ordnung in die Dinge, denn sie stellen Zusammenhänge her, machen vermeintliche Muster sichtbar, und wir Menschen sind Mustersucher.

Eine bestimmte Sorte von Geschichten war im Pandemiejahr plötzlich allgegenwärtig – Verschwörungstheorien oder Verschwörungsgeschichten.[151] Ob Neue Weltordnung, »Deep State«, Echsenmenschen, kinderbluttrinkende Hollywoodstars, die Chinesen oder Milliardäre als Drahtzieher – all diese Geschichten haben gemein, dass sie davon ausgehen, es gebe jemanden, der global die Fäden in der Hand halten und uns unterwerfen wolle. Ob nun durch im Zuge der Zwangsimpfung eingepflanzte Chips, 5G, Chemtrails, Tracking, Menschenhandel und so weiter.

Verschwörungsgeschichten gibt es nicht erst seit der Pandemie. Sie kamen zu allen Zeiten und in allen menschlichen Gesellschaften vor, erlangten vor Beginn der Neuzeit allerdings nur vereinzelt Massenwirksamkeit.[152] Im alten Rom und im Mittelalter wurden sie zur Christenverfolgung instrumentalisiert, im Mittelalter befeuerten sie den Judenhass, aber erst mit der Möglichkeit, diese Theorien durch den Buchdruck zu verbreiten, nahmen sie so richtig Fahrt auf. Illuminaten und Freimaurer lenkten angeblich im Hintergrund die Weltgeschicke, die Protokolle der Weisen von Zion galten als Beweis für eine jüdische Weltverschwörung, und die Anhänger der Flat Earth Society bestehen bis heute darauf, dass die Erde in Wirklichkeit eine Scheibe und die Mondlandung nur vorgetäuscht gewesen sei.

Und jetzt mal Hand aufs Herz: Manche dieser Geschichten sind richtig gut! Wären sie nur nicht so bitterernst gemeint. Ich bin eigentlich eine Freundin wilder Theorien und liebe schräge Geschichten. Zum Beispiel finde ich die Hypothese, dass wir alle bloß in einer Computersimulation leben,[153] ziemlich spannend, genauso wie die – weniger ernst gemeinte – Schlussszene in *Men in Black*, in der sich die Kamera immer weiter Richtung Himmel zurückzieht, dann in den Weltraum, vorbei an Sonnensystemen und Galaxien, um uns dann zu suggerieren, dass unser Universum nur eine von vielen kleinen Kugeln ist, mit denen Aliens Murmeln spielen. Warum nicht?!

Auch manche Verschwörungsgeschichten bieten ausreichend aufregenden Stoff für Hollywood: verwegene Verstrickungen, skandalöse Entdeckungen, Bösewichte, Geheimkults, Satanisten, Außerirdische – da ist alles drin. Wenn man erst mal eintaucht, fühlt man sich wie Alice im Wunderland.

Das Bestrickende an diesen Geschichten ist, dass sie alles erklären, und zwar ganz einfach und schlüssig! Wo die einen Chaos, Gleichzeitigkeit und Zufall sehen, entdecken Verschwörungstheoretiker einen perfiden Plan. Plötzlich ergibt alles einen Sinn. Alles ist mit allem verbunden. Folge dem Geld. Cui bono? Da sind auf einmal Zusammenhänge und Muster, wo vorher nur Chaos war. Wie gut das tut, besonders in Krisenzeiten. Auch wenn es wirklich empörend ist, was man da alles erfährt. Da gibt es die Bösen, die Puppenspieler und die Marionetten beziehungsweise die »Schlafschafe«. Und dann gibt es die Erwachten, die das Spiel durchschaut haben. Von denen manche ihre jeweilige Theorie für so bare Münze nehmen, dass sie ernst machen und bewaffnet ein Restaurant stürmen, weil es vermeintlich im Keller gefangen gehaltene Kinder zu befreien gibt.[154] Allerspätestens dann, wenn Menschen Gewalt anwenden, weil sie Verschwörungsgeschichten aufsitzen, hört es auf, lustig zu sein. Nicht umsonst werden die Anhänger von QAnon in den USA inzwischen als terroristische Bedrohung betrachtet. In Deutschland nahm der Verfassungsschutz die Querdenker ins Visier.[155] Dass sich keine der Behauptungen dieser Bewegungen bewahrheitet hat, scheint die Anhänger allerdings nicht von ihren Überzeugungen abzubringen.

Verschwörungsgeschichten ermöglichen es Menschen, ihre Ängste und ihre Wut gegen ein gemeinsames Feindbild zu richten, es macht das, wovor man sich fürchtet, greifbar und angreifbar. Motive wie Profitgier und Machthunger können wir so viel besser verstehen und einschätzen als die Unwägbarkeiten von Virusmutationen oder die Auswirkungen globaler Handelssysteme, die selbst Experten nicht genau vorhersagen können. Darüber hinaus haben Verschwörungsgeschichten auch eine optimistische Dimension, denn wenn alles Übel nicht allein aus komplexen und schwer zu überschauenden Entwicklungen und Zufällen, sondern aus einem Komplott bestimmter Akteure resultiert, dann ließen sich alle Probleme damit lösen, wenn es diesen Akteuren an den Kragen ginge – und damit ließe sich bestimmt das Rad der Zeit gleich mit zurückdrehen, damit alles so schön wird, wie es niemals war.

Mal angenommen, wir weisen diese Theorien nicht sofort von der Hand – wie *wahrscheinlich* sind erfolgreiche Verschwörungen tatsächlich? Es ist ja nicht so, dass es nie echte Verschwörungen gegeben hätte. Von der Watergate-Affäre bis hin zum sehr wahrscheinlich aufgetretenen Versuch des Kremls, amerikanische Präsidentschaftswahlen zu beeinflussen, hat es in der Geschichte eine Vielzahl von Komplotten, Intrigen und Seilschaften gegeben. Die waren aber immer auf einen ziemlich kleinen Personenkreis und meistens sowohl lokal als auch zeitlich begrenzt.[156] Und genau das führt uns zur großen Schwachstelle aller kursierenden Verschwörungsgeschichten: Sie missachten die Komplexität und damit völlige Unmöglichkeit einer globalen Superverschwörung. Die Überzeugung, dass einer oder wenige Strippenzieher eine Verschwörung in der Dimension einer weltweiten Pandemie bewusst und mit dem geplanten Effekt herbeiführen könnten, ist tief im mechanistischen Denken verankert. Unvorhersehbarkeit, Zufall und Gleichzeitigkeit haben in diesen Verschwörungsgeschichten keinen Platz. In Wirklichkeit passieren aber ständig unvorhersehbare Dinge!

Wer zudem schon mal versucht hat, in einer größeren Gruppe von Menschen zu einem Konsens über ein Vorhaben zu kommen und diese Gruppe dann auch noch zu koordinieren, wird sich wahrscheinlich fragen, wie um Himmels willen das in globaler Größenordnung funktionieren soll. Also zum Beispiel über Jahrzehnte oder sogar Jahrhunderte hinweg im Geheimen die Weltgeschicke zu lenken. Wie realistisch ist es außerdem, dass Tausende von Menschen eingeweiht wären – denn so viele bräuchte es mindestens für die Logistik einer solchen Verschwörung – und keiner würde sich verplappern?

Die Geschichten über Superverschwörungen basieren auf der Angst vor Kontrollverlust, da sie uns Übersichtlichkeit und Kausalitäten suggerieren, wo tatsächlich Chaos, Gleichzeitigkeit und Zufall zusammenkommen. Das soll nicht bedeuten, dass keine Partikularinteressen mit ins Chaos hineinspielen, aber sie sind nicht der bestimmende Faktor. Superverschwörungen stellen aufgrund ihrer schieren Undurchführbarkeit kein wirkliches Risiko dar. Tatsächlich fallen die Geschichten über sie bei genauerer Betrachtung ihrer Wahrscheinlichkeiten zusammen wie ein Kartenhaus.

Um das bisher dazu Dargestellte noch einmal zusammenzufassen: Prägung durch die soziale Gruppe, Urängste, eine verzerrte Wahrnehmung unter anderem durch die mediale Darstellung und ein fehlendes Verständnis von Kausalitäten und Wahrscheinlichkeiten beeinflussen unsere Risikowahrnehmung und führen uns oft zu völlig falschen Annahmen. Wenn wir aber Risiken aus den genannten Gründen dermaßen falsch einschätzen, wie können wir dann entscheiden, welche Risiken uns wirklich sorgen sollten und welche nicht? Woran orientieren wir uns? Im Folgenden möchte ich Ihnen Strategien vorstellen, die Ihnen helfen können, Risiken einzuschätzen und Entscheidungen unter Bedingungen der Ungewissheit zu treffen.

Pascal wettet und Ockham rasiert sich

Der erste Schritt sollte selbstredend im Sammeln von Information bestehen, nur ist das heutzutage nicht so einfach. Und zwar nicht etwa, weil Informationen schlecht zugänglich wären, das Problem ist vielmehr, dass es – besonders aufgrund des Internets – zu viele gibt, noch dazu in sehr unterschiedlicher Qualität. Die Meinungen echter und selbsternannter Experten vermischen sich, das Gleiche gilt für wissenschaftliche Statistiken und solche, bei denen die Quellen nicht recht nachvollziehbar sind. Winston Churchill soll sinngemäß gesagt haben: »Ich traue keiner Statistik, die ich nicht selbst gefälscht habe.« Passend zum Thema: Für dieses Zitat gibt es keine einzige verlässliche Quelle.

Ganz gleich, welchen Standpunkt jemand vertritt, er wird immer einen »Beweis« dafür im Netz finden. Ihm deshalb zu raten, sich doch bitte erst einmal gründlich zu informieren, wäre fast schon zynisch, aber es ist trotzdem wichtig, sich zumindest einen Überblick über die Informationslage zu verschaffen. Bei überschaubareren Fragen wie der nach dem Konsum von Kirschen und Wasser kann das schon sehr weiterhelfen. Bei komplexen Themen wie Klimawandel und Artensterben wird es um einiges unübersichtlicher und verwirrender, zumal diese Risiken weniger greifbar sind. Anders als menschliche Niedertracht und Machtgier sind diese Phänomene noch nicht in unserem kollektiven Erfahrungsschatz vorhanden. Einen ökologischen Kollaps hat die Spezies Mensch noch nicht erlebt, das ist neu.

Was also tun? Wie soll ich entscheiden, ob ich den Klimawandel oder diese Pandemie wirklich für gefährlich halten soll? Hier können uns bewährte Faustregeln wie zum Beispiel die Pascal'sche Wette weiterhelfen, benannt nach dem französischen Wissenschaftler und Philosophen Blaise Pascal (1623–1662). Pascal fragte sich, inwiefern es sich lohne, an Gott zu glauben. Er argumentierte, das sei in jedem Fall die bessere Wette, denn: Glaube man an Gott, und es gebe ihn, dann hätte das positive Konsequenzen, man käme in den Himmel. Glaube man an Gott, und es gebe ihn nicht, dann wäre nichts verloren. Glaube man aber nicht an Gott, und es gebe ihn doch, hätte man ein Problem, denn es drohe die Hölle. Im ersten Fall kann man etwas gewinnen, im zweiten etwas verlieren.[157] Stark vereinfacht ausgedrückt: »Better safe than sorry«, Vorsicht ist besser als Nachsicht.

Übertragen auf Themen wie den Klimawandel oder die Gefährlichkeit eines neuen Virus, können wir genauso vorgehen, wenn es darum geht zu entscheiden, ob wir uns nun Sorgen machen sollten oder nicht. Nehmen wir mal an, die überwältigende Mehrheit der Klimaforscher hat recht, und es gibt ihn, den menschengemachten Klimawandel. Was wären die Konsequenzen, würden wir ihnen glauben und entsprechende Maßnahmen ergreifen? Dann hätten wir vielleicht eine Chance, das Schlimmste zu verhindern. Was aber, wenn wir ihnen nicht glauben und dementsprechend unser Verhalten nicht ändern, es ihn aber doch gibt? Dann säßen wir ganz schön in der Tinte, es käme zu noch mehr Überschwemmungen, Trockenheit, Ernteausfällen, massenhafter Armut, Todesfällen und Migration. Wir müssten unseren Enkeln später erklären, warum wir das Ruder nicht herumgerissen hätten. Wir müssten ihnen gestehen, dass sich zwar die Mehrzahl der Experten einig war, wir ihnen aber dummerweise nicht geglaubt hätten.

Angenommen, wir Menschen hätten trotz der Expertenmeinung nichts mit der Erderwärmung zu tun, würden aber aus Angst davor versuchen, Abgase zu verringern, weniger Energie zu verschwenden und so weiter. Diese Bemühungen wären in Bezug auf den Klimawandel ganz umsonst. Wäre das so schrecklich? Dann würde sich das Klima trotzdem weiter erwärmen, aber wir hätten immerhin versucht, diese Entwicklung aufzuhalten, und vielleicht nebenbei unsere Welt ein wenig sauberer und vielleicht sogar gerechter gemacht. Die Wirtschaft hätte möglicherweise große Herausforderungen meistern müssen, aber sie kann sich leichter und schneller erholen als das Klima.

Woran »lohnt« es sich also eher zu glauben, beziehungsweise wovor »lohnt« es sich, Angst zu haben? Wo gibt es weniger zu verlieren, wo gibt es mehr zu gewinnen? Was hat die größten Vor- und was die größten Nachteile?

Es ist schon erstaunlich, wie wir bei manchen Themen absolute Gewissheit einfordern, bevor wir zu einem Umdenken bereit sind, und uns bei anderen allein der Hinweis auf eine mögliche Gefahr ausreicht, um sie als Risiko und ernste Bedrohung wahrzunehmen. Wir fordern doch sonst auch keine Hundertprozentigkeit, wenn es um Gefahrenvermeidung geht. Wir entfernen Asbest aus Gebäuden, weil es als krebserregend gilt. Wir erlassen Gesetze gegen das Rauchen, weil Rauchen ebenfalls krank machen kann. Angeschimmeltes Brot und abgelaufene Nahrungsmittel werfen wir weg, weil sie schädlich sein könnten. Niemand garantiert uns, dass wir wirklich krank werden, wenn wir rauchen, angeschimmelte oder abgelaufene Sachen essen oder in einem mit Asbest gedämmten Raum sitzen. Es könnte auch einfach nichts passieren, und wir bleiben gesund. Aber hier ist das Risiko alleine für uns Grund genug, Maßnahmen gegen Asbest und Passivrauchen zu ergreifen.

Es scheint, je greifbarer die Bedrohung, je höher der Preis in Form einer Änderung unserer Gewohnheiten ist, desto mehr Gewissheit über das Risiko fordern wir ein. Die Pascal'sche Wette kann uns helfen, hier anders zu denken und in Situationen voller Ungewissheit leichter Entscheidungen zu treffen.

Eine weitere Entscheidungshilfe ist »Ockhams Rasiermesser«, eine Faustregel aus der Wissenschaft, die besagt, dass die einfachste Erklärung zugleich die wahrscheinlichste ist. Sie geht zurück auf den Philosophen Wilhelm von Ockham (1288 – 1347) und wird beispielsweise eingesetzt, um Theorien auf ihre Stichhaltigkeit zu überprüfen. Eine Erklärung gilt als einfach, wenn sie möglichst wenig Variablen und Hypothesen enthält, die in einer möglichst logischen und klaren Beziehung zueinanderstehen müssen.

Wenden wir Ockhams Rasiermesser beispielsweise auf Verschwörungsgeschichten an, sehen wir schnell, dass diese in ihren Bestandteilen und Abhängigkeiten viel zu viele Variablen enthalten, die alle aufeinander abgestimmt sein müssten, damit eine Verschwörung in globaler Größenordnung funktioniert.

Diese Faustregel ist aber nicht nur nützlich beim Aufdecken von Verschwörungsgeschichten, sie hilft auch, tiefer zu verstehen, warum diese Theorien überhaupt auftauchen: Manche Ereignisse sind so verwirrend, dass sie sich einer offensichtlichen oder einfachen Erklärung entziehen. Und für viele Menschen ist es tröstlicher, in traumatisierenden Ereignissen einen Plan zu vermuten (wie finster er auch sein mag), als sich die einfachste Erklärung, nämlich die Zerbrechlichkeit des Systems, einzugestehen.

Faustregeln und Entscheidungshilfen wie Ockhams Rasiermesser und die Pascal'sche Wette können uns beim Navigieren durch besonders unübersichtliche Situationen voller Ungewissheit nützlich sein. Wenn uns Informationen fehlen oder die Informationslage sehr verwirrend ist, geben sie uns Orientierung und Halt. Sie helfen uns, tatsächliche von vermeintlichen Risiken zu unterscheiden und einen kühlen Kopf zu bewahren.

In unübersichtlichen und ungewissen Situationen wird allerdings meistens viel zu viel Energie darauf verschwendet zu beweisen, dass man selbst recht hat und der andere unrecht. Nehmen Sie bitte deshalb diese beiden Faustregeln als Werkzeuge für Ihre eigene Orientierung und nicht als Waffe, um Andersdenkende vorzuführen und zu verhöhnen. Die Gräben zwischen uns Menschen sind schon tief genug.

Wo liegt der »Sweetspot«?

Neben der Nutzung von Entscheidungshilfen gibt es eine weitere Strategie, sich auf das Unvorhergesehene vorzubereiten und Risiken gelassener zu begegnen. Ich bin zu Beginn der Pandemie darauf gestoßen worden, als ich immer wieder mit der Frage konfrontiert wurde, ob es bei so viel Unvorhersehbarkeit besser wäre, möglichst viel zu bunkern oder lieber in den Tag hineinzuleben, weil man sowieso nicht wisse, was passieren werde. Für mich liegt die Antwort irgendwo dazwischen, und ich erkläre das gerne am Beispiel einer Atlantiküberquerung. Man braucht genug Proviant, Wasser, Ersatzteile und Werkzeuge, um auch Flauten aussitzen und Stürme überstehen zu können. Wir können ja nicht bei einem Lebensmittelgeschäft oder Baumarkt halten, wenn uns das Salz ausgeht oder wir ein Ersatzteil brauchen. Was nicht an Bord ist, ist nicht an Bord. Allerdings ist der Platz auf dem Boot auch begrenzt, und je mehr wir es vollstopfen, desto schwerer liegt es im Wasser. Ab einem bestimmten Punkt wird es so schwer, dass das gefährlich werden kann. Weniger, weil das Boot sinken könnte, als vielmehr, weil ihm die Wendigkeit fehlen könnte, starke Winde und steile Wellen gut abzureiten. Es geht also darum, die richtige Balance zu finden. Ich nenne das den »Sweetspot«, den idealen Punkt zwischen Vorsorge und Minimalismus. Auf der einen Seite ist es wichtig, für die Vorsorge alles Nötige an Bord zu haben, auf der anderen Seite durch einen gewissen Minimalismus wendig zu bleiben.

Das Gleiche gilt für das Leben. Bin ich nur effizienzgetrieben und stoße alles scheinbar Unnötige und Überzählige ab, laufe ich Gefahr, im Ernstfall auf nichts zurückgreifen zu können. Backups zu haben bedeutet, mehr als Geld auf der hohen Kante zu haben. Es bedeutet auch, zusätzliche Fähigkeiten zu pflegen, einen Plan B zu haben, Strategien, auf die man zurückgreifen kann, zu entwickeln.

Als es im März 2020 mit der Pandemie so richtig losging, wurden bei mir wie bei vielen anderen innerhalb weniger Tage so gut wie alle Engagements gecancelt. Ich hatte zum Glück in den Jahren nach meinem Sinologiestudium immer wieder Chinesisch unterrichtet, einfach weil es mir Spaß macht. Online-Sprachunterricht diente dann als mein Back-up, das mich wirtschaftlich über die ersten Monate der Pandemie rettete, denn die Leute hatten jetzt plötzlich Zeit! Was sind die Fähigkeiten, die Sie haben, auf die Sie zurückgreifen können? Wir haben oft gar nicht auf dem Schirm, worin wir gut sind, weil das für uns normal ist. Machen Sie sich doch mal eine Liste ihrer Kenntnisse, Expertisen und Fähigkeiten, schreiben Sie *alles* auf. Möglicherweise sind Sie sogar überrascht, was Ihnen alles einfällt!

Auch ein tragendes Beziehungsnetz gehört zu einer guten Vorsorgestrategie dazu: Eine liebe Freundin und Kollegin – alleinstehend und ebenfalls selbstständig – war sehr berührt davon, dass ihr aus ihrem Freundeskreis von mehreren Seiten sofort und auf unkomplizierte Weise finanzielle Unterstützung angeboten wurde. Mich persönlich hat bewegt, was für eine Hilfsbereitschaft die Menschen in unserem Wohnhaus an den Tag gelegt haben. Die meisten der Bewohner kennen sich seit vielen Jahren und wissen recht gut über die jeweilige Lebenssituation der anderen Bescheid, also wer alleine wohnt, wer gerade nicht gut zu Fuß ist, wer zur Risikogruppe gehört und so weiter. Besonders unsere älteren Nachbarn konnten sich irgendwann vor lauter Angeboten für Besorgungen kaum mehr retten.

Back-ups zu haben, bedeutet also nicht nur, über Geldreserven (oder Berge von Nudeln und Dosentomaten) zu verfügen, sondern Alternativen in der Schublade liegen zu haben und vertrauensvolle Beziehungen zu pflegen. All das kann uns dabei helfen, uns sicherer zu fühlen.

Auf der anderen Seite gibt es den Punkt, an dem man sich zu viel auflädt. Dann ist man nicht mehr wendig und die Flexibilität nimmt ab. Wer hohe Fixkosten hat, muss erst mal in der Lage sein, diesen Betrag zu verdienen. Besitzt man viel Zeug, braucht dieses Zeug Platz, und mehr Platz kostet nicht nur mehr Geld, sondern auch mehr Aufmerksamkeit und Energie. Das ist per se nichts Schlimmes, es sollte einem nur klar sein.

Bei unserer Suche nach dem richtigen Boot für unser Segelabenteuer zeigte sich das ganz deutlich: Auf größeren Booten ließ sich natürlich mehr mitnehmen: mehr Wasser, mehr Diesel, mehr Werkzeug, mehr Proviant. Außerdem konnte man sich auf ihnen angenehmer bewegen und auch mal aus dem Weg gehen. Andererseits werden Liegegebühren in Häfen nach der Bootslänge berechnet, die Kosten für Pflege und Erhalt sind höher, man kommt nicht mehr in jede kleine Bucht oder in jeden kleinen Hafen hinein, und in vielen Fällen bedarf es mehr als einer Person, um das Boot zu manövrieren. Die Flexibilität nimmt also mit der Bootsgröße ab. Vom Reisen kennen Sie das vielleicht auch – wenn Sie mit viel Gepäck unterwegs sind, sind Sie nicht besonders beweglich und können nicht so spontan entscheiden, andererseits müssen Sie mit kleinem Gepäck vieles daheim lassen und sind nicht für alle Eventualitäten gerüstet.

Ballast abzuwerfen geht uns deshalb gerade bei Ungewissheit gegen den Strich. Unser Impuls ist es, für möglichst alle Unwägbarkeiten abgesichert zu sein. Doppelt hält besser, und das ist ja auch nicht falsch – im Gegenteil! Systeme benötigen Redundanzen, Vorräte und Reserven, um antifragil und resilient zu sein.[158]

Dennoch braucht es gleichzeitig Wendigkeit und Flexibilität, um auf Unvorhergesehenes schnell reagieren und sich an die neuen Gegebenheiten anpassen zu können. Statt sich immer mehr draufzuschaufeln, könnte man stattdessen innehalten und reflektieren, was man eigentlich schon hat und was vielleicht sogar überflüssig ist. Was einem Flexibilität und Wendigkeit raubt, aber letztlich wenig oder sogar gar nichts zu Back-up und Absicherung beiträgt. Auf dem Boot ist es zum Beispiel wichtig, immer wieder zu prüfen, was man so an Bord hat. Ob die Werkzeuge noch funktionieren, das Wasser noch trinkbar ist, die Tomatendosen noch nicht verrostet sind. Und in der Folge alles rauszuwerfen, was nicht notwendig oder obsolet ist.

Wann haben Sie das letzte Mal in Ihrem Leben Inventur gemacht? Was schleppen Sie aus Gewohnheit mit? Was kann vielleicht weg? Was zu behalten ist sinnvoll? Der Sweetspot zwischen Back-ups und Minimalismus, also zwischen Absicherung und Wendigkeit, ist übrigens ganz individuell, er liegt bei Ihnen wahrscheinlich woanders als bei mir. Ihn zu kennen, ist im Kontext von Risiken und Ungewissheit aber unbezahlbar. Denn ganz gleich, was kommt, sind Sie dann flexibel genug, um den Schlimmsten auszuweichen, und verfügen zugleich über die notwendigen Ressourcen, die Sie jederzeit auffangen können.

Risiken üben, Ängste normalisieren

Wir sind also umgeben von Risiken, sie sind Teil des Lebens. Wir können sie nicht loswerden und auch kaum kontrollieren. Aber der Umgang mit Risiken lässt sich üben.

Wichtig beim Eingehen beziehungsweise Einüben von Risiken sind besonders zwei Dinge: Zum einen sollte man dem *worst case*, also dem ungünstigsten Szenario bei einem Risiko ins Auge sehen und abwägen, ob man es für verkraftbar hält oder eben nicht. Was könnte hypothetisch schlimmstenfalls auf Sie zukommen, wenn Sie dieses Szenario mal zu Ende denken und auch durch*fühlen*? Wäre das tatsächlich so schlimm? Was hätte zum Beispiel eine Kündigung des ungeliebten Jobs im allerschlimmsten Fall zur Folge?

Durch das Risiko, das Sie eingehen, sollte außerdem auch bei Eintreten des *worst case* kein Außenstehender zu Schaden kommen.

Verwetten Sie also nicht das Sparbuch Ihrer Kinder oder das Haus Ihrer Großmutter. Spekulieren Sie auch nicht mit dem Ersparten fremder Leute.

Nachdem Sie sich in mögliche Folgen eingefühlt haben, können Sie beginnen, den Umgang mit Risiken zu üben. Zum Beispiel, indem Sie sie immer wieder bewusst eingehen.

Ihre Übungsrisiken müssen keine großen sein, auch ein kleines Risiko ist immer noch ein Risiko. Tatsächlich riskieren Sie schon jedes Mal etwas, wenn Sie Ihre Komfortzone verlassen und etwas tun, was Ihnen unangenehm ist. Zum Beispiel Kollegen oder Ihre Vorgesetzte um Feedback bitten. Oder alleine ins Kino gehen, wenn Sie das normalerweise nur in Begleitung tun. Eine Entscheidung intuitiv treffen, obwohl Sie noch nicht alle Informationen dazu haben. Das mag recht banal und wenig riskant klingen, aber genau das ist der Sinn der Sache. In jedem Moment, in dem Sie bewusst die Kontrolle an der Garderobe abgeben und sich auf der Bühne des Lebens in ein Erlebnis hineinfallen lassen – egal ob sich der Fall nach wenigen Millimetern oder einem ganzen Meter anfühlt –, riskieren Sie etwas. Sie werden die Erfahrung machen, dass Dinge passieren, die Sie nicht vorhersehen konnten. Sie werden feststellen, dass es immer irgendwie weitergeht, egal ob Sie Ihre Entscheidung im Nachhinein nun als richtig oder falsch einstufen. »Lebbe geht weider« kommentierte der damalige Trainer der Eintracht Frankfurt Dragoslav Stepanovic trocken den Verlust der Meisterschaft.[159] Verlieren gehört dazu, wer nicht ab und an etwas riskiert, der lebt nicht.[160] Der neue Job kann auch ein Griff ins Klo sein, und dann? Das Feedback der Vorgesetzten, um das Sie gebeten hatten, fällt weniger gut aus als erhofft – na und?

Wenn Sie ab und an etwas riskieren, werden Sie Ihre eigenen Ängste damit normalisieren, denn es ist völlig in Ordnung, sich vor etwas Neuem und Unbekanntem zunächst zu ängstigen. Wir vermeiden Situationen, die uns Angst machen, denn Angst fühlt sich unangenehm an, auch das ist normal. Nehmen Sie also wahr, dass Sie sich ängstlich fühlen und versuchen Sie, das dann einfach stehen zu lassen. Erforschen Sie, was es ist, das Ihnen Angst macht, und wie weit Sie sich aus Ihrer Komfortzone herauswagen können, ohne sich überfordert zu fühlen.

Denn Sie sollten sich beim Üben von Risiken nicht überfordern. Als ich letztes Jahr eingeladen wurde, bei einer TEDx-Konferenz einen Vortrag über Ungewissheit zu halten, überlegte ich lange, was dem Thema gerecht würde. Meine erste Idee war, gar nichts vorzubereiten und zu improvisieren, also Ungewissheit pur auch in meinem Vortrag zu spiegeln. Es einfach auf mich zukommen zu lassen. Aber angesichts dessen, dass ich lieber auf einem Segelboot den Atlantik überquere als vorne auf einer Bühne zu stehen, bekam ich bereits bei dem Gedanken daran, unvorbereitet nach Berlin zu fahren, Schweißausbrüche. Also dachte ich darüber nach, was ein Kompromiss wäre, mit dem ich mich nicht überfordern und trotzdem ein kleines Risiko eingehen würde. Ich beschloss, meinen Vortrag zwar vorzubereiten, aber ihn vor Ort mit einem Experiment zu beginnen: Ich wollte auf die Bühne gehen und erst einmal eine ganze Weile nichts sagen, um die Anwesenden in die Ungewissheit einzuladen.

Das habe ich dann auch gemacht, und es war für mich wahnsinnig aufregend. Leider waren die Veranstalter und der Kameramann die Einzigen, die mein Schweigen nervös machte, denn pandemiebedingt durfte kein Publikum im Saal anwesend sein. Vom Feedback der online zugeschalteten Zuschauer habe ich daher unglücklicherweise nichts mitbekommen, für das später abrufbare Video wurde der größte Teil der Stille sogar noch herausgeschnitten. Aber so ist das eben mit Risiken – man weiß nie, was genau dabei herauskommt. Für mich selbst war das eine spannende Erfahrung. Ich war schon Tage vorher nervös und noch mehr natürlich während der gefühlten Ewigkeit, in der ich da einfach nur stand und nichts tat. Und damit den wichtigsten Rat ignorierte, der einem für die Vorbereitung auf einen solchen Vortrag gegeben wird, nämlich die ersten dreißig Sekunden für einen großartigen Einstieg zu nutzen. Am liebsten wäre ich davongelaufen. Aber hinterher war ich stolz, dass ich es durchgehalten hatte. Ich bin nun durchaus auf den Geschmack gekommen, bei Vorträgen zu experimentieren.

Aus einem Aufsatz der amerikanisch-libanesischen Schriftstellerin und klinischen Psychologin Hala Alyan blieb mir zu diesem Thema ein Satz besonders im Gedächtnis: »Wir können der Angst nur mit Mitgefühl begegnen. Nur Geduld und Neugierde können ihr das geben, was sie braucht, um sich zu verwandeln oder zu gehen oder zu bleiben.« [161] Das betrifft den Umgang mit der eigenen Angst genauso wie den mit der Angst anderer Menschen. In dem gleichen Aufsatz erzählt Alyan die Geschichte über den tantrischen Yogi Milarepa, der eines Tages feststellt, dass sich Dämonen in seiner Höhle eingenistet haben. Er versucht alles, sie loszuwerden, schließlich gibt er auf und heißt sie willkommen. Darauf verschwinden sie.

Für mich veranschaulicht diese uralte Geschichte sehr gut, dass es nicht funktioniert, Ängste und Risiken aus unserem Leben zu verbannen. Wir müssen sie willkommen heißen, das heißt, wir können versuchen sie zu verstehen, sie zu normalisieren und zu integrieren. Um die Fähigkeit dazu zu trainieren, können wir zum Beispiel immer wieder kleine Risiken eingehen und uns damit den Umgang mit dem Unberechenbaren und Ungewissen Schritt für Schritt vertrauter machen.

Wie bereits angesprochen, hilft es uns im Umgang mit unseren Ängsten, wenn wir über ein tragendes Beziehungsnetz verfügen, ein Thema, das mir dabei besonders am Herzen liegt. Darum werde ich Ihnen im nächsten Kapitel noch ausführlicher beschreiben, was es mit diesem Netz auf sich hat.

Das Wichtigste in Kürze

Was Sie aus diesem Kapitel mitnehmen können:

- Die meisten unserer Ängste haben einen Grund, was aber nicht heißt, dass man sie oder ihre Ursprünge nicht hinterfragen sollte.
- Faustregeln und Entscheidungshilfen (Stichwort Pascal und Ockham) können uns dabei behilflich sein, unter Ungewissheit Entscheidungen zu treffen.
- Den eigenen Sweetspot zwischen Flexibilität und Back-ups zu kennen, verschafft uns Sicherheit.
- Risiken eingehen kann man üben.

Beziehungsnetze zum Auffangen

Der Wind hat auf Süd gedreht, und es wird langsam verdammt ungemütlich im Hafen von Las Palmas, Gran Canaria. Vor fast vier Wochen mussten wir zusammen mit über 200 weiteren Booten die Marina verlassen und Platz für die große Segelrallye machen. Mir hat das schlaflose Nächte bereitet, da mein Freund wegen seines Jobs einige Zeit in Deutschland ist, sodass ich alleine mit den Jungs auf dem Boot bin.

Wir sind noch im Hafen, aber nicht mehr direkt am Steg, und das bedeutet, keinen Strom aus der Steckdose, kein Wasser aus der Leitung, Landgänge nur mit dem Beiboot und vor allem nicht ausreichend Internet um zu arbeiten. Immerhin dürfen wir uns an eine der wenigen Murings[162] hängen und müssen nicht den Anker auswerfen – ein Stressfaktor weniger. Alles andere bekommen wir überraschend gut hin – erstaunlich, wozu man in der Lage ist, wenn man plötzlich auf sich gestellt ist.

Aber nun ist ein Tief aus Süden im Anzug. Normalerweise ist der Hafen von Las Palmas sehr geschützt, weil die vorherrschenden Passatwinde aus Nordosten kommen. Der Wind drückt Schwell[163] ins Hafenbecken, wir rollen, und die Fahrt mit dem Beiboot an Land wird immer haariger. Unser kleiner Außenbordmotor kommt kaum mehr gegen die Wellen an, wenn das so weitergeht, sitzen wir auf dem Boot fest.

Wir haben aber Glück, und in der Marina wird ein Platz frei, jetzt müssen wir da nur noch reinkommen und anlegen. Unglücklicherweise habe ich das noch nie allein gemacht, und ich habe einen riesigen Respekt davor, unsere sechzehn Tonnen Boot durch einen engen Hafen zu manövrieren. Mein Handy klingelt, ein deutscher Segler ist dran. Ich würde ihn noch nicht persönlich kennen, sagt er, er habe meine Nummer von einem gemeinsamen Freund, der mir Seekrankheitstabletten für ihn dagelassen hatte. Der klingt nett, denke ich und frage ihn sofort, ob er mir helfen würde, unser Boot einzuparken. Klar, sagt er, aber da er einen Katamaran und nicht so viel Erfahrung mit Einrümpfern[164] habe, würde er lieber noch einen anderen Segler dazu holen. Am nächsten Morgen klettern sie bei uns zu dritt an Deck, der Deutsche mit einem französischen Paar, und helfen mir, den Kahn in die Marina zu bringen. Dort warten weitere helfende Hände, um die Leinen entgegenzunehmen und festzumachen.

Ich erinnere mich daran, was eine befreundete Seglerin mal zu mir gesagt hat: »Rule number one: everyone makes everyone's life as safe and easy as possible.« Die wichtigste Regel lautet also, dass jeder dafür sorgt, dass das Leben aller so sicher und unkompliziert wie möglich ist. Stimmt. Ich bin einmal mehr tief berührt von der selbstverständlichen Hilfsbereitschaft, die unter Seglern herrscht, und fühle mich sehr gut aufgehoben.

Wir meinen immer, wir müssten alles alleine schaffen, unabhängig sein. Wir glauben, dass uns das Sicherheit verschafft. Nur sind wir nie so unabhängig, wie wir vielleicht denken. Deshalb ist es unsinnig, sich ganz auf sich verlassen zu wollen. Ein tragendes Netz an gelingenden Beziehungen ist eine der besten Versicherungen überhaupt. Das ist uns oft nicht bewusst, und wir häufen materiellen Besitz an, um uns abzusichern, anstatt in immaterielle Beziehungen zu investieren. In unserer Effizienzgetriebenheit rationalisieren wir schnell weg, was uns im Moment keinen unmittelbaren Nutzen bringt. Und das gilt nicht nur für Dinge, sondern leider auch für Menschen. Dabei sind es genau unsere Beziehungen, die uns durch Krisen tragen können.

Gerade unter dem Sicherheitsaspekt lohnt es sich, Beziehungsnetze zu knüpfen. Und zwar nicht auf die Art, wie wir es vielleicht aus beruflichen Kontexten kennen, wo wir Kontakte suchen und pflegen, um unsere Karrieren voranzubringen. Die Beziehungen, von denen ich hier spreche, sind absichtsloser und ergebnisoffener.

In diesem Kapitel nehme ich Sie mit in die Welt der Beziehungen und Netzwerke und versuche mich an einer Art Strickanleitung für ein persönliches Sicherheitsnetz.

Am Anfang war Beziehung

Das Grundprinzip, das es zu verinnerlichen gilt, lautet: Alles Leben ist Beziehung. Das klingt vielleicht selbstverständlich, aber wir verhalten uns sehr oft nicht danach.

Die Künstlerin Sarah Wenzinger, die sich in ihrer Arbeit mit Vorstellungen einer Apokalypse, dem Narrativ der Angst und den Strategien, mit denen sich Menschen auf Katastrophen vorbereiten, auseinandersetzt, hat die Bedeutung von Beziehung auf eindringliche Weise aufgegriffen. Angelehnt an die »Prepper«-Bewegung aus den USA, deren Anhänger Bunker bauen, Konserven horten und sich bis an die Zähne bewaffnen, entwickelte sie gemeinsam mit anderen Künstlerinnen und Künstler das »Social Prepper Manifesto«. Das steht im Gegensatz zu den »Preppern«, bei denen es vor allem um den Einzelnen geht, der sich gegen alle anderen durchsetzt. Dies entspricht dem vorherrschenden Narrativ in unserer Gesellschaft, dem zufolge es nicht für alle reicht und man schneller, besser und gewiefter sein muss als die anderen.

Wenzinger und ihre Kollegen weisen jedoch darauf hin, dass die Geschichte voller Beispiele von Menschen ist, die sich in Krisen und Katastrophen gegenseitig unterstützt haben. Ihr Manifest überführt diese Beispiele in Aufforderungen wie: »Share and trust that others will share, too«, teile und vertraue darauf, dass auch andere teilen. »Be kind with your fear and the fear of others«, geh freundlich mit deiner Angst und den Ängsten anderer um. Und meine Lieblingsforderung lautet: »Extend the notion of ›us‹«, weite die Vorstellung von »wir« aus – wer ist dieses Wir? Zu welchem Wir gehöre ich? Wie kann ich dieses Wir so nähren und stärken, dass es mich und uns trägt? [165]

Noch einmal also: Alles Leben ist Beziehung. Und damit meine ich keine Liebesbeziehungen oder die vielen persönlichen Verbindungen gut vernetzter Menschen. Nein, die Bedeutung von Beziehungen geht viel, viel weiter. Sie reicht sogar ganz weit in die Erdgeschichte zurück.

Wenn wir ein paar Milliarden Jahre zurückblicken, als unser Planet gerade entstanden war, gab es zuerst nur Sternenstaub – einzelne Bestandteile toter Materie, die durch ständig wechselnde Bedingungen aus Licht und Dunkel, Hitze und Kälte, Feuchtigkeit und Trockenheit miteinander Verbindungen eingingen. Chemische Reaktionen wurden ausgelöst, wodurch sich aus Stickstoff, Wasserstoff und Schwefel Moleküle ausbildeten, die schließlich zu Leben wurden. Leben entstand durch die Beziehung der Grundstoffe untereinander, nicht durch die Stoffe selbst. Das Ganze ist mehr als die Summe seiner Teile.

Die Philosophin Natalie Knapp hat das in einem Gedankenexperiment verdeutlicht: Was meinen Sie, passiert, wenn Sie ein paar Eimer Wasser, Kohle, Stickstoff, Kalk, Phosphor und Schwefel, Salz, Kali und Chlor in Ihre Badewanne schütten und vermischen?[166] Auf jeden Fall entsteht daraus kein Mensch, obwohl genau das unsere Zutaten sind! Erst unter ganz bestimmten Rahmenbedingungen verbinden sich die Einzelteile zu etwas Neuem. Dieses Phänomen nennt man Emergenz. Emergenz bedeutet, dass sich aus dem Zusammenspiel bestimmter Elemente eines Systems neue Strukturen und Eigenschaften herausbilden – Eigenschaften, die aber nicht offensichtlich auf die Eigenschaften der einzelnen Elemente zurückzuführen sind, so Eigenschaften eines Menschen eben auch nicht auf die Eigenschaften organischer Stoffe zurückzuführen sind. Auch der Mensch ist mehr als die Summe seiner Teile. Erst in *Verbindung* mit anderen Elementen kommt es zu Emergenz.

In der Welt waltet der Drang, Zusammenhänge zu bilden und immer neue Verbindungen einzugehen. Aus diesen Verbindungen ergeben sich komplexe Systeme, deren Bestandteile nicht etwa nebeneinander existieren, sondern permanent interagieren und kommunizieren. Auch wir Menschen sind stets Teil von Beziehungsgefügen, wir sind Knotenpunkte von Netzwerken. Um besser zu verstehen, inwiefern unsere Beziehungsnetze uns unterstützen, tragen und absichern, ist es hilfreich, den Zusammenhang zwischen Beziehung und Netzwerk besser zu verstehen.

Die Framingham-Herz-Studie, eine der am längsten laufenden Studien überhaupt, zeigte dazu wichtige Ergebnisse, obwohl ihr Ziel ein anderes gewesen war. Man begann vor mehr als sieben Jahrzehnten in einer Kleinstadt in Massachusetts an etwa 5.000 ihrer Bewohner zu erforschen, wie es sich mit den Ursachen und Risiken von Herzkrankheiten und Schlaganfällen verhält. Bis heute ist diese Studie eine der wichtigsten epidemiologischen Studien in den USA. Die umfangreichen Daten, die seit 1948 im Rahmen der Studie gesammelt wurden, werden inzwischen auch für andere Untersuchungen herangezogen, die mit dem ursprünglichen Studienzweck nicht mehr viel zu tun haben. So gab es auch eine Untersuchung, die sich mit der Frage befasste, ob Glück ansteckend sei und tatsächlich: Glück zeigte sich als ein kollektives und ansteckendes Phänomen! Die Auswertungen der Daten zeigten, dass Personen, die direkt mit jemand Glücklichem verbunden waren, mit einer 15 Prozent größeren Wahrscheinlichkeit selbst glücklich waren. Dieser Effekt machte sich bis zum dritten Vernetzungsgrad bemerkbar. Bei der Visualisierung der untersuchten Daten waren dementsprechend deutlich Glücks- und Unglückscluster zu erkennen.[167] Wie es uns geht und wie wir uns fühlen, hängt also bis zu einem gewissen Grad nicht nur von uns selbst, sondern auch von unserem sozialen Umfeld ab. Das Beziehungsnetz, in das wir eingebettet sind, spielt schon deshalb eine wichtige Rolle.

Alles Leben ist Vernetzung

Netzwerke begünstigen Ansteckung, nicht nur mit Emotionen. Andererseits dienen sie auch dem Schutz derjenigen, die Teil des Netzes sind. In der Natur lässt sich das besonders gut beobachten.

Dieses Phänomen des Schutzes des Individuums in einem sozialen Verbund findet sich bei einer Vielzahl von Tieren und anderen Organismen. Viele Fisch-, Insekten- und Vogelarten bewegen sich aus diesem Grund in Schwärmen. Bemerkt ein Vogelschwarm zum Beispiel einen Greifvogel, fliegen die Vögel sofort dichter beieinander, um das Anvisieren eines einzelnen Vogels zu erschweren. Manchmal umschließen sie den Angreifer sogar, sodass der seine Manövrierfähigkeit verliert und abfallen muss. Schwärme werden nicht zentral gesteuert, sondern die einzelnen Tiere orientieren sich immer nur an Bewegungen ihrer unmittelbaren Nachbarn. Wenn Sie ein Gefühl für die Schönheit und Kraft solcher Verbünde bekommen möchten, schauen Sie sich doch mal eins oder am besten gleich mehrere der zahlreichen Videos im Internet über die hypnotischen und wunderschönen Schwarmflüge an. Aber Vorsicht: Suchtgefahr!

Bei Bäumen denken wir vielleicht zunächst an Holzgewächse mit Stamm, Ästen und Blättern beziehungsweise Nadeln, statt an fühlende Wesen, die sich miteinander vernetzen und kommunizieren. Vielleicht fällt uns noch ein, dass sie Holzlieferanten und hervorragende Kohlendioxidspeicher sind. Sie sind aber viel mehr als das. Bäume haben soziale Netzwerke, sorgen füreinander und verabreden sich sogar über große Entfernungen hinweg, um gleichzeitig zu blühen! Sie können lernen, sich erinnern, sich um ihre Kranken kümmern oder sich gegenseitig warnen, wenn Gefahr droht. Das alles ermöglicht ihnen ein weit verzweigtes Wurzel- und Pilznetzwerk unter der Erde, das sogenannte »Wood Wide Web«.[168]

Pilze sind selbst hervorragend vernetzte Geschöpfe. Weder Pflanze noch Tier, bilden sie ihre eigene biologische Klasse und können winzig klein, aber auch riesengroß sein. Dabei verstehen wir unter Pilzen meist nur die sichtbaren Fruchtkörper, doch der eigentliche Pilz ist das Myzel, die Gesamtheit aller fadenförmigen Zellen eines Pilzes. Dieses Myzel wirkt als lebendiges Netzwerk und kann sich über Quadratkilometer hinweg ausdehnen, eine riesige Masse entwickeln und ein hohes Alter erreichen. Durch ihre Vernetztheit helfen Pilze ganzen Ökosystemen, miteinander zu kommunizieren. In Symbiose mit Pflanzenwurzeln und Mikroorganismen im Boden bilden sie das »Internet« eines gesunden Bodens, die Mykorrhiza. Ist diese intakt, regenerieren sich Böden schnell. Monokulturen haben einen negativen Einfluss auf die Bildung eines gesunden, unterirdischen Netzwerks, weshalb man darauf Wert legen sollte, Gemüse, Obst und Getreide aus ökologischem Anbau zu beziehen, wenn man daran interessiert ist, die Vernetztheit in der Natur zu erhalten.[169]

Lebewesen bilden also über die Grenzen ihrer eigenen Spezies hinweg mit anderen Lebewesen Symbiosen und auf diese Art gemeinsame Ökosysteme – an Land genauso wie im Wasser: Algen, Fische, Krustentiere, Würmer und Korallen sind eng miteinander verbunden. Korallen können über ihren Stoffwechsel nicht nur untereinander, sondern auch mit anderen Riffbewohnern kommunizieren. Wenn zum Beispiel durch übermäßigen Algenbewuchs Gefahr droht, da die algenfressenden Fische durch Fischfang dezimiert wurden, setzen sie durch das Absondern eines bestimmten Stoffes einen chemischen Notruf ab, der innerhalb weniger Minuten eine bestimmte Art kleiner Fische anlockt, die wie ein Aufräumtrupp sofort anfangen, die überhandnehmenden Algen auf den Korallen wegzuknabbern.[170]

Sogar leblose Objekte können unter bestimmten Gegebenheiten miteinander in Beziehung treten: Bei Experimenten mit einer Reihe zusammengeschalteter, zufällig blinkender Glühbirnen hat sich gezeigt, dass nach einer gewissen Zeit wie von Geisterhand geordnete Blinkmuster entstehen, die dem zunächst chaotischen Verhalten des Glühbirnennetzwerks sichtbar eine stabile Form geben. In der Komplexitätsforschung nennt man diese Muster »Attraktoren«. Attraktoren können mit Gewohnheiten verglichen werden, die ein System stabilisieren und zu einer Einheit werden lassen.[171]

An diesen vielfältigen Beispielen lässt sich sehen, wie sehr in unserer Welt alles mit allem in Verbindung steht. Mehr noch: Diese Beispiele zeigen uns, wie falsch wir mit einer trennscharfen Unterscheidung zwischen Einzellebewesen und Organismen liegen. Jede Zelle ist für sich schon ein einzelnes Wesen. Genau wie ein Pilz, eine Pflanze oder ein Tier, nur die bestehen wiederum aus vielen Zellen, also aus vielen Einzelwesen, die miteinander in Beziehung stehen und voneinander abhängig sind. Sie alle zusammen formen gemeinsam das jeweilige Lebewesen, das wir dann als Pilz, Pflanze, Tier oder Mensch bezeichnen. Trotzdem würden wir einen Wald oder eine Wiese nicht als *ein* Lebewesen bezeichnen, genauso wenig wie einen Bienenstaat oder einen Vogelschwarm. In unserem Verständnis sind das nur lauter Einzelwesen, obwohl sie hochgradig voneinander abhängig sind und ohne einander nicht überleben könnten.[172] Doch wie wir bereits festgestellt haben: Das Ganze ist mehr als die Summe seiner Teile. Auch Einzelwesen sind sogenannte Metaorganismen und nicht separate Entitäten, die einschließlich ihrer zugehörigen Bestandteile scharf von der Umwelt abgegrenzt sind. Der menschliche Körper beispielsweise beheimatet über 30 Billionen Bakterien, das sind mindestens so viele wie seine ganzen, körpereigenen Zellen zusammengenommen. In und auf unserem Körper wimmelt es von Mikroorganismen, Mikroben und Bakterien. Das ist unser Mikrobiom, es gehört zu uns. Oder um es mit den Worten eines guten Freundes auszudrücken: »I'm a multi-species event happening right now«, ich bin ein gerade statt-findendes artenübergreifendes Spektakel!

Wissenschaftler gehen inzwischen davon aus, dass unser Im-munsystem nicht in erster Linie dazu dient, uns vor Krankheiten zu schützen, sondern da ist, um diesen komplexen Metaorganismus zusammenzuhalten.[173] Kurz, wir Menschen sind auf sehr unter-schiedlichen Ebenen untrennbar mit anderen vernetzt: Als Indivi-duen sind wir mit anderen Individuen verbunden, wir sind einge-bunden in die Tier- und Pflanzenwelt, und unser Körper geht eine Symbiose ein mit verschiedenen Organismen in uns und auf uns. Mitwelt statt Umwelt. Vor diesem Hintergrund wirkt die Vorstel-lung, dass wir alles allein und unabhängig durchstehen müssten oder auch nur könnten, geradezu lachhaft.

Ins Beziehungsnetz einspeisen

Wenn wir aber begreifen, dass alles Leben auf Vernetztheit und Be-ziehung basiert, und wir erkennen, wie machtvoll diese Netzwerke sind, können wir dieses Wissen bewusst einsetzen. Jeder Einzelne von uns kann etwas in das große Beziehungsnetzwerk »einspei-sen«. In etwa so, als wenn man auf seinem eigenen Dach Solarpa-neele installiert und den so produzierten Strom ins Stromnetz ein-speist, ohne zu wissen, bei wem dieser Strom ankommt und wofür er genutzt wird.

Meistens ist uns gar nicht bewusst, was wir den lieben langen Tag in unser Beziehungsnetz hineingeben und welche »Resonanz«

wir erzeugen. Dieser aus der Akustik entliehene Begriff beschreibt eine bestimmte Art, wie wir mit der Welt um uns herum in Beziehung treten. Da, wo wir durch eine Begegnung oder Erfahrung berührt werden oder andere berühren, entsteht Resonanz, wir werden »in Schwingung« versetzt. Laut dem Soziologen Hartmut Rosa, der den Begriff geprägt hat, streben Menschen nach dem Erleben von Resonanz. Sie seien auf Beziehungen ausgerichtet und hätten ein Grundbedürfnis danach, dass die Welt auf sie reagiere. Und dementsprechend reagieren sie auf die Welt. Eine Weltanschauung kann in uns Resonanz erzeugen, aber auch ein besonderes Erlebnis, andere Personen, ja sogar unsere Arbeit, wenn wir ganz und gar darin aufgehen.[174]

Eine entscheidende Rolle kommt beim Erklingenlassen von Gefühlen und Stimmungen im Menschen den Spiegelneuronen in unserem Gehirn zu. Das sind bestimmte Nervenzellen, die, wie der Name schon sagt, das Verhalten anderer in unserem Gehirn spiegeln, allein durch das Zusehen entwickeln sie das gleiche Aktivitätsmuster. Sie spiegeln also Empfindungen, wenn wir sie bei anderen wahrnehmen, und bringen uns dadurch sozusagen dazu, mit anderen mitzuschwingen. Auf diese Weise machen sie uns Menschen (sowie einige Tiere) zu mitfühlenden Wesen.[175] Wir können nicht nur eigenes Leid empfinden, sondern auch das anderer Lebewesen. Genauso sind wir in der Lage, uns mitzufreuen. Stimmungen werden so übertragen, und wenn wir von einer drückenden Atmosphäre oder von dicker Luft sprechen, dann reagieren unsere Spiegelneuronen auf aufgefangene Signale.

Impulse, Resonanzen, Spiegelneuronen spielen für unser Eingebundensein in Netzwerke eine große Rolle. Wenn wir das verstehen, können wir unser *gesamtes* Beziehungsnetz bewusst stärken und gestalten, sodass es uns durch Krisen trägt und für Sicherheit sorgt. Wir sind in der Lage, aktiv auf die Qualität unseres Netzwerks Einfluss zu nehmen, indem wir die gerade beschriebenen

Zusammenhänge berücksichtigen und uns zunutze machen. Das möchte ich Ihnen anhand eines Beispiels verdeutlichen.

Stellen Sie sich bitte Folgendes vor: Jemand hat schlecht geschlafen und ist deshalb am nächsten Morgen ganz besonders mürrisch und empfindlich. Auf dem Weg zur Arbeit geht er in einer Bäckerei vorbei, um sich schnell eine Brezel zu kaufen. Der Verkäufer, ein Auszubildender im ersten Jahr, vertut sich mit dem Wechselgeld. Unser Jemand reagiert ungehalten und macht den Azubi zur Schnecke. Dem Azubi ist das vor seiner Chefin und den anderen Kunden im Laden sehr unangenehm. Als er etwas später den Müll rausbringt, stößt er fast mit einer älteren Dame zusammen, die gerade aus dem Haus kommt. Anstatt sich zu entschuldigen, fährt unser Azubi sie an, ob sie Tomaten auf den Augen hätte. Die ältere Dame ist entrüstet über die Jugend von heute und schimpft zehn Minuten später ein Schulkind aus, das mitten auf dem Gehweg etwas entdeckt hat und den Weg versperrt. Dieses Spiel lässt sich noch ein Weilchen weiterspielen, bis sich der Ursprungsimpuls irgendwann so abgeschwächt hat oder von jemandem verwandelt wird, dass er nicht mehr weitergetragen wird.

Jetzt stellen Sie sich die Geschichte einmal andersherum vor. Unser Jemand hatte einen richtig guten Start in den Tag und spaziert fröhlich in die Bäckerei, um sich eine Brezel zu holen. Beim Bezahlen verrechnet sich der Azubi, aber unser Mann überlässt ihm den zu viel bezahlten Betrag als Trinkgeld und erzählt noch eine Anekdote, wie schwer ihm selbst früher das Kopfrechnen gefallen ist. Der Azubi freut sich und hält beim Müllrausbringen der älteren Dame im Hausflur freundlich die Tür auf. Der Dame tut diese Aufmerksamkeit sehr gut, ist sie doch sonst meistens auf sich selber gestellt, seitdem ihr Mann vor einigen Jahren gestorben ist. Auf dem Gehweg trifft sie auf ein Schulkind, das sich aufgeregt über etwas beugt, das auf dem Boden liegt. Sie bleibt stehen und fragt das Kind neugierig, was es denn da gesehen hat.

Wie ging es Ihnen beim Lesen der ersten Version? Wie fühlen Sie sich im Vergleich dazu jetzt? Die zweite Fassung hat sich wahrscheinlich besser angefühlt, aber warum ist das so?

Unsere Spiegelneuronen sorgen dafür, dass wir mit den Gefühlen der anderen angesteckt werden. Sie senden bereits Signale aus, wenn wir etwas nur beobachten, wir müssen es noch nicht einmal selbst erleben. Sie reagieren bereits, wenn wir Empfindungen wie zum Beispiel Schmerz, Ärger oder Freude beim anderen wahrnehmen. Wir können also bewusst bestimmte Impulse »ins Netz speisen«, genauso wie wir in jedem Moment entscheiden können, welche der Impulse, die wir empfangen, wir weitergeben oder vielleicht verwandeln.

Das Phänomen, erlebte Gefühle weiterzugeben, nennt man übrigens Übertragungseffekt. »Random Acts of Kindness« (»Akte willkürlicher Liebenswürdigkeit« statt »Akte willkürlicher Zerstörung«) heißt eine aus den USA stammende, lose Bewegung, die die Idee des Übertragungseffekts aufgegriffen hat.[176] Durch unterschiedliche Initiativen werden Menschen dazu aufgerufen, Akte willkürlicher Liebenswürdigkeit zu begehen, um eine Gefälligkeitenkette in Gang zu setzen. Dazu gibt es eine Studie von Matt Weinstein und Dale Larsen, die belegt, dass die spontane Hilfsbereitschaft eines Menschen zunimmt, wenn er kurz vorher ein Glückserlebnis hatte. Die Wahrscheinlichkeit, dass er jemand anderem hilft, ist sogar viermal so hoch, wenn ihm davor jemand etwas Gutes getan und damit seinen Tag erhellt hat. Weinstein selbst wies daraufhin seine Angestellten an, an Mautstellen auf Firmenkosten nicht nur die eigene Maut zu bezahlen, sondern auch die des darauffolgenden Autos. Wenn also das nächste Fahrzeug an die Mautstelle kam, war die Gebühr schon bezahlt.[177] Auch in Europa gibt es entsprechende Ansätze. Der »Caffé sospeso« ist ein neapolitanischer Brauch, bei dem außer dem eigenen Kaffee noch ein weiterer bezahlt wird, den man aber nicht trinkt. Stattdessen wird er vom Barista angeschrieben und auf Nachfrage an einen Bedürftigen ausgeschenkt. Auch das ist ein »Random Act of Kindness«.

Das Münchner Start-up *Hey* hat diese Idee aufgegriffen und ausgeweitet. In allen Cafés, Restaurants und Geschäften, in denen es ein »Spendierbrett« von *Hey* gibt, können Kunden einem Unbekannten etwas ausgeben: Auf dem Tresen steht ein mit Haken versehenes Brettchen, an das die Bons der Spender gehängt werden, die von jedem in Anspruch genommen werden können.[178] Würden Sie sich darüber auch freuen? Wahrscheinlich schon. Möglicherweise würden Sie sich so darüber freuen, dass Sie gerne dieses Gefühl auf die eine oder andere Art weitergeben wollen. Vielleicht, indem Sie einem Wildfremden ein ehrliches Kompliment machen. Oder den Busfahrer nett grüßen. Ratlos aussehenden Touristen mit der eigenen Ortskenntnis aushelfen. Das können Sie gerne mal versuchen, es gibt zahllose Gelegenheiten, »ins Netz einzuspeisen«.

Wir können also einiges und einige bewegen, und die Beschaffenheit der Impulse, die wir weitergeben, spielt dabei eine große Rolle. Wir haben es dadurch in der Hand, unser Beziehungsnetz zu stärken und dessen Qualität zu beeinflussen. Vielleicht denken Sie daran, wenn Sie mal einen schlechten Tag haben: Sie können den Impuls genauso weitergeben oder ihn in etwas anderes verwandeln. Das klappt sicher nicht immer, erwarten Sie nicht zu viel von sich. Aber allein, wenn es von zehn Malen einmal gelingt, ist etwas gewonnen.

Beziehungen bewusst gestalten

So wie Sie ergebnisoffen das Beziehungsnetz stärken können, können Sie auch gezielt ganz bestimmte Beziehungen gestalten und sogar verbessern – dazu benötigen sie nicht einmal das Gegenüber, um das es geht.

Wie ich im Kapitel »Annahmen und Nicht-Wissen« schon erwähnt habe, geht man im Radikalen Konstruktivismus, einer Position der Erkenntnistheorie, davon aus, dass wir in jedem Moment unsere Wirklichkeit selbst konstruieren. Wir interpretieren, machen Annahmen und unterstellen anderen Menschen irgendwelche Dinge: »Warum guckt die Frau so komisch?« oder »So wie der Auto fährt, ist der Typ sicher total rücksichtslos«, »Die grüßt mich nie, die ist bestimmt völlig arrogant und denkt, sie sei etwas Besseres«. Wenn eine Beziehung schlecht ist, hat das also auch unmittelbar mit unserer Wahrnehmung der betreffenden Person zu tun. Eine berühmte Geschichte aus Paul Watzlawicks Klassiker *Anleitung zum Unglücklichsein* zeigt schön, wie die eigenen Gedanken, Annahmen und Unterstellungen die Realitätswahrnehmung eines Menschen prägen. In dieser Geschichte möchte sich ein Mann von seinem Nachbarn einen Hammer ausleihen. Doch dann kommen ihm Zweifel, ob der Nachbar ihm den Hammer überhaupt ausleihen würde, schließlich habe er ihn beim letzten Mal nicht so richtig gegrüßt, und vielleicht habe sein Nachbar ja etwas gegen ihn. Der Mann steigert sich immer weiter in seine Zweifel hinein, bis er schließlich wütend zum Nachbarn hinüberläuft, klingelt und ihn, noch bevor dieser Guten Tag sagen kann, anschreit: »Behalten Sie Ihren Hammer, Sie Rüpel!«[179] Auch wir selbst fallen natürlich öfter mal in eine solche Gedankenfalle, wenn auch vielleicht nicht so plakativ und komisch, weil wir aus Annahmen unseren eigenen inneren Film stricken und dann die Wirklichkeit danach gestalten. Wir neigen dazu, das Verhalten anderer Menschen zu analysieren und zu interpretieren, oft ohne zu wissen, was tatsächlich dahintersteht. Stecken wir ohnehin schon in einem negativen Gedankenkreis, dann werden wir das Verhalten der anderen dementsprechend negativ und auf uns bezogen bewerten, so wie in der Geschichte mit dem Hammer und dem Nachbarn.

Ein erster Schritt, um eine Beziehung zu verbessern, ist daher, sich bewusst zu machen, was man dem oder der anderen eigentlich unterstellt (»Die ist total arrogant und denkt, sie sei etwas Besseres«) und wie wir auf diese Annahmen emotional reagieren (»Es kränkt mich, wenn sie mich nicht beachtet«). Entsprechend lohnt es sich darüber nachzudenken, wofür man einer Person vielleicht sogar dankbar ist (»Sie hat mich inspiriert, mehr auf meine eigenen Bedürfnisse zu schauen«) und worum man sie gerne bitten würde (»Beachte mich mehr!«). Auch wenn man dieser Person gar nicht nahesteht, sie vielleicht nicht mal näher kennt, ist es überraschend zu sehen, wie viel hochkommt. Nehmen Sie sich dafür gerne etwas Zeit und schreiben Sie alles auf, was auftaucht.

Ganz oft liegen unter einer schlechten Beziehung enttäuschte Erwartungen, derer man sich gar nicht bewusst ist. Es ist nämlich unangenehm, sich einzugestehen, dass man Erwartungen an andere hat. Doch die hat man immer. Erwartungen entstehen, weil wir in unserer Vorstellung zukünftige Ereignisse und Handlungen vorwegnehmen, um uns auf sie einstellen zu können. Aber wir haben nicht nur eine Erwartung, wie sich das Gegenüber verhalten wird, sondern auch darüber, was das Gegenüber erwartet, wie *wir* uns verhalten werden. Das ist dann die sogenannte Erwartungserwartung.[180] Die hilft uns einerseits zu wissen, wie wir selbst uns verhalten sollen. Andererseits führen Erwartungen und Erwartungserwartungen nicht selten zu Enttäuschung und Irritation, wenn sich unsere Vorstellung nicht erfüllt.

Nachdem man diese Gemengelage an Unterstellungen und Erwartungen ans Tageslicht geholt hat, geht es im nächsten Schritt darum, den eigenen Wahrnehmungsfilter nachzujustieren. Wenn wir nämlich jemanden blöd finden, versuchen wir uns ständig selbst darin zu bestätigen, dass die Person ja auch nur blöd zu finden ist. Negatives wird wie unter einer einem Brennglas vergrößert, während wir Dinge, die wir vielleicht sogar mögen könnten, ausblenden.

Manchmal bedarf es dabei einiger Überwindung und Anstrengung. Ich erinnere mich an eine Situation, als ich eine Zeit lang von einem Café in der Marina in Las Palmas aus gearbeitet habe. Das Internet auf dem Boot war einfach zu langsam. Da ich nicht die Einzige war, die entdeckt hatte, dass es in der Sailors' Bar schnelles WiFi gab, waren die Plätze heiß begehrt, besonders die in Steckdosennähe. Um mir den besten Platz möglichst weit weg von den Lautsprechern, aus denen den ganzen Tag Latinobässe dröhnten, und möglichst nah an der Stromquelle zu sichern, war ich morgens immer die Erste. Eines Tages – ich saß schon an meinem Lieblingsplatz – setzte sich ein älterer Mann, ein mürrischer Einhandsegler und Stegnachbar, ohne zu fragen mir gegenüber an den Tisch, obwohl noch fast alle anderen Tische frei waren. Er schob meinen Rechner (ich war gerade mitten in einem Skype-Gespräch!) zur Seite, zog mein Kabel aus der Steckdose und steckte dafür seins an. Ohne ein Wort zu verlieren. Ich war fassungslos und wäre ihm früher wahrscheinlich ins Gesicht gesprungen. Aber etwas war anders, vielleicht hatte das mit dem vielen unfreiwilligen Achtsamkeitstraining und den einsamen Nachtwachen an Bord zu tun. Jedenfalls gelang es meinem Bewusstsein irgendwie, ein Time-out zwischen Reiz (Provokation durch mein Gegenüber) und automatischer Reaktion (dem Gegenüber dafür ins Gesicht springen) zu schieben und den Impuls zu verwandeln.

Ich ließ die Empörung durch mich durchziehen und versuchte mir vorzustellen, was wohl die Geschichte meines charmanten Tischnachbarn war. Dass es ihn wahrscheinlich genauso stresste wie mich, in den nächsten Wochen den Liegeplatz für die große Segelrally freimachen zu müssen, um stattdessen einige Wochen im Hafen zu ankern. Außerdem hatte ich inzwischen ein paar Erfahrungen mit Einhandseglern machen können und wusste, wie eigen und auch mürrisch manche von ihnen durch die viele Zeit alleine auf dem Boot wurden. Eigentlich waren die meisten ganz in Ordnung, wenn man sie ein bisschen besser kannte. Ich werde auch komisch, wenn ich zu lange allein bin.

Ehe ich mich versah, platzte ich mit der Frage heraus: »Schmei-ßen sie dich auch demnächst aus der Marina?« Er sah mich kurz verdutzt an und fing dann an zu erzählen. Zuerst war er zögerlich und ich musste ihm alles aus der Nase ziehen, dann wurde er im-mer lebhafter.

Nach diesem Gespräch war er stets die Liebenswürdigkeit in Per-son, fragte mich immer, ob er mir was vom Markt mitbringen kön-ne, ob ich Hilfe bei irgendwelchen Reparaturen bräuchte oder ob er mir helfen solle, die Leinen festzuziehen.

Was mir in dem Moment des größten Ärgers am meisten gehol-fen hatte, war zu versuchen, den mürrischen Salzbuckel in seiner Not zu *sehen*, und mir zu überlegen, was er und ich möglicherweise gemein hätten. Anstatt sich von der eigenen spontanen Bewertung einer Situation (»Dieser unmögliche Rüpel hat echt keine Manie-ren«) zu einer Reaktion (»Dem erzähle ich jetzt mal was«) verführen zu lassen, kann es helfen, den gedanklichen Scheinwerfer nicht nur auf die aktuelle und konkrete Handlung zu richten, sondern statt-dessen auf die ganze Person (»Das ist ein Einhandsegler, der schon viel erlebt hat, aber der auch manchmal einsam ist«). Die ganze Per-son ist nämlich immer mehr als nur ihr singuläres Verhalten in ei-nem bestimmten Moment, sie ist die Summe ihrer Erfahrungen, und damit eine Sammlung, ja eine ganze Bibliothek von Geschich-ten. Darunter sind immer auch Geschichten und Erfahrungen, an die man selbst anschließen kann. Die zu finden, darum geht es, denn dadurch lässt sich an den anderen anknüpfen (»Wir werden beide demnächst wegen der Rally aus der Marina geworfen«). Über-einstimmung schafft Verbindung, weshalb auch eine der wichtigs-ten Voraussetzungen für Beziehungen Übereinstimmungen sind. Das ist auch einer der Hauptgründe, warum Small Talk so hilfreich sein kann. Bis ich das kapiert hatte, war ich nie eine Freundin des oberflächlichen Geplänkels, ich fand das immer doof und überflüs-sig. Dabei ist Small Talk, klug eingesetzt, eine wunderbare Gelegenheit, um Beziehungsangebote zu machen. Indem wir uns zeigen, etwas von uns preisgeben, bekommt unser Gesprächspartner die Möglichkeit, Übereinstimmungen zu finden und daran anzuknüpfen. Da wir, wie ich gleich noch näher erläutern werde, in unserem Kulturkreis Vertrauen auch über ein gemeinsames Ziel aufbauen können und dafür nicht unbedingt die Beziehungsebene brauchen, sehen wir wenig Notwendigkeit für vermeintlich belanglose Gespräche, die mit »der Sache« nichts zu tun haben. Menschen aus beziehungsorientierten Kulturen fällt das oft wesentlich leichter. Deshalb, wenn Sie das nächste Mal von einem anderen Menschen genervt sind, versuchen Sie doch mal folgende Übung:[181]

Nehmen Sie ein Blatt Papier im Querformat und ziehen Sie drei Spalten. Die erste Spalte überschreiben Sie mit »Ich mag an … (Name der betreffenden Person)«, die zweite Spalte mit »… (Name) und ich stimmen überein« und die dritte Spalte mit »… (Name) darf von mir wissen«. Dann stellen Sie sich den Timer auf mindestens fünf Minuten und füllen die Spalten aus. Dabei sind drei Dinge wichtig:

- Halten Sie erstens die eingestellte Zeit durch, je länger, desto besser. Sie werden wahrscheinlich nach kurzer Zeit einen Punkt erreichen, an dem Ihnen nichts mehr einfällt, schließlich finden Sie die andere Person ja nicht ohne Grund gerade blöd. Doch wenn wir uns zwingen, den ersten Gedankenkreis zu verlassen und eine Ebene tiefer zu gehen, fallen uns plötzlich immer mehr Sachen ein.
- Zweitens sollten Sie sich in der dritten Spalte nur auf sich selbst beziehen. Was meine ich damit? Wenn Sie zum Beispiel schreiben, dass XY von Ihnen wissen darf, dass Sie sie oder ihn Banane finden, dann beziehen Sie sich nicht auf sich, sondern auf den anderen. Wenn Sie dagegen schrei-

ben: XY darf von mir wissen, dass ich zum Ausgleich gerne in Karaoke-Bars Death Metal singe, dann ist das schon eher ein Beziehungsangebot. Natürlich sollen Sie an der Stelle nur mitteilen, was Sie auch mit der betreffenden Person zu teilen bereit sind. Es darf gerne etwas ganz Banales sein, also zum Beispiel, dass Sie gestern Abend Spaghetti mit Tomatensoße gegessen haben. Je weniger Sie der Person vertrauen, desto oberflächlicher werden auch die Dinge sein, die Sie hier aufschreiben, und das ist völlig in Ordnung.

- Drittens gehen Sie beim Ausfüllen bitte in einer bestimmten Reihenfolge vor: Schreiben Sie nacheinander immer nur einen Punkt in eine Spalte, und zwar erst in die erste, dann in die zweite und danach in die dritte Spalte. Fangen Sie dann wieder von vorne an und fahren Sie so fort, bis der Timer klingelt. Warum ist das wichtig? Weil Sie sonst nur dort etwas hinschreiben, wozu Ihnen etwas einfällt, und dafür vielleicht andere Spalten auslassen. Das wäre so, als wenn Sie im Fitnessstudio die Übungen überspringen, die besonders anstrengend sind.

Diese Übung führt dazu, dass sich Ihre Wahrnehmung verschiebt, Sie richten Ihren Fokus auf andere Dinge. Diese Änderung Ihrer Wahrnehmung hat Einfluss darauf, in welcher Haltung Sie Ihrem Gegenüber das nächste Mal begegnen, was wiederum eine Auswirkung auf den anderen hat. Wie bei einem leisen Signal, das durch eine Rückkopplungsschleife immer mehr verstärkt wird, verändert sich durch eine relativ kleine Haltungsänderung letztlich die Qualität der gesamten Beziehung.

Vorausgesetzt man will das. Denn vielleicht gibt es Menschen in unserem Leben, die wir nicht mögen *wollen*, einfach aus dem Grund, weil wir es für unser Selbstverständnis brauchen, sie rundum abzulehnen. Das merken Sie spätestens daran, dass Ihr Widerstand, diese Übung mit einer ganz bestimmten Person zu machen, unüberwindbar groß ist. Dann lassen Sie es einfach bleiben und versuchen es zu einem späteren Zeitpunkt noch mal. Oder auch nicht, nur machen Sie sich in dem Fall bewusst, dass es Ihre Entscheidung ist, diese bestimmte Beziehung so zu belassen.

Kommunikation hat verschiedene Ebenen

Ein zentraler Bestandteil von Beziehungen ist die Art und Weise, wie wir miteinander kommunizieren. Wenn Sie Beziehungen mit einem Netzwerk vergleichen, dann sind Kommunikationsakte sozusagen die Impulse, die durch dieses Netzwerk geschickt werden. Diese Impulse können ganz unterschiedliche Qualitäten haben. Im Tierreich gibt es eine riesige Spannweite von Kommunikationsarten: Ameisen, die Duftstoffe absetzen, Bienen, die tanzen, Zitteraale, die auf elektrische Signale zurückgreifen, und Tiefseekreaturen, die Biolumineszenz nutzen. Auch bei uns Menschen besteht Kommunikation aus mehr als nur sprachlichen Äußerungen. Blicke, Gesten und sogar Schweigen zählen genauso zu Kommunikation. Paul Watzlawick hat deshalb klug gesagt: »Man kann nicht *nicht* kommunizieren.«[182] Auch wenn wir keinen Pieps von uns geben, vermitteln wir dem anderen eine Botschaft, möglicherweise sogar gerade dadurch. Auch die Körperhaltung, die wir einnehmen, sendet eine Botschaft und löst beim Gegenüber etwas aus. Ob bewusst oder unbewusst – wir sind permanent in Beziehung und in Kommunikation mit dem anderen.

In jedem einzelnen Kommunikationsakt sind meist mehrere Ebenen miteinander verwoben. Der Kommunikationsforscher Friedemann Schulz-von-Thun hat zur Verdeutlichung dieser Tatsache das sogenannte Vier-Ohren-Modell entwickelt, das besagt, dass jede Äußerung vier Ebenen hat: eine Sachebene, eine Beziehungsebene, einen Appell und eine Selbstoffenbarung.[183] Wenn Sie also beim Frühstück fragen, ob jemand Ihnen die Butter reichen könne, dann wollen Sie mit hoher Wahrscheinlichkeit nicht wissen, ob Ihr Tischnachbar dazu körperlich in der Lage ist, sondern Sie bitten ihn, Ihnen die Butter zu geben. Es handelt sich also einerseits um einen Appell (»Gib mir die Butter«), aber es sagt auch etwas über die Beziehung aus (»ich schätze dich und formuliere meine Bitte höflich«) und über Sie selbst (»ich hätte gerne die Butter, komme aber nicht ran«). Der rein sachliche Wert der Aussage spielt in dem Fall kaum eine Rolle.

Innerhalb einer Kultur kann die Verquickung unterschiedlicher Ebenen schon zu Missverständnissen führen, kulturübergreifend ist das oft noch viel schwieriger. So bedeutet ein »Ja« im Japanischen oft nicht Zustimmung, sondern drückt nur aus, dass man Gesagtes verstanden hat. Ein anderes Beispiel erlebe ich häufig mit Engländern: Was für einen Deutschen nach einem unverbindlichen Vorschlag klingt: »You might want to get this back to them by Friday«, ist tatsächlich mehr als direkte Aufforderung denn als unverbindlicher Vorschlag zu verstehen. Insofern ist die Formulierung »You might« kaum direkt ins Deutsche übertragbar.

Im Vergleich zu vielen andere Kulturen ist unser Kulturkreis ziemlich sachorientiert. Dabei ist mit Sachorientierung nicht gemeint, dass man sich vor allem für materielle Dinge interessiert, sondern Sachorientierung bezieht sich auf Sachlichkeit im Umgang miteinander. Zum Beispiel geht es uns bei der Zusammenarbeit zunächst einmal um das Erreichen eines bestimmten Ziels, das reicht für Vertrauen in der Zusammenarbeit meistens schon aus. So kommunizieren wir auch – sachlich, effizient, nicht um den heißen Brei herum –, kurz gesagt: ziemlich direkt.[184]

In beziehungsorientierten Kulturen ist das ganz anders, dort ist eine gute Beziehung die Basis für Vertrauen, und ein gut ausgebautes und gepflegtes Beziehungsnetz gilt als eines der wichtigsten Mittel, die man haben kann. In China zum Beispiel heißt dieses Beziehungsnetz »Guanxi«, und ohne Guanxi hat man schlechte Karten. Dementsprechend ist man in der Kommunikation viel vorsichtiger und indirekter. Kritik wird nur zwischen den Zeilen kommuniziert und oft in Lob verpackt. Und das nicht nur, um keinen Gesichtsverlust zu verursachen, der im übrigen immer auf einen selbst zurückfällt. Das wiederum fällt besonders Deutschen oft schwer, nicht umsonst heißt es bei uns: »Nicht geschimpft ist Lob genug.« Mit Unmutsäußerungen, Kritik und Beschwerden haben wir dagegen weniger Probleme. Damit stoßen wir aber wiederum Menschen, die das nicht gewohnt sind, schnell vor den Kopf oder wir verursachen ungewollt einen Gesichtsverlust. Besonders, wenn wir die Kritik vor Dritten äußern, kann das für jemanden aus einer beziehungsorientierten Kultur äußerst beschämend sein.

Das Zusammentreffen von direkter und indirekter Kommunikation führt also gerade bei interkulturellen Feedbackgesprächen zwischen Chef und Mitarbeitern, aber auch im privaten Kontext zu zahlreichen Missverständnissen. In beziehungsorientierten Kulturen ist es beispielsweise weit weniger wichtig, die eigenen Bedürfnisse zu formulieren. Es geht vielmehr darum, Wertschätzung für das Gegenüber auszudrücken. Wenn Sie jemanden aus einer beziehungsorientierten Kultur zu sich nach Hause einladen und ihm etwas zu trinken anbieten, ist es gut möglich, dass Ihr Gast das Angebot ablehnt. Da es in unserem Kulturkreis wichtig ist, die Wünsche des anderen zu respektieren, lassen wir die Ablehnung vermutlich auf sich beruhen und holen vielleicht nur uns selbst ein Bier. Das kann allerdings zu Irritation und Unmut bei Ihrem Gast führen. Der hätte nämlich eigentlich schon gern etwas zu trinken, will Ihnen aber keine Umstände machen. Sein »Nein, danke« hat also auf Sach- und Selbstoffenbarungsebene wenig Inhalt, dafür umso mehr auf der Appellebene (»Frag mich noch mal!«) und der Beziehungsebene (»Lieber Gastgeber, ich möchte dir keine Umstände machen, weil ich dich schätze«). Als Deutsche höre ich dagegen ganz klar die Selbstoffenbarung (»Ich möchte gerade nichts trinken«), und ihn noch mal zu fragen, wäre diesem Verständnis nach übergriffig.[185]

Das ist natürlich ganz schön verwirrend! Woher soll man wissen, was wie gemeint ist? Gerade wenn wir uns nicht auskennen, ist es wichtig, möglichst offen zu sein und die Dinge nicht persönlich zu nehmen. Am besten legt man sich ein paar »Standard Operating Procedures«, also ein paar standardisierte Verhaltensweisen zurecht, auf die man im Moment der größten Verunsicherung zurückgreifen kann. Wenn ich mir zum Beispiel nicht sicher bin, stelle ich dem Gast prophylaktisch einfach etwas zu trinken und zu knabbern hin.

Aber auch im nicht-interkulturellen Kontext kann Kommunikation einiges anrichten, was wir vielleicht gar nicht beabsichtigt haben. Und da Kommunikation eine so wichtige Voraussetzung für Beziehung ist, lohnt es sich, auf die Art, wie wir kommunizieren, achtzugeben. Durch das Internet geistert ein sehr zutreffendes Zitat, das dem persischen Mystiker Rumi zugeschrieben wird. Es besagt, man solle alles, was man spreche, durch drei Tore schicken und dabei prüfen, ob es wahr, notwendig und freundlich sei.[186] Damit ist gemeint, dass wir entscheiden können, welchen Impuls wir ins Beziehungsnetz geben, ob wir es durch unsere Worte, Blicke und Gesten verletzen oder heilen. Kommunikation kann nämlich beides sein: Waffe und Medizin, sie kann ermöglichen und sie kann blockieren.

Weil ihm genau dies bewusst war, hat der amerikanische Psychologe Marshall B. Rosenberg das Konzept der Gewaltfreien Kommunikation entwickelt.[187] GfK beinhaltet Strategien, wie wir so miteinander kommunizieren, dass Beziehungen gelingen können. Dazu gehört beispielsweise, dass wir Aussagen weniger absolut formulieren und dafür als subjektive Eindrücke kennzeichnen. Also weniger: »Das ist totaler Mist« und mehr »Ich bin ehrlich gesagt enttäuscht, ich hatte mir das etwas anders vorgestellt«.

Oder dass wir mitteilen, wie es uns mit unserem Gegenüber geht, anstatt Vorwürfe zu machen. Ein Beispiel: Anstatt dem anderen zu unterstellen, dass er einen immer ausgrenzt, könnte man auch mitteilen, dass man sich traurig fühlt, weil man gerne dabei wäre.

Dieser Ansatz kann nicht nur dazu beitragen, dass die Welt ein freundlicherer Ort wird, wir können ihn uns auch zunutze machen, wenn wir durch unsere Kommunikation unsere Beziehungen fördern möchten. Jedoch nutzt keine einzige Strategie oder Methode, wenn die erforderliche Haltung fehlt. Empfindet mein Gegenüber meine als gewaltfrei gemeinte Äußerung als von oben herab, weil ich ihm vielleicht tatsächlich damit zeigen will, wie man »besser« kommuniziert, dann wird ihn das eher verärgern.

Auch mir geht es hier nicht darum, Sie in irgendeiner Weise zu belehren, wie Sie kommunizieren sollten, sondern ich möchte uns allen etwas ins Bewusstsein bringen, was wir im Alltag allzu oft vergessen: wie allgegenwärtig, fragil und wichtig Kommunikation ist. Wenn überhaupt, dann möchte ich Sie dazu ermuntern, die Art, wie Sie kommunizieren, zu beobachten und mit ihr zu experimentieren.

Denn Kommunikation kann ein wesentlicher Faden in dem Sicherheitsnetz sein, an dem wir in diesem Kapitel gemeinsam stricken. Wir können das Netz stärken, aber auch schwächen, das liegt ganz bei uns. Sicherheit in der Ungewissheit stellen wir nicht zuletzt dadurch her, dass wir an unserem Kommunikationsverhalten arbeiten. Dazu gehört, in welcher Qualität wir Impulse in unser soziales Netz geben, wie wir uns anderen gegenüber verhalten und äußern und wie wir unsere Beziehungen gestalten.

Die Zahl der Möglichkeiten erhöhen

In den vielen Jahren, die ich mich mit Beziehungen und Kommunikation beschäftige, habe ich über dieses Thema wahrscheinlich am meisten in einem Workshop für Improvisationstheater gelernt. Beim »Impro«, wie diese Spielart des Theaters liebevoll von ihren Anhängern genannt wird, gibt es keine fertigen Stücke, die interpretiert werden, sondern alles entsteht live auf der Bühne. Damit es aber trotzdem wie aus einem Guss wirkt und nicht ins Stocken gerät, muss die Truppe sehr gut aufeinander eingehen können. Da wir dieses Aufeinanderbezogensein im Alltag nicht wirklich gewohnt sind, muss man das erst einmal üben und die wichtigsten Grundsätze verinnerlichen. Dazu gehört, dass man nicht »Ja, aber« sagt, sondern »Ja genau, und dann…«; dass man mit dem arbeitet, was einem zugeworfen wird, um darauf aufzubauen; und dass man den anderen immer gut dastehen lässt.

Stellen Sie sich folgende Szene vor: Ein Schauspieler kommt auf die Bühne und mimt, wie er sich mit etwas am ganzen Körper eincremt (da die meisten Ideen aus dem Moment heraus entstehen, sind selten die passenden Requisiten zur Hand). Ein zweiter Schauspieler kommt hinzu und fragt entsetzt: »Was machst du bitte mit der guten Schokolade?!« Die Leute im Publikum lachen, denn natürlich haben sie gedacht, hier schmiert sich jemand mit Bodylotion oder Sonnencreme ein. Gehen wir mal davon aus, dass das auch die Intention war. Jetzt kommt es darauf an, wie der erste Spieler reagiert. Sprengt er die Szene, indem er auf seiner ursprünglichen Idee beharrt und seinen Kollegen korrigiert (»Häh, das ist doch aber Sonnencreme…«), oder schafft er es, blitzschnell die eigene Idee loszulassen und den Ball aufzufangen (»Ich habe gerade in der neuen *Brigitte* gelesen, dass man davon ganz weiche Haut bekommt!«)? Improvisationstheater verlangt den Spielern ab, nicht an den eigenen Ideen und Konzepten festzuhalten, sondern genau zuzuhören und sich in null Komma nichts an neue Gegebenheiten anzupassen. Natürlich gibt es auch hier Soloszenen, aber tatsächlich lebt diese Form des Theaters von der Interaktion zwischen Spielern und Publikum und den Schauspielern untereinander. Auch hier werden Impulse weitergegeben, aufgefangen und verwandelt. Das einzige Ziel ist, dass das Spiel im Fluss bleibt und nicht irgendwo feststeckt. Das Ergebnis ist offen. Erst nach dem Workshop ist mir aufgefallen, wie viele Impulse ich eigentlich im Alltag abblocke und nicht weitergebe, wie oft ich an meinen eigenen Konzepten festhalte und bei Einfällen anderer zunächst in den Widerstand gehe. Vielleicht beobachten Sie mal, wie Sie auf Vorschläge und Anregungen anderer reagieren – sind Sie grundsätzlich skeptisch oder eher aufgeschlossen? Wenn Sie – wie ich – dazu neigen, fremden Ideen mit Skepsis zu begegnen, können Sie zwischendurch damit experimentieren, sich stattdessen einfach mal einzulassen, neugierig und offen für das, was daraus vielleicht entsteht. Der Kybernetiker, Physiker und Philosoph Heinz von Foerster hat es schön auf dem Punkt gebracht: »Handle stets so, dass die Anzahl der Wahlmöglichkeiten größer wird!«[188] Für mich legt dieser »Ethische Imperativ« nicht nur fest, was gemacht werden sollte, sondern öffnet unser Handeln auch, weil die entstehenden Möglichkeiten auch mehr Alternativen, Optionen und damit Sicherheit bedeuten. Wenn A nicht klappt, dann gibt es noch B, C und D. Auch Beziehungen schaffen Möglichkeiten.

Ein tragendes Beziehungsnetz kann mich erstens auffangen und schafft darüber hinaus durch die verschiedenen Menschen in diesem Netz mit ihren vielfältigen Ideen, Interaktionen und Impulsen Möglichkeiten. Und um diese Möglichkeiten wird es im letzten Kapitel gehen! Denn nicht zu wissen, was passieren wird, bedeutet zugleich, dass ganz viel möglich ist. Zukunft ist offen und Zukunft ist gestaltbar. Aber wie kann Gestaltung gelingen? Und warum hat jede und jeder Einzelne einen Einfluss auf die Entwicklung des großen Ganzen?

Das Wichtigste in Kürze

Was Sie aus diesem Kapitel mitnehmen können:
- Alles Leben basiert auf Beziehung.
- Unser Beziehungsnetz lässt sich stärken, indem wir auf die Qualität der Impulse achten, die wir in es »einspeisen«.
- Wir können unsere Beziehungen gestalten, indem wir unsere Wahrnehmung des anderen nachjustieren und unsere Erwartungen überprüfen.
- Die Art und Weise, wie wir kommunizieren, spielt für unsere Beziehungen eine wichtige Rolle.
- Beziehungen schaffen Möglichkeiten, sofern wir sie nicht gleich abblocken.

Wenn nichts gewiss ist, ist alles möglich

»Das gibt's doch nicht! Auf der Karte steht, hier dürfte die Tiefe überall nicht mehr als zwölf Meter sein, aber das Echolot sagt was ganz anderes!«

Wir sind in einer kleinen Bucht vor der karibischen Insel Dominica und motoren schon eine halbe Stunde im Kreis auf der Suche nach einem guten Platz, um den Anker zu werfen. Laut Seekarte sollte das überhaupt kein Problem sein, aber wir finden einfach keine Stelle, die flach genug ist.

Dominica ist eine kleine vulkanische Insel zwischen Martinique und Guadeloupe und wurde im Jahr zuvor von dem Supersturm Maria verwüstet. Häuser wurden weggerissen, Brücken und Straßen weggespült und Bäume umgeknickt.

Die Spuren der Zerstörung sind noch überall zu sehen, aber die Bewohner Dominicas, die zu den ärmsten der Karibik gehören, haben sich unglaublich schnell wieder aufgerappelt, die Aufräumarbeiten sind schon weit fortgeschritten. Ich bin tief beeindruckt von der Resilienz der Einwohner dieser regelmäßig von schweren Hurrikans heimgesuchten Insel, davon, wie sie es schaffen, jedes Mal wieder aufzustehen, den Staub abzuklopfen und weiterzumachen. Immer in dem Wissen: Der nächste Sturm kommt bestimmt.

Nach einer halben Stunde vergeblichen Suchens wird uns klar: Nicht nur an Land hat Maria Spuren hinterlassen, auch der Meeresboden vor der Insel ist ein anderer – die Karten stimmen nicht mehr. Aber Insel und Topografie sind ja nicht »kaputt« – sie sind einfach nur anders als vor dem Sturm. Eine neue Topografie, ein neues Land.

Alles ist im Prozess und wandelt sich ständig. Wie wir in den vorherigen Kapiteln gesehen haben, ist es in dynamischen, lebendigen Systemen – wenn überhaupt – nur sehr begrenzt vorherzuberechnen, *was* geschieht. Allein, *dass* etwas geschieht, ist sicher. Dieses neue unbekannte Land, das da vor uns liegt und sich erst formt, sobald wir es betreten, nur um sich mit jedem Schritt, den wir gehen, wieder zu verwandeln, ist das, was wir Zukunft nennen – das auf uns Zukommende.

Und Zukunft ist kein fernes Land, kein weit entfernter Zeitraum, sie ist tatsächlich immer nur einen Schritt entfernt, Zukunft ist schon der nächste Moment. Und sie ist nicht etwas, das mir und uns einfach *passiert*. Zukunft ist offen und gestaltbar, und *wir* können sie mitgestalten. Das ist es auch, was mich an Ungewissheit so reizt, was ich an ihr so schön finde.

Hans-Peter Dürr vergleicht den ständigen Wandel mit dem Vorgang des Gehens. Um nicht auf der Stelle zu stehen, müssen wir kurz den stabilen Stand auf zwei Beinen eintauschen gegen die Instabilität auf einem Bein.[189] Das fällt uns beim Gehen leicht, weil wir wissen, dass auf diese Instabilität wieder die Stabilität folgt. Im Leben ist das schwieriger, weil wir keine *Vorstellung* davon haben, wie genau die neue Stabilität aussehen wird, ja, wir vertrauen noch nicht einmal darauf, dass es eine neue Stabilität geben wird.

Stattdessen klammern wir uns aus lauter Verunsicherung ans Gewohnte und Bekannte. Wir verwenden viel Energie darauf, den einen Zustand (»schlecht« oder »kaputt«) zu verhindern und den anderen, den Status quo (»gut« oder »intakt«) zu erhalten, denn da kennen wir uns aus. Wenn sich etwas ändert, dann bitte schön zum »Besseren« und zwar auf kontrollierte Art und Weise. Dabei übersehen wir, dass alles sowieso in ständigem Wandel ist.

Und dass nur wir es sind, die diese Veränderungen durch Kategorien wie »gut« und »schlecht«, »intakt« und »kaputt« bewerten, und uns durch diese Bewertung die Ergebnisoffenheit verbauen.

Dabei wurde uns die Eigenschaft, die uns im Umgang mit Ungewissheit Sicherheit geben kann, von Haus aus in die Wiege gelegt: unsere Vorstellungskraft, unsere Imagination. Laut dem Philosoph und Autor Gary Lachman ist sie die Fähigkeit, Realitäten zu erfassen, die nicht unmittelbar präsent sind. Sie ist weder Flucht vor der Realität noch Ersatz für sie, sondern eine tiefere Auseinandersetzung mit ihr. In unserer rationalen, aufgeklärten Welt verbinden wir mit Imagination vor allem Fantasterei und Eskapismus, ihre eigentliche Kraft jedoch besteht laut Lachman darin, uns Leitfaden und Inspiration in unserer Entwicklung zu sein, denn sie präsentiert uns mögliche und potenzielle Realitäten, deren Verwirklichung unsere Aufgabe ist.[190] Wir vertrauen auf das, was wir wissen, was wir allerdings *nicht* wissen, was wir uns »nur« vorstellen könnten, das verunsichert uns. Gerade in Situationen von Ungewissheit versuchen wir, verstärkt durch Bewertung und Kontrolle an der bekannten, »intakten« Ordnung festzuhalten, anstatt das Offene, Neue anzunehmen und es mitzugestalten. Mit Ersterem machen wir uns die Ungewissheit zur Feindin, mit Letzterem machen wir sie uns zur Komplizin.

Wir können das, was vor uns liegt, nicht wissen, wir können es uns nur vorstellen und uns davon leiten und inspirieren lassen. Anstatt uns vom Nicht-Wissen, von der Ungewissheit verunsichern zu lassen, können wir die Fähigkeit ausbauen, die uns da hilft, wo es keine Gewissheit gibt: Wir können uns darin üben, uns Dinge vorzustellen. Denn das, was wir oft so unangenehm als Ungewissheit und Unkontrollierbarkeit empfinden, ist zugleich ein Raum voller Möglichkeiten, ja, *viele* Räume voller Möglichkeiten.

In diesem Kapitel möchte ich Sie mitnehmen in diese ergebnisoffenen Räume und Ihnen zeigen, wie wir unsere Vorstellungskraft nutzen können, um sie zu gestalten. So viel kann ich Ihnen schon verraten: Zukunftsgestaltung hat ganz viel mit den Bildern und Geschichten zu tun, die wir von Zukunft haben. Also eben damit, wie wir uns Zukunft *vorstellen*.

Wie aber stellen wir uns Zukunft vor? Was sind unsere individuellen und kollektiven Zukunftsbilder? Müssen wir sie den »Experten« überlassen oder können wir stattdessen eigene Zukunftsbilder entwickeln – sowohl individuelle als auch kollektive?

Schauen wir uns zunächst mal an, was wir gemeinhin mit »Zukunft« verbinden.

Annahmen über Zukunft

Seit einer Weile schon beschäftige ich mich mit kollektiven und individuellen Zukunftsbildern, einfach, weil sie unseren Umgang mit Ungewissheit stark beeinflussen. Je nachdem, wie und ob wir uns vorstellen, wie die Zukunft aussehen und was alles passieren könnte, gehen wir mit Ungewissheit entweder gelassener oder ängstlicher um.

Was ist *Ihr* Bild von der Zukunft, was erscheint vor *Ihrem* inneren Auge, wenn Sie an Zukunft ganz allgemein denken? Und was kommt, wenn Sie an Ihre eigene Zukunft denken, sowohl das ganz nahe Morgen oder die auf Sie zukommende nächste Woche als auch die fernere Zukunft in ein paar Jahren?

Die Annahmen, die wir über das Später treffen, beeinflussen die Pläne, die wir machen, die Bewegungen, die wir lostreten, die Berufe, die wir ergreifen.[191] Nur sind wir uns dieser Annahmen oft gar nicht bewusst. Wenn wir sie uns ins Bewusstsein holen, werden wir wahrscheinlich feststellen, dass viele von ihnen auf Vorhersagen basieren, die wir irgendwo mal aufgeschnappt haben. Oder sie beruhen auf Veränderungen unserer Umgebung, die wir selbst wahrnehmen, wie beispielsweise einen Zuwachs an Zuwanderung. Oder darauf, dass es zunehmend schwieriger zu werden scheint, einen Job zu finden.

Je nach Standpunkt nehmen wir die Wirklichkeit unterschiedlich wahr. Ganz gleich aber, was wir sehen, wir projizieren es ganz automatisch und meist mehr unbewusst als bewusst auf das Später, das nennt sich Extrapolation.

Eine Übung, die ich in meinen Workshops gerne mache, ist, dass ich die Teilnehmenden ihre Annahmen über die Zukunft aufschreiben lasse. Dabei ist die Aufforderung bewusst ganz offengehalten. Die Annahmen, die kommen, reichen dann von der Sonne, die morgen wieder aufgeht, bis hin zur erwarteten Beförderung im kommenden Jahr. Sommerferienpläne, Geburtstagswünsche, Abendessenüberlegungen – nicht selten ist das Staunen groß, wie viele Annahmen man permanent über die Zukunft trifft, die man aber tatsächlich für gegeben hält.

Auf der individuellen Ebene stellen wir also ständig Mutmaßungen über das an, was später passieren könnte, und richten uns mehr unbewusst als bewusst im Jetzt danach aus. Das passiert automatisch und ganz nebenbei, ist aber tatsächlich eine erstaunliche Fähigkeit, die wir auch bewusst einsetzen können – dazu etwas später mehr.

Neben den individuellen Vorstellungen vom Später, die uns direkt selbst betreffen, gibt es auch allgemeine Zukunftsbilder. Geben Sie mal »Zukunft« in die Suchmaschinen-Bildersuche ein, was für Bilder zeigen sich Ihnen? Bei mir und eigentlich allen, die ich dazu jemals befragt habe, sieht das Suchergebnis ziemlich ähnlich aus: die immer gleichen Bilder von Gebäuden aus Glas und Stahl, natürlich heutzutage bevorzugt organisch geformt und umgeben von viel Grün, mittlerweile auch gerne mal eine absichtlich bewachsene Hauswand, ein sogenannter »Vertical Garden«. Bilder von selbstfahrenden Autos und Personentransportdrohnen, verschiedenerlei Abbildungen von Netzwerken, Bilder von durchsichtigen Bildschirmen und mindestens ein Foto eines DeLorean DMC-12, des berühmten Autos mit den Flügeltüren aus *Zurück in die Zukunft,* dürfen ebenfalls nicht fehlen.

Zukunftsbilder wandeln sich, und die Bildersuche hätte noch vor einem Jahrzehnt andere Ergebnisse gezeigt. Die Zukunft von gestern ist eben nicht die Gegenwart von heute, denn sie spiegelt nur, wie wir die Welt in dem Moment sehen, in der wir sie entwerfen.

Zukunft ist nicht Gegenwart 2.0

Meistens liegen wir mit unseren Zukunftsbildern deshalb ganz schön daneben. Das hält uns aber nicht davon ab, fröhlich weiter homogene Zukunftsbilder zu produzieren und uns an ihnen zu orientieren. Und das, obwohl wir schmunzeln müssen, wenn wir uns in Filmen und auf Bildern ansehen, wie sich Menschen früher Zukunft vorgestellt haben. Auf den Zigarrenbildern des Belle-Epoque-Künstlers Jean-Marc Côté findet man mit Propellerrucksäcken und Flugsegeln ausgestattete Jäger auf Entenjagd.[192] Auch wenn in vergangenen Darstellungen der Zukunft bezüglich der vorgesagten technischen und technologischen Innovationen durchaus zutreffende Voraussagen gemacht wurden, stellte man sich das Leben der Zukunft nicht so anders als das jeweilige Heute vor. Man ging davon aus, dass die Menschen sich vielleicht anders kleiden und frisieren und neuartige Werkzeuge benützen würden, aber ein großer Teil der imaginierten Welt erinnert doch sehr an die Zeit, aus der die jeweiligen Bilder und Filme stammen. So verfügten die erwähnten Entenjäger zwar über innovative Flugapplikationen. Ihre karierten Kniebundhosen, die Schirmmützen und auch ihre Freizeitbeschäftigung glichen dagegen ziemlich genau dem, was Anfang des 20. Jahrhunderts eben Mode und Freizeitgestaltung war. Und auch bei der Entstehung von Science-Fiction Filmen konnte man sich zwar Androiden, fliegende Autos, Linienflüge zum Mond und eine künstliche Superintelligenz vorstellen, aber zum Telefonieren mussten die Leute noch immer in die Telefonzelle.[193]

Die heutigen Zukunftsbilder mit ihren begrünten Häusern aus Glas und Stahl und mit ihren Drohnen und selbstfahrenden Autos sind da nicht so anders. Auch sie basieren auf bestimmten Annahmen, wie zum Beispiel, dass auch in Zukunft Menschen in Städten leben und der Individualverkehr eine große Rolle spielt.

Unsere Zukunftsbilder sind also immer Kinder unserer jeweiligen Gegenwart und größtenteils reine Extrapolation dessen, was es schon gibt. Zukunft ist in diesen Bildern und auch in »ernsthafteren« Vorhersagen schlicht mehr vom bereits Bekannten. Zumindest in positiven Zukunftsvisionen ist sie außerdem cooler, sauberer, besser, als wäre sie ein Upgrade der Gegenwart, oder anders ausgedrückt: Gegenwart 2.0. Aber auch in düsteren Zukunftsvisionen wimmelt es von Extrapolationen. Zahllose pessimistische Zukunftsvisionen beleuchten die möglichen negativen Konsequenzen aktueller Entwicklungen. Die optimistischen Visionen sind dagegen meist auf technologische Innovationen fokussiert. Sie erzählen uns, wie diese die Welt für uns retten werden und kommen gerne in Imagefilmchen von Start-ups, aber auch von großen Tech-Konzernen vor.

Dagegen ist grundsätzlich nichts einzuwenden, ich persönlich finde düstere Science-Fiction unterhaltsam, Innovationen und neue Technologien faszinieren mich ebenso. Allerdings sind diese Visionen oft recht einseitig, wie wir noch sehen werden, und im Falle der Imagefilmchen nicht selten manipulativ: Es ist ja toll, dass wir inzwischen in der Lage sind, winzige Drohnen herzustellen, die Bäume bestäuben können. Wie wäre es aber, stattdessen die spektakuläre »Technologie« zu schützen, die die Natur schon längst »entwickelt« hat: Bienen! Solche Zukunftsbilder verführen zu einem unbegründeten Optimismus und dazu, keine Verantwortung zu übernehmen (bzw. unser Verhalten nicht zu ändern), denn die Technologie wird es schließlich schon richten.

Vorhersagen, die unser Zusammenleben in der Zukunft betreffen, sind deshalb mit sehr viel Vorsicht zu genießen. Das betrifft nicht nur die Vorhersagen in Science-Fiction Filmen und den angesprochenen Imagefilmen, sondern auch die Aussagen von Experten, die Prognosen über Trends und Entwicklungen abgeben. Denn diese Vorhersagen sind tatsächlich nicht mehr als auf aktuellen Informationen basierende Schätzungen und Vermutungen. Das, was es heute schon gibt, wird dabei aufs Morgen projiziert und in Form von Megatrends weitergedacht. Ungeahntes hat in diesen Extrapolationen keinen Platz, unerwartete Finanzkrisen und Pandemien kommen in ihnen nicht vor. Dabei waren beide Ereignisse noch nicht einmal sehr unwahrscheinlich und genau genommen sogar vorhersehbar – hätte man sie sehen *wollen*.[194]

Mein Problem mit vielen Zukunfts-Think-Tanks ist zum einen, dass sie so tun, als ob sie durch ihr Expertenwissen zu Entwicklungen in der Gegenwart verlässliche Prognosen über die Zukunft abgeben könnten. Dabei existiert die Zukunft ja noch nicht, sonst wäre es nicht die Zukunft. Und was nicht existiert, kann man weder erforschen noch beschreiben.

Zum anderen stößt mir auf, dass sie durch ihre Prognosen die Deutungshoheit über Zukunft für sich beanspruchen und damit verhindern, dass andere sich selbst das Morgen in all seinen Möglichkeiten vorstellen. Diejenigen, die sich leidenschaftlich mit Zukunft beschäftigen, sollten meiner Meinung nach lieber unterschiedliche denkbare Szenarien entwerfen (oder andere dabei unterstützen, das selbst zu tun), um darüber Gespräche anzuregen, anstatt so zu tun, als könnten sie in die Glaskugel schauen.[195] Ich möchte ihnen zurufen: Gebt den Menschen ihre Zukunft zurück, anstatt Vorhersagen zu treffen, die sich innerhalb kürzester Zeit selbst überholen! Zukunftsbilder und -narrative sind reine Hypothesen darüber, was sein könnte, und beruhen in den meisten Fällen auf Extrapolationen dessen, was wir bereits kennen. Nicht mehr, nicht weniger.

Zukunft nutzen, um Gegenwart zu gestalten

Aus den genannten Gründen interessieren mich Vorhersagen über die Zukunft nicht. Megatrends interessieren mich nicht. Mich interessiert nicht die eine vorhergesagte Zukunft, sondern die vielen möglichen Zukünfte. Mich interessiert, wie wir das Morgen zwar nicht kontrollieren, aber mitgestalten können. Denn das, was kommt, lässt sich weder steuern noch berechnen – wie wir gesehen haben, sind komplexe, dynamische Systeme unberechenbar. Aber wir haben auch gesehen, dass kleine Veränderungen in komplexen, dynamischen Systemen große Auswirkungen haben können.

Um uns auf eine ungewisse Zukunft vorzubereiten, brauchen wir nicht Experten mit Glaskugeln, stattdessen sollten wir uns lieber selbst aktiv mit unserer Zukunft auseinandersetzen. Uns fragen, was wir für wünschenswert halten, für uns selbst, für unsere Gesellschaft und für die Generationen, die uns nachfolgen. Zukunft ist nicht etwas, das uns passiert, wir können sie gestalten. Das Morgen ist offen und – zum Glück! – ungewiss, vor uns liegt eine weiße Leinwand. Im Folgenden sehen wir uns an, wie wir unsere Vorstellungskraft einsetzen können, um das ungewisse Morgen weniger als Bedrohung und dafür mehr als Einladung zu verstehen.

Vorher möchte ich allerdings noch etwas anregen: Vielleicht ist es an der Zeit, »die« Zukunft zu befreien von den ewig gleichen Annahmen und Extrapolationen, vielleicht braucht es eine neue Sprache, um über das zu sprechen, was noch am Werden ist. Wie wir gesehen haben, beschwört »die Zukunft« die immer gleichen Bilder und Assoziationen herauf. Da ist es doch erfrischend, dass zunehmend verschiedene Umschreibungen für »Zukunft« auftreten. Die amerikanische Kulturwissenschaftlerin Donna Haraway schreibt in ihrem wortgewaltigen Buch *Staying with the Trouble*[196] konsequent von den »Times Yet to Come«, wenn sie sich auf das Morgen bezieht. Der

Chef des UNESCO Futures Literacy Programs Riel Miller sprach in einem Vortrag auf dem Global Foresight Summit vom »Later Than Now«,[197] dem Später-als-Jetzt. Merken Sie den Unterschied? Ich zumindest finde diese alternativen Formulierungen befreiend. Wem das alles zu sperrig ist, kann sich vielleicht mit der Nutzung von »Zukunft« im Plural anfreunden, also mit »Zukünfte«[198].

Um auf das Gestalten zurückzukommen, sehen wir uns am besten den Prozess an, mit dem wir die »Zukunft« nutzen. Wir gebrauchen ständig unsere Vorstellung von der unmittelbaren Zukunft, um Entscheidungen zu treffen, und sind uns dessen oft kaum bewusst. Schon, wenn wir über die Straße gehen wollen und ein Auto naht, treffen wir die Entscheidung, wann wir einen Fuß auf die Straße setzen, ausgehend von unserer Annahme darüber, was als Nächstes passieren wird, wann also das Auto voraussichtlich unseren Weg kreuzt. Diese Vorwegnahme von etwas, das noch nicht geschehen ist, heißt »Antizipation«. Sie ist eine Tochter unserer Vorstellungskraft.

Die Fähigkeit wiederum, Antizipation und damit Zukunft zu nutzen, um die Gegenwart zu gestalten, wird »Futures Literacy«[199] genannt, was wörtlich übersetzt die Fähigkeit, Zukunft zu lesen, bedeutet. *Futures Literacy* macht uns anpassungsfähiger und resilienter, weil sie uns befähigt, uns spielerisch im Möglichkeitsraum zu bewegen, unterschiedliche Versionen von Zukunft »anzuprobieren« und zu erkunden. In der Zukunftsforschung spricht man deshalb immer häufiger von Zukunft im Plural – von Zukünften. Das Später-als-Jetzt ist eben keine Autobahn, sondern ein stark verzweigtes Wegenetz mit unzähligen Kreuzungen.

Tatsächlich bekommt die Fähigkeit der *Futures Literacy* mehr und mehr Aufmerksamkeit – die UNESCO veranstaltet zu dem Thema weltweite Konferenzen und implementiert und fördert bereits seit 2012 weltweit sogenannte *Futures Literacy Laboratories*.[200] Bei diesen kommen Menschen aus ganz verschiedenen Kontexten zusammen, um anhand einer bestimmten Methode eigene Annahmen über »die Zukunft« aufzudecken und miteinander mögliche Zukünfte zu entwerfen. Diese Beschäftigung mit möglichen Zukünften erhöht die eigene Flexibilität und Anpassungsfähigkeit an eine sich verändernde Umgebung, fördert die Innovationsfähigkeit und stärkt die Kompetenz, Zusammenhänge und Muster zu erkennen. Und wenn ich sowohl anpassungsfähig und innovativ als auch in der Lage bin, in einer verwirrenden Gesamtsituation den Überblick zu behalten, dann sind das ziemlich gute Voraussetzungen, um mit Ungewissheit klarzukommen. *Futures Literacy* hilft außerdem dabei, die Auswirkungen des eigenen Handelns zu verstehen und offen für andere Sichtweisen zu bleiben. Es gibt ja schließlich eine Vielzahl möglicher Zukünfte! *Futures Literacy* kann man üben. Es gibt neben den UNESCO-Konferenzen inzwischen einige Bildungsträger und Anbieter, die dazu Kurse und Workshops in ihr Programm aufgenommen haben,[201] aber letztlich bedeutet *Futures Literacy* einfach, sich spielerisch mit unterschiedlichen Möglichkeiten zu beschäftigen, sich Verschiedenstes vorzustellen und sich immer wieder zu fragen: Was wäre wenn…? Es gibt mittlerweile eine ganze Reihe von Methoden, die bei der kreativen Beschäftigung mit Zukunft und Zukünften hilft, vom Spielen über Storytelling bis hin zu Theaterstücken.[202]

Auch ein starker, eigener Wunsch kann uns bei der Gestaltung unserer individuellen Zukunft unterstützen, indem er unsere Imagination befeuert und uns hilft, eine klare Vision zu entwickeln. Eine hilfreiche Methode dafür sind *Vision Boards*. Hier werden aus Magazinen, Zeitschriften und anderem Material Bilder und Wörter, die einen ansprechen, ausgeschnitten und als Collage zusammengeklebt. Durch diese Übung verbinden wir uns emotional mit dem, was uns anzieht, und zwar so sehr, dass sich unser Fokus schärft. Unsere Wahrnehmungsfilter werden so einstellt, dass wir Dinge, die uns näher an unsere »Vision« heranführen, eher wahrnehmen. Die Collage, die ich vor ein paar Jahren geklebt habe, hängt immer noch bei mir an der Wand. Tatsächlich ist fast alles, was darauf zu sehen ist, nach und nach in mein Leben gekommen. Sogar Dinge, die mich zwar damals irgendwie angesprochen hatten, von denen ich zu dem Zeitpunkt aber gar nicht wusste, wie sie sich miteinander vereinbaren ließen. Zum Beispiel klebt da riesengroß ein Ausschnitt aus einer Zeitschrift, eine Illustration, beschriftet mit »Science-Fiction«. Ich habe mich zwar immer schon für sogenannte spekulative Fiktion[203] interessiert, das Bild hatte mich also angezogen, aber ich hätte mir nicht vorstellen können, wie sich das tatsächlich in mein Leben oder meinen Job integrieren ließe. Heute ist Science-Fiction beziehungsweise die kreative Beschäftigung mit möglichen Zukünften ein großer Teil meiner Arbeit. Nur der dicke Kater links oben auf meinem Board hat es noch nicht in mein Leben geschafft. Was vielleicht an meiner Katzenhaarallergie liegt.

Ich durfte selbst wieder und wieder erleben, wie eine starke Wunschvorstellung für die Zukunft dabei helfen kann, dass sich die Umstände den Wünschen anpassen, und nicht nur die Wünsche den Umständen. Ich höre beispielsweise öfters, mein Partner und ich hätten eben das Glück, dass sich unsere Jobs mit einer Unternehmung wie unserer Segelreise vereinbaren ließen. Das mag heute stimmen, allerdings waren die Umstände noch vor ein paar Jahren weit ungünstiger, da unsere Arbeit zunächst nicht damit unter einen Hut zu bringen schien. Vor allem für meinen Freund war es lange unvorstellbar, seinen Beruf ortsunabhängig auszuüben. Erst gegen Ende unserer Reise und durch einige Gespräche mit anderen Seglern zeigten sich für ihn Möglichkeiten, die zuvor in seinem Kopf schlicht nicht existiert hatten. Und tatsächlich, als er dann nach unserer Rückkehr einen neuen Job suchte, stolperte er über eine Stellenanzeige für eine Position, die inhaltlich gut passte und ihm ermöglichte, auch vom Boot aus zu arbeiten.

Es gibt zweifellos viele Tätigkeiten, die sich schwer aus der Distanz ausüben lassen, das wissen wir nicht erst seit der Pandemie. Krankenpfleger, Piloten und Supermarktkassierer können kaum von zu Hause aus arbeiten. Andererseits urteilen wir oft vorschnell, dass etwas nicht möglich sei. Das ist bequem, weil wir uns gar nicht die Frage stellen müssen, ob wir etwas überhaupt wollen würden.

Beschäftigt man sich mit seinen Wünschen, zeigen sich möglicherweise Wege, wo man sie vorher nicht vermutet hätte. Wenn Sie Lust haben, versuchen Sie sich doch mal an Ihrem eigenen *Vision Board*. Verregnete Wochenenden bieten sich dafür geradezu an, Anleitungen dafür finden sich im Internet zuhauf. Sie können alleine schneiden und kleben oder aber ein paar Freunde dazu einladen. Auch Kindern können *Vision Boards* großen Spaß machen.

Zum einen wird, wie wir gesehen haben, die Wahrnehmung unserer Umwelt durch ein *Vision Board unbewusst* beeinflusst, es zeigen sich neue Möglichkeiten, und wir sehen Wege dahin, wo vorher nur Gründe dagegen sichtbar waren. Zum anderen können wir diese »Vision« als Ausgangspunkt *bewusst* für eine Rückwärtsplanung nutzen. Diese Vorgehensweise nennt sich übrigens »Backcasting«, wieder so ein englisches Wort, das sich nicht ins Deutsche übersetzen lässt. *Backcasting* ist ein strategisches Planungsinstrument, das bei der Zukunft ansetzt. Zunächst wird überlegt, wie die Zukunft aussehen könnte, dann erst folgt die Analyse, wie dieser Zustand erreicht (oder im Fall von Negativszenarien vermieden) werden kann. Somit ist es ein Gegenentwurf zum »Forecasting«, bei dem der Ausgangspunkt der Planung der momentane Zustand ist. Beim Definieren der Schritte zur Wunschzukunft empfehle ich übrigens kleinstmögliche Schritte. Außerdem hilft es, wie weiter oben schon beschrieben, sich mit dem *Worst Case* zu beschäftigen, da uns das die Scheu davor nimmt, loszulegen.

Wenn wir also Entscheidungen treffen müssen, können wir uns an jeder Weggabelung für diejenige Option entscheiden, die uns möglicherweise näher an die wünschenswerte Zukunft heranbringt. Mir persönlich hilft bei jeder aktuell anstehenden Entscheidung daran zu denken, dass wir gerne wieder mit dem Boot lossegeln wollen, sobald unsere Kinder ihrer Wege gehen. Dafür benötigen wir einerseits Flexibilität, andererseits natürlich auch ein regelmäßiges Einkommen. Wir werden uns also in nächster Zeit keinen Hund zulegen oder auf Jobs bewerben, die unsere körperliche Anwesenheit unbedingt erfordern. Gleichzeitig denken wir bereits jetzt über Möglichkeiten nach, wie wir von unterwegs unseren Lebensunterhalt sichern können.

Aber Achtung, es geht nicht darum, an einer Vision oder an einem Plan festzukleben oder die Zukunft zu kontrollieren. Es soll spielerisch und offen bleiben! Wenn wir verbissen an Plänen festhalten, werden wir zu ihren Gefangenen. Es kann immer sein, dass die Umstände oder auch unsere Wünsche sich ändern. Wer A sagt, muss gar nichts. Es braucht auch hier Ergebnisoffenheit und die Fähigkeit, Ziele anzupassen.

Sie haben nun ein paar Methoden kennengelernt, wie Sie *Futures Literacy* entwickeln und sich kreativ mit dem Später-als-Jetzt beschäftigen können. Indem Sie zum Beispiel durch ein *Vision Board* ein klares Bild davon entwickeln, was Sie für wünschenswert halten, können Sie sich in der Gegenwart danach ausrichten. Sie können sich konkrete Schritte überlegen, wie Sie eine wünschenswerte Zukunft verwirklichen können.

Welche Geschichte(n) wollen wir erzählen?

Wir sind also in der Lage, uns vorzustellen, was passieren beziehungsweise besser nicht passieren soll. Wir können uns mit unseren Träumen, Wünschen und Visionen beschäftigen und uns überlegen, ob und wie wir sie verwirklichen können. Dazu erzählen wir uns Geschichten von unserer möglichen Zukunft.

Nachdem wir uns angesehen haben, welche Möglichkeiten es gibt, das für unsere individuelle Zukunft zu tun, soll es nun darum gehen, warum es auch für unsere kollektive Zukunft eine Rolle spielt, für welche Geschichten, Szenarien und Bilder wir uns entscheiden.

Durch die Kombination aus Imagination, also unserer Vorstellungskraft und Kreativität, unserer Schaffenskraft, sind wir nämlich bis zu einem gewissen Grad in der Lage, Dinge, die wir uns ausdenken, Wirklichkeit werden zu lassen.

Tatsächlich denken wir uns ständig Sachen aus, die unsere kollektive Realität beeinflussen, zum Beispiel Staaten, Geld, Gesetze, all das kann man nicht sehen und nicht anfassen, es sind im Grunde genommen Alltagsfiktionen, und doch bestimmen sie unser Zusammenleben, unser Selbstverständnis, unser ganzes Leben. Vieles würde in unserem Alltag ohne diese gemeinhin akzeptierten Geschichten überhaupt nicht funktionieren.

Soweit wir wissen, sind wir Menschen die einzige Spezies, die sich über Dinge verständigen kann, die es nur in unseren Köpfen gibt. Dabei spielen gedankliche Verknüpfungen in Form von Geschichten eine besondere Rolle. Wir erschließen uns die Welt über Geschichten, die wir uns selbst und einander erzählen. Beobachtungen werden so zu Ursache-Wirkung-Beziehungen verknüpft, dass sie in unser Weltbild passen. Diese kollektiven Fiktionen, Narrative und Geschichten sorgen für Identifikation, sie geben uns Orientierung. Sie sind für uns real, und sie geben uns besonders in Situationen von großer Ungewissheit Halt, wie wir im Kontext von Verschwörungsgeschichten gesehen haben. Geschichten sind so machtvoll, dass sie uns in der Vergangenheit zu großen Errungenschaften, aber auch in Katastrophen geführt haben (die Fiktion von Rasse ist hier nur eins von vielen Beispielen).[204]

Geschichten können uns dabei helfen, uns mögliche Zukünfte vorzustellen und genau dadurch unsere Haltung und unser Verhalten beeinflussen. Durch sie können wir hypothetische Entwicklungen erforschen, Unbeachtetes aufdecken und mögliche Fallstricke sichtbar machen.

Im Silicon Valley hat sich deshalb die Kreativmethode des »Science-Fiction-Prototyping« etabliert. Um zu erkunden, welche Konsequenzen neue Technologien auf das Leben der Menschen haben könnten, nutzt man Storytelling in Form von Science-Fiction-Geschichten. Die Netflix-Serie *Black Mirror* ist dafür ein wunderbares Beispiel. In jeder Folge wird eine bestimmte Zukunftstechnologie kritisch in den Blick genommen, mal sind es die schon erwähnten baumbestäubenden Bienendrohnen, mal hyperrealistische Computerspiele. Die in sich abgeschlossenen Folgen zeigen anhand von Kurzgeschichten, was diese Technologien für unseren Alltag bedeuten können und wo die Gefahren liegen.

Täglich sind wir konfrontiert mit Neuigkeiten darüber, was technisch möglich ist und welche Lösungen für unsere Probleme entwickelt wurden.

Als Einzelpersonen können wir kaum entscheiden, woran geforscht, was hergestellt und welche technologischen Entwicklungen gefördert werden, aber wir können sehr wohl entscheiden, was wir durch unsere Kaufentscheidungen und politische Stimme unterstützen oder eben nicht. Warnende Geschichten wie die in *Black Mirror* helfen uns dabei, Entwicklungen weiterzudenken, uns mögliche Konsequenzen vorzustellen und uns zu überlegen, ob wir diese wirklich für wünschenswert und entsprechend unterstützenswert befinden.

Eine der Folgen spielt in einer Version der nahen Zukunft, in der jeder jeden mit seinem Smartphone über ein Punktesystem bewerten kann und das auch ständig tut. Alle strengen sich permanent an, um einen guten Eindruck zu machen, denn eine hohe Punktzahl bedeutet einen hohen gesellschaftlichen Status, der mit diversen Privilegien verbunden ist. Durch eine Reihe unglücklicher Zufälle fällt die Punktezahl der Hauptfigur ins Bodenlose mit allen negativen Konsequenzen, und man bekommt als Zuschauer einen eindrücklichen Vorgeschmack darauf, was uns blühen könnte, gäbe es so etwas auch bei uns. Das Spannende an der Serie ist, dass viele der behandelten Technologien durchaus denkbar oder sogar schon in der Entwicklung oder vorhanden sind, so zum Beispiel die Bestäuberdrohnen.[205]

Hier geht es nicht um Raumschiffe oder in einer weit entfernten Zukunft besiedelte Planeten, Sonnensysteme und Galaxien, sondern um greifbare, nahe Zukünfte. Diese Zukünfte betreffen uns unmittelbar, sie haben direkt mit uns zu tun. Die Frage nach dem »Was wäre, wenn« lädt uns ein, darüber nachzudenken, was hypothetische Entwicklungen für uns im Heute konkret bedeuten könnten. Auch das ist kreative Beschäftigung mit Zukunft. Eine Zukunftsvision, in der wir permanent überwacht werden, lässt uns möglicherweise überlegen, ob wir uns wirklich eine Alexa in die Wohnung einladen wollen.

Andererseits kann uns Science-Fiction auch in unserer Vorstellung von Zukunft einengen, zumindest wenn sie immer dieselben oder ähnlich dystopische Visionen wiederholt. »Die Zukunft« ist zumindest Hollywood zufolge in den meisten Fällen eine recht weit entfernte Cyberpunk-Vision mit ganz viel Technik (die uns unvermeidlich irgendwann beherrscht), mit noch mehr Schwarz und Neon, außerdem ist es fast immer Nacht oder schlechtes Wetter oder beides. So cool das aussehen mag, ist es doch ein bisschen eindimensional.[206] Diese Einseitigkeit suggeriert Determiniertheit und Vorhersehbarkeit, wo es keine geben kann. Mehr Mut zu ganz unterschiedlichen Ansätzen wäre wünschenswert, um eine größere Bandbreite an Möglichkeiten andenken zu können.

Ich warte außerdem noch immer auf den Moment, in dem eine Science-Fiction-Figur so etwas sagen darf wie: »Seit dem letzten

Update hat der Teleporter wieder mal total viele Bugs, erst neulich wurde mein linker Arm nicht mitteleportiert.« oder »Ich lasse mir doch kein kybernetisches Telefon in die Hand implantieren – die Testberichte zu den Strahlungswerten sind echt gruselig!« Technologien funktionieren in Filmen fast immer reibungslos und werden von allen selbstverständlich benutzt. Das lässt uns unter anderem diese »Zukunft« oft als so weit weg und fremd erscheinen. Aber Zukunft ist nicht weit weg, sie liegt auf der anderen Seite des Sekundenzeigers, und sie ist genauso wenig homogen wie die Gegenwart. Zukunft ist das Heute von Morgen (oder das Jetzt von Später) – genauso heterogen und ständig im Wandel. Durch Science-Fiction-Filme und -Bücher können wir uns vorstellen, wie dieses Später aussehen könnte, vorausgesetzt, sie sind glaubhaft und nicht zu eindimensional. Und durch Installationen können wir mögliche Zukünfte sogar fühlen!

Zukünfte anprobieren

Die Künstlerin und Designerin Anab Jain möchte mit ihrem Super-flux Studio besonders die möglichen negativen Auswirkungen aufzeigen, indem sie verschiedene Zukunftsszenarien nachstellt und erfahrbar macht. In ihrer Arbeit *Migration of Shock* haben sie und ihre Kollegen eine Londoner Wohnung aus dem Jahr 2050 kreiert, die nur auf den ersten Blick einem normalen Zuhause ähnelt. Auf den zweiten Blick deutet die Wohnung auf eine völlig veränderte Welt hin. Zum Beispiel berichtet die Schlagzeile der Zeitung, die auf dem Tisch liegt, von einem wirtschaftlichen Kollaps und einer großen Hungersnot durch die Veränderung des Klimas. Im Bücherregal finden sich Bücher, die sich mit Nahrungsknappheit beschäftigen.[207] Wir wissen zwar heute schon, dass es in wenigen Jahrzehnten mit der Nahrung eng werden könnte. Aber so richtig vorstellen können wir uns das nicht. Die Supermarktregale sind schließlich voll. Durch eine Installation wie die von Anab Jain wird eine solche Zukunft, in der Nahrungsknappheit an der Tagesordnung ist, sinnlich erlebbar und damit vorstellbar. Wie ein Kleidungsstück können wir diese mögliche Zukunft anprobieren und sehen, wie sie sich anfühlt. Das erzeugt in uns eine ganz andere Dringlichkeit, denn Geschichten und Installationen, die ja nichts anderes sind als materialisierte Geschichten, berühren uns ganz anders als Zahlen, Daten, Fakten. Die Besucher der Installation gaben an, sie aufrüttelnd und bewegend zu finden, jüngere Besucher fanden sie inspirierend und spannend.[208] Nicht nur Einzelpersonen werden dadurch berührt. In Dubai wurde kurz nach einer Superflux-Installation, in der Proben stark verschmutzter Luft aus einer möglichen Zukunft vorgeführt wurden, die Energiepolitik geändert und deutlich mehr in erneuerbare Energien investiert.[209]

Negative Zukunftsbilder – Dystopien – findet man zwar häufiger, da sie dramaturgisch interessanter als positive Utopien sind. Helle Zukunftsvisionen aber sind mindestens genauso wichtig und kraftvoll im Kontext von Zukunftsgestaltung, und außerdem machen sie den meisten viel mehr Spaß als düstere Schreckensszenarien. Auf der 17. Architektur-Biennale in Venedig zeigt der Deutsche Pavillon mit seiner Ausstellung *2038 – The New Serenity* eine optimistische Zukunftsvorstellung des Zusammenlebens, die zudem nicht nur für die Biennale-Besucher, sondern für alle kostenlos im Internet zu sehen ist.[210] In kurzen Filmen wird in dieser Installation aus dem Jahr 2038 rückblickend beschrieben, wie Menschen sich zusammenschlossen, um Veränderungen anzustoßen, wie Städte ohne Lärm, dafür mit Bauwerken aus lebenden Pflanzen und recycelten Gebäudeteilen entwickelt wurden und vieles mehr. Auch hier sind es wieder Geschichten und Bilder, die uns, indem sie uns berühren, viel stärker beeinflussen können als abstrakte Daten und trockene Zahlen.

Sie dürfen mich für naiv halten, aber ich stelle mir gerne eine Welt vor, in der wir Menschen uns als Teil des Ökosystems und die anderen Lebewesen einschließlich der Pflanzen als planetarische Mitbewohner und nicht nur als *Um*welt verstehen. Eine Welt ohne Hamsterrad, ohne Hyperkapitalismus und ohne Ausbeutung. Eine Welt, in der alle ausreichend zu essen und trinken haben und in der wir es schaffen, miteinander zu kooperieren – über Artengrenzen hinweg. Eine Welt, in der jeder so viel hat, wie er braucht und sich nicht mehr nimmt als das. Weil mir diese Vorstellung so gut gefällt, und ich so ein Morgen für erstrebenswert halte, macht es mir Spaß darüber nachzudenken, was ich im Kleinen tun kann, um ein bisschen dazu beizutragen, dass diese Zukunft wahrscheinlicher wird. Neben dem Einsparen von Plastik und dem Recycling von Gegenständen und Kleidung gibt es noch allerhand andere Dinge, mit denen sich experimentieren lässt. Wir sind beispielsweise vor Kurzem umgezogen und verfügen zum ersten Mal über einen Balkon. Die Pflanzen dafür haben wir nach Insektenfreundlichkeit ausgesucht, um einer Zukunft, in der unter anderem unsere Bienen wieder mehr Nahrung finden, näher zu kommen. Da ich mir für die Zukunft weiterhin blühende Wiesen, Obst auf Bäumen und ausreichend Nahrung für uns alle wünsche, überlege ich mir gerne, wie ich selber ein klein wenig dazu beitragen kann – zum Beispiel, indem Bienen und andere Insekten auf unserem Balkon das ganze Jahr über zu essen finden.

Auch das Thema Selbstversorgung finde ich spannend. Wir sind natürlich alle abhängig von Strom aus der Steckdose, Wasser aus dem Hahn und dem Supermarktangebot. Gerade im Kontext von Ungewissheit kann es einem aber ein Gefühl von Sicherheit geben, wenn man sich kleine Inseln von Unabhängigkeit zurückerobert. Auf dem Boot konnten wir damit schon vielfältige Erfahrungen sammeln. Strom haben wir unterwegs größtenteils über unsere Sonnenkollektoren selbst produziert, genauso wie wir irgendwann Brot und auch Joghurt selbst hergestellt haben. Es war immer ein tolles Gefühl, in der Lage zu sein, für uns selbst zu sorgen, außerdem schmeckt frisch gebackenes Brot mitten auf dem Atlantik dreimal so lecker wie an Land und war für uns das beste Mittel gegen Bootsfrust. Damit ließ sich auch die Ungewissheit über den Ankunftszeitpunkt weit besser aushalten. Diese Art kleiner Unabhängigkeiten wollen wir auch an Land gerne ausbauen. Algenproduktion, 3-D-Druck und Stromgewinnung sind dabei nur ein paar unserer Ideen. Inwieweit sich das alles verwirklichen lässt und sinnvoll ist, wird sich zeigen. Allein aber das Nachdenken darüber gibt uns schon ein Gefühl von Selbstermächtigung und Wirksamkeit und bringt uns einer Zukunft, wie wir sie uns vorstellen, ein wenig näher. Schließlich geht es ja auch um die Frage, was wir unseren Jungs und deren Kindern und Enkelkindern für eine ungewisse Zukunft an Wissen, Fähigkeiten und natürlich an Lebensraum hinterlassen.

Apropos spätere Generationen: Beim sogenannten Sieben-Generationen-Prinzip bezieht man nicht nur die Enkel und Urenkel in sein Denken mit ein, sondern man überlegt, was die heutigen Handlungen in 200 Jahren – in sieben Generationen – für Auswirkungen auf die Nachfahren haben könnten. Für viele indigene Völker ist diese Art zu denken und zu planen gängige Praxis. Sie ist tief verwurzelt in ihrer Kultur und Tradition.[211] Aber auch bei uns sind Begriffe wie Generationengerechtigkeit und Enkeltauglichkeit inzwischen angekommen. Immer mehr Menschen wird bewusst, dass wir die Konsequenzen unserer Art zu leben auf zukünftige Generationen abwälzen. Eine Methode, zukünftige Generationen in unser Denken und Handeln miteinzubeziehen, hat mich besonders beeindruckt, da sie die Imagination der Teilnehmenden unmittelbar miteinbezieht: In Japan gibt es die Zukunfts-Design-Bewegung, die in Gemeinden Bürger zusammenbringt, um gemeinsam zu überlegen, wie ein wünschenswertes Später für diese Gemeinde aussehen könnte. Das Besondere: Die Teilnehmenden werden in zwei Gruppen aufgeteilt, in der einen Gruppe sind die Repräsentanten der Gegenwart, in der anderen die Repräsentanten der Zukunft. Letztere bekommen zeremonielle Roben und werden instruiert, sich vorzustellen, sie kämen aus dem Jahr 2060, um über anstehende Entscheidungen mitzudiskutieren. Dieser fantasievolle Schritt hat einen außergewöhnlichen Effekt. Mehrere Studien haben ergeben, dass die zweite Gruppe systematisch weit offener für Transformationen ist, egal ob es um Themen wie Gesundheitsversorgung, mögliche Auswirkungen von KI oder um ökologische Bedrohungen geht.[212]

Unsere Vorstellungskraft macht uns also offener für eine Verhaltensänderung, so weit, so gut. Macht das aber letztlich einen Unterschied? Wie kann ich als Einzelner auf das große Ganze einwirken? Was bringt es tatsächlich, wenn ich auf meinem eigenen Balkon bienenfreundliche Blumen pflanze?

Haltung ist ansteckend

Wir können also das Später beeinflussen, indem wir uns eine wünschenswerte Zukunft vorstellen, uns überlegen, welche Geschichte wir erzählen möchten und was es braucht, um diese Zukunft Wirklichkeit werden lassen, möglicherweise ändern wir dadurch sogar unsere Gewohnheiten. Aber können wir tatsächlich mit unseren individuellen Entscheidungen ein kollektives Später mitgestalten? Habe ich denn selbst auf meine eigene Zukunft wirklich Einfluss, wenn sie untrennbar mit der Zukunft des Gesamtsystems verbunden ist? Und wenn die Welt nicht so wird, wie ich sie mir wünsche, was dann? Kann ich als einzelner Mensch etwas im Großen bewegen?

Eine der häufigsten Seufzer, die ich im Kontext von Zukunftsgestaltung höre, lautet, dass man als Einzelner sowieso nichts ausrichten könne. Dass sich die Dinge natürlich ändern müssten, aber was könne man selber schon tun? Klar, wenn wir uns selbst nur als winziges Rädchen in einem gigantischen Getriebe sehen, dann fühlen wir uns selbstverständlich ziemlich machtlos. Nun ist unsere Welt aber keine Maschine, sondern ein lebendiges System – dynamisch, nicht linear und nicht berechenbar.

Ich habe bereits weiter vorne den Schmetterlingseffekt erwähnt. Demzufolge kann der Flügelschlag eines Schmetterlings auf der einen Seite der Welt einen Sturm auf der anderen Seite auslösen. Das klingt vielleicht übertrieben und weit hergeholt, aber tatsächlich ist es in lebendigen, dynamischen Systemen so, dass sich schon beliebig kleine Abweichungen im Gesamtsystem so sehr addieren und verstärken können, dass sie, vor allem über die Zeit hinweg, eine große Auswirkung haben können. Der US-amerikanische Meteorologe Edward Lorenz prägte den Begriff, nachdem er bei einer Berechnung im Kontext langfristiger Wettervorhersagen festgestellt hatte, dass schon geringfügige Veränderungen in den Ausgangsbedingungen zu starken Unterschieden im System führten: Um Zeit zu sparen, griff er bei einer seiner Wetterberechnungen auf Zwischenergebnisse zurück, die ihm bereits vorlagen, ließ aber von sechs Dezimalstellen drei weg – davon ausgehend, dass die Abweichungen vernachlässigbar wären und sich ausgleichen würden. Tatsächlich zeigten sich schnell recht große Unterschiede zwischen den alten und den neuen Berechnungen. Kleine Veränderungen können in lebendigen Systemen Großes bewirken.

Und lebendige Systeme, deren Teil wir Menschen ja sind, haben noch eine weitere Eigenschaft, die mich inspiriert und mich hoffnungsvoll sein lässt: Selbstähnlichkeit. Das zugehörige Phänomen nennt sich Fraktale, ein Wort, das nach Mathe, Staub und Tafelkreide klang – zumindest in meinen Ohren, bis ich begriffen habe, was dieses Wort für uns bedeutet. Fraktale in der Mathematik entstehen durch die wiederholte Berechnung einer Gleichung oder eines Prozesses, wodurch sich selbstähnliche Muster bilden, die sich auf allen Ebenen wiederholen – vom Großen ins Kleine und umgekehrt. Sie lassen sich überall in der Natur finden, von Schneeflocken, Blumenkohl, Bienenstöcken über Baumzweigen, Blättern bis hin zu Flusssystemen. Ganz gleich, wie weit man hineinzoomt, es finden sich immer wieder ähnliche Strukturen und Muster.[213]

Metaphorisch gesprochen, sind auch menschliche und soziale Strukturen selbstähnlich – Fraktale, die von Individuen von einem Moment zum nächsten durch Intention und Handeln erzeugt werden können. Doch im Gegensatz zu den wertneutralen Fraktalen in Natur und Mathe, sind den menschlichen und sozialen Fraktalen Werte zu eigen, die sich auf allen Ebenen zeigen.[214] Gemäß dem Prinzip der Selbstähnlichkeit sind die Struktur, die Werte und Ziele der Gesamtorganisation in der Einzelperson und umgekehrt abgebildet. Anders ausgedrückt: Haltung ist ansteckend, Verhaltensweisen färben ab, Emotionen springen auf andere über – das haben wir schon im vorigen Kapitel gesehen. Einzelne werden unbewusst durch ihr Netzwerk beeinflusst und beeinflussen umgekehrt unbeabsichtigt ihr Netzwerk.[215]

Wir haben darüber hinaus schon an anderer Stelle in diesem Buch gesehen, dass eine konstruktive Fehlerkultur sich innerhalb eines Systems nicht so einfach herstellen lässt, solange nicht einzelne Individuen eine entsprechende Haltung entwickeln, nach der sie zum Beispiel sich selbst und anderen Fehler nicht nachtragen. Auch die Impulse, die man in ein Beziehungsnetz hineingibt und die weitergetragen werden, sind nichts anderes als Selbstähnlichkeit.

Noch mal, weil das für Zukunftsgestaltung und einen gelassenen Umgang mit Ungewissheit so wichtig ist: Jede und jeder Einzelne kann das gesamte System beeinflussen. Denn kleine Abweichungen und Veränderungen können sich in einem lebendigen System enorm verstärken, und durch die selbstähnliche Natur lebendiger Systeme spiegelt sich im Großen, was im Kleinen entsteht. Das bedeutet zugleich jedoch auch, dass eine Haltung vorgelebt, aber anderen nicht willentlich aufgedrückt und auch nicht von oben verordnet werden kann. Missionierungsversuche erzeugen meistens nur Trotz und Widerstand oder Reaktanz – die Kombination aus beidem. Wandel entsteht, wenn genug Leute anfangen, aus freien Stücken ihr Leben entsprechend ihrer Haltung zu leben, ohne darauf zu warten, dass der Rest der Gesellschaft sich verändert. Das schließt nicht aus, dass Regeln, Verbote und das sogenannte »Nudging« (das Anstupsen durch positive Anreize) von oben den Wandel unterstützen können, doch sie allein können ihn nicht anstoßen. Auch für ein Gesetz wie das zum Nichtraucherschutz musste sich zunächst ein politischer Wille bilden, groß genug werden und sich schließlich durchsetzen.

Die Geschichte hat wiederholt gezeigt, was passiert, wenn eine kleinere Gruppe Menschen meint zu wissen, was richtig und gut für alle ist. Wenn wenige versuchen, ihre Werte, ihre Utopie durchzusetzen, »die« Zukunft zu kontrollieren. Dann kommt es zu Ideologien, zu Diktaturen, zu totalitären Systemen – auch das Dritte Reich begann als Utopie. *Besser* heißt nie *besser für jeden*,[216] keine Idee oder Maßnahme kann die Antwort auf alles sein. Um Zukunft zu gestalten, geht es also weniger darum, die Freundin davon zu überzeugen, weniger Auto zu fahren, oder den Nachbarn damit zu nerven, dass er den Müll trennen soll. Vielmehr hilft es, sich selbst bei jeder Entscheidung zu fragen, ob sie zur eigenen Haltung, zur eigenen Intention passt, und dann danach zu handeln. Darauf zu vertrauen, dass man so automatisch sein Netzwerk beeinflusst, auch wenn es nicht sofort oder auch gar nicht sichtbar wird.

Beispiele für unterschiedliche Formen von schrittweiser Veränderung gibt es zuhauf: Wo vor einem Jahrzehnt Vegetarier von vielen belächelt wurden, Nudeln mit Bratensoße oft das einzige fleischlose Gericht auf der Speisekarte vieler Wirtshäuser war und Veganismus fast den Ruf einer Sekte hatte, gibt es inzwischen Wurstproduzenten, die fleischlose Produkte ins Sortiment genommen haben und damit Rekordumsätze machen.[217] Während unsere beiden Jungs noch vor wenigen Jahren empört aufheulten, wenn ich es wagte, ihnen fleischfreie Burger unterzujubeln, bevorzugt der ältere heute sogar öfters mal Tofu. Viele, nicht nur junge Leute, essen mittlerweile weniger oder gar kein Fleisch mehr.

Diese gesellschaftliche Veränderung hat sich nicht etwa ergeben, weil sie von oben oktroyiert wurde, sondern weil sich nach und nach immer mehr einzelne Menschen entschieden haben, weniger, dafür bewusster Fleisch zu essen. Finde ich beispielsweise eine Zukunft wünschenswert, in der meine Kinder und Kindeskinder ein gutes Leben und genug zu essen haben (und wer tut das nicht?), dann sorge ich dafür, dass bestäubende Insekten bei mir auf dem Balkon Nahrung finden. Oder entscheide mich im Supermarkt eher für ökologisch nachhaltig angebautes Gemüse, weil durch die Monokulturen im konventionellen Landbau von der fruchtbaren Bodenschicht bald nichts mehr übrig sein könnte. Und das ist ziemlich schlecht, weil die unsere Lebensgrundlage bildet.[218]

Natürlich retten ein paar Blümchen auf dem Balkon und zwei Kilo Biokarotten nicht das menschliche Überleben auf diesem Planeten. Das ist nicht der Punkt. Es geht um die ansteckende Intention, um die *Haltung* hinter dem Ver*halten*, die sich langsam, still und leise auf mein Netzwerk überträgt. Es geht darum, zu verstehen, dass Sie, ich, jede und jeder Einzelne Einfluss hat.

Es geht darum, sich als Teil eines lebendigen und dynamischen Systems zu begreifen, das fraktal organisiert ist, und wo schon kleinste Abweichungen über die Zeit zu großen Veränderungen führen können und Muster sich wiederholen. Dann sieht es mit meiner und Ihrer Wirksamkeit und mit meinem und Ihrem Einfluss schon ganz anders aus, und Ungewissheit verliert ihre Bedrohlichkeit!

Krisenzeiten als Gestaltungsraum

So zynisch und abgedroschen das vielleicht klingen mag: Gerade in Krisenzeiten und in Momenten großer Ungewissheit und Verunsicherung ist das Potenzial, die Zukunft mitzugestalten, besonders groß. Wie wir schon gesehen haben, kann gerade an den Rändern des Chaos, an Übergängen und in den Zwischenräumen Neues entstehen.

Ziemlich am Anfang der Pandemie, als das Wort »Lockdown« gerade frisch in unseren Wortschatz eingezogen war (zusammen mit seinen WG-Genossen »Siebentageinzidenz« und »FFP2-Maske«),[219] war ich zum einen in Sorge, immerhin war zu dem Zeitpunkt noch gar nicht klar, wie gefährlich das Virus überhaupt war und wovon ich die nächsten Monate überhaupt leben sollte. Gleichzeitig war da aber eine Aufbruchsstimmung, eine ungeduldige Aufgeregtheit. Plötzlich tat sich ein Fenster auf für Veränderung. Es fühlte sich an, als hätten wir gemeinsam in einem immer schneller werdenden Zug gesessen, dessen Gleise zum Abgrund führten, und Corona hätte einfach mal die Notbremse gezogen. Und wie bei einer echten Vollbremsung fielen alle durcheinander, es gab Tote und Verletzte. Zugleich war plötzlich auch die Chance da, die Gleise neu zu verlegen. Mit diesem Gefühl schien ich nicht allein zu sein, ich las in der Zeit viele Artikel mit einem ähnlichen Tenor.[220] Große Ungewissheit birgt immer auch Gelegenheiten, unsere Welt neu zu gestalten. Einige haben inzwischen, über ein Jahr später, die Hoffnung aufgegeben, dass sich etwas ändert, aber es hat sich tatsächlich bereits einiges gewandelt, zum Guten wie zum Schlechten. Zum Guten insofern, dass wir erlebt haben, was angesichts einer großen Bedrohung an Veränderung plötzlich möglich ist, zum Schlechten, weil zahllose kleinere Unternehmen die wirtschaftlichen Folgen der Lockdowns nicht überstanden haben. Welche die weiteren Auswirkungen dieser vielen kleinen und großen Änderungen, die bereits geschehen sind, sein werden, und welche noch kommen werden, lässt sich heute noch gar nicht absehen. Falls unsere konkreten Hoffnungen und Erwartungen bislang nicht erfüllt wurden, heißt das nicht notwendigerweise, dass nicht trotzdem bereits einiges angestoßen wurde und im Verborgenen weiterwirkt. Vor allem aber geht es auch hier wieder um Haltung, Intention und Verhalten eines jeden Einzelnen. Statt auf die große Transformation im Außen zu warten, können wir uns überlegen, wonach wir uns ausrichten wollen und so zu der ersehnten Veränderung beitragen. Die folgenden fünf Fragen können helfen, sich darüber klar zu werden:[221]

1. Was will ich zurückhaben? (*Mit Freunden durch die Nacht tanzen.*)
2. Was brauche ich nicht mehr? (*Ständig für alle Engagements in der Gegend herumzufahren.*)
3. Was will ich behalten? (*Lange Telefonate und Spaziergänge mit lieben Menschen und mehr Zeit mit der Familie*)
4. Was kann wieder verschwinden? (*Die Masken*)
5. Was davon kann ich selbst beeinflussen und wie?

Vielleicht haben Sie Lust, das mal auszuprobieren. Dann nehmen Sie sich einfach Zettel und Stift und zwanzig Minuten Zeit, um diese Fragen zu beantworten. Vielleicht überraschen Sie sich sogar selbst mit der ein oder anderen Antwort! Diese Fragen können Sie sich natürlich nicht nur in Hinblick auf die Pandemie stellen, sondern in jeder Umbruchsituation, in der Sie mit Veränderungen konfrontiert sind.

Natürlich hat man gerade in einer solchen Umbruchsituation nicht alles in der Hand, aber manches eben doch. Ich persönlich kann mich bewusst entscheiden, in Zukunft mehr Zeit mit meiner Familie zu verbringen und öfter mit Freunden zu telefonieren. Ich kann darauf bestehen, Workshops und Vorträge (soweit sinnvoll und möglich) digital und nicht in Präsenz zu geben, sodass ich nicht so viel unterwegs sein muss. Ich kann mich immer wieder daran erinnern, wie stark der Zusammenhalt zwischen den Menschen zu Beginn der Pandemie gewesen ist und mich in Zukunft solidarischer und rücksichtsvoller verhalten. Ich kann aufhören, wichtige Dinge auf später zu verschieben, weil ich die Erfahrung gemacht habe, wie schnell alles anders sein kann.

Ich kann genauso wenig in die Zukunft schauen wie andere auch, aber einer Sache bin ich mir ziemlich sicher (»ziemlich«, weil z.b. ein Asteroid mit ungünstigem Kurs das schnell zunichtemachen könnte): Unsere Zukunft ist zwar ungewiss, aber sie ist offen und gestaltbar. Sie ist auch kein homogener, statischer Zeitraum, irgendwann in der weit entfernten – nun ja – Zukunft. Wenn Sie diesen Satz lesen, dann liegt der Satz davor schon in Ihrer Vergangenheit. Die Gegenwart ist eigentlich nur das Kniegelenk zwischen dem, was war, und dem, was wird. Je nachdem, wie dieses Gelenk ausgerichtet wird, hat das eine Auswirkung auf das, was kommt. Wenn wir den Kurs auf unserem Boot nur um wenige Grad ändern, fällt uns das zuerst kaum auf, längerfristig hat das aber merkliche Auswirkungen auf die Fahrtrichtung.

Aber wonach richten wir dieses Gelenk aus, worauf legen wir Kurs an? Woher wissen wir, wonach wir uns ausrichten *wollen*? Was ist unser Norden? Welche Geschichte(n) wollen wir erzählen?

Unsere Vorstellungskraft kann uns hier bei der Orientierung helfen, denn wenn wir nicht *wissen* können, wie es wird, dann können wir uns zumindest unterschiedliche Möglichkeiten *vorstellen* und überlegen, ob uns gefällt, was wir dabei sehen und fühlen. Wir können so verschiedene, mögliche Zukünfte »anprobieren«, so lange, bis wir auf eine stoßen, die wir persönlich für erstrebenswert halten. Die stellen wir uns dann ganz genau vor, wir visualisieren sie: Wie fühlt sie sich an? Wie sieht es da aus? Wie geht es mir da?

Als Nächstes überlegen wir, ausgehend von dieser wünschenswerten Zukunftsversion, was uns von ihr trennt, und wie wir sie erreichen. Wir entwerfen den Weg dorthin und fragen uns: Welche Schritte müssen wir unternehmen, um sie zu verwirklichen? Je kleiner die Schritte übrigens sind, die wir definieren, desto leichter wird es uns fallen, uns auf den Weg zu machen.

Das Ungewisse verliert seinen Schrecken, wenn wir anfangen, damit zu spielen und sie als Möglichkeitsraum zu sehen. Uns kreativ damit zu beschäftigen und unsere Vorstellungskraft einsetzen. Wenn alles passieren kann, kann nämlich alles passieren. Und das ist nicht nur schlecht, das ist sogar ziemlich gut! Unsere Imagination, Kreativität und Intention sind die wirksamsten Mittel gegen die Angst vor dem Ungewissen, und wir verfügen über alle drei. Wir sind nur vielleicht etwas aus der Übung. Statt in Situationen von Ungewissheit in Zynismus, Hoffnungslosigkeit und in ein Gefühl von Ohnmacht zu verfallen, weil sich die gewünschte Lösung als Einzelner nicht erreichen und schon gar nicht erzwingen lässt, und wir ja sowieso nicht sagen können, was passieren wird, kann es helfen darauf zu vertrauen, dass schon kleine Dinge ganz viel bewirken und anstoßen können. Dass wir jetzt anfangen können, das Später mitzugestalten, weil die Topografie unseres Lebens sich ohnehin ständig ändert. Es gibt keinen Stillstand. Oder um es mit den Worten des britischen Dichters William Wordsworth zu sagen: »To begin, begin«.[222]

Das Wichtigste in Kürze

Was Sie aus diesem Kapitel mitnehmen können:

- Unsere Zukunftsbilder sind Extrapolationen, Zukunft ist nicht Gegenwart 2.0.
- Unsere Vorstellungskraft kann uns dort helfen, worüber wir kein Wissen haben und haben können.
- Zukunft ist offen!
- Zukunft ist gestaltbar!
- Jede und jeder Einzelne hat Einfluss, sowohl auf das eigene als auch auf das kollektive Später.
- In Krisenzeiten gibt es viel Offenheit für Gestaltung und Veränderung, wenn wir uns diese zunutze machen.

Zum Schluss

Wir haben es geschafft! Wir sind zurück von unserem Törn durch unterschiedliche Reviere und (Themen-)Gebiete und machen am Steg fest. Ich hoffe, Sie sind nicht seekrank geworden.

Leben und Segeln haben für mich viel gemein. Vieles von dem, was ich in den letzten Jahren über mich und Ungewissheit gelernt habe, habe ich auf dem Boot gelernt. Einiges davon wollte ich Ihnen hier zeigen.

Vielleicht nehmen Sie das von unserem kleinen, sportlichen Segeltörn mit: Bevor wir lossegeln, sollten wir uns durchaus einen Eindruck von unserem Segelrevier machen: Wo sind die Untiefen? Wo verlaufen die Strömungen? Wie wird sich in den nächsten Tagen das Wetter entwickeln – braut sich da möglicherweise was zusammen? Wird man dem ausweichen können oder muss man sich darauf einstellen? Wir haben uns ein Bild gemacht von der Welt, in der wir leben. Diese Welt ist komplex und dynamisch, und in ihrer Lebendigkeit verändert sie sich ständig. Dinge, von denen wir heute selbstverständlich ausgehen, sind morgen schon Schnee von gestern. Wenn ich einigermaßen begreife, was um mich herum passiert, dann hilft mir das bei der Orientierung und Navigation im Ungewissen.

Sobald wir aber lossegeln, verlassen wir jeden festen Grund, der Boden unter uns beginnt zu schwanken. Diese Verunsicherung kann sich körperlich bemerkbar machen, wir werden möglicherweise seekrank.

Neue Umstände und Veränderungen führen zu Verunsicherung. Wir reagieren mit körperlichem Widerstand, mit Gefühlen wie Angst und Ärger sowie negativen Bewertungen. Wenn wir verstehen, dass wir uns dabei mitten in einem Anpassungsprozess befinden, wenn wir nicht alles glauben, was wir fühlen, und uns die Zeit für diese Anpassung geben, statt uns zu überfordern, dann lassen Widerstand und Unwohlsein nach. Auch auf dem Boot vergeht sie meistens früher oder später, die Seekrankheit.

Besonders bei Fahrten bei Nacht und Nebel sind wir auf dem Boot angewiesen auf kleinste Signale, die wir richtig interpretieren müssen. Es gibt keine Leitplanken und keine Beleuchtung auf dem offenen Meer, allein unsere eigene Aufmerksamkeit lässt uns unseren Weg finden. Geräusche im Nebel oder ein schwacher Lichtschimmer am nächtlichen Horizont – solche Signale interpretiert unser Gehirn entsprechend unseren Erfahrungen. Dabei können wir aber auch danebenliegen und einen aufgehenden Planeten mit einem herannahenden Frachter verwechseln. Oder eine Heulboje mit einem Nebelhorn.

Genauso setzen wir im Leben Informationen, die wir aus der Umwelt aufnehmen, zu Geschichten und Narrativen zusammen, bauen sie in unser Weltbild ein und täuschen uns dabei öfters gewaltig. Was wir sicher zu wissen meinen, entspricht nicht der Realität, nur unserem Bild von ihr. Ein Bewusstsein darüber kann uns helfen, eine etwas demütigere Haltung zu entwickeln und nicht alle Konstrukte unseres Gehirns für bare Münze zu nehmen.

Und genau wie wir uns irren, passieren uns Fehler, das lässt sich auf dem Boot und im Leben nicht verhindern. Man verbrennt sich die Handinnenflächen, weil man vergessen hat, die Handschuhe anzuziehen, und einem ein Seil durch die Hände rutscht. Tatsächlich kann man sich noch so perfekt vorbereiten, man wird immer etwas übersehen. Zum Beispiel müsste man besonders vor einer größeren Überfahrt eigentlich jede einzelne Verbindung, Schraube,

Aufhängung auf dem gesamten Boot prüfen. Die ständige Bootsbewegung führt nämlich immer wieder dazu, dass sich etwas lockert oder sogar löst. Das alles zu prüfen würde allerdings so lange dauern, dass, wenn man hinten fertig wäre, sich vorne schon wieder etwas gelockert hätte.

Fehler passieren. Wir können uns allerdings entscheiden, wie wir mit ihnen umgehen. Mit unseren eigenen wie mit den Fehlern der anderen. Aus beidem können wir lernen, aber nur, wenn wir es als normal akzeptieren, dass Fehler geschehen. Wenn wir uns weder selbst noch einander beschämen. Denn sonst werden Fehler verschwiegen, und vertuschte Fehler sind die schlimmsten, weil dadurch kein anderer lernen kann und so nicht verhindert wird, dass derselbe Fehler noch einmal passiert.

Segelunternehmungen werden oft als riskanter, gefährlicher und abenteuerlicher wahrgenommen, als sie es in den meisten Fällen sind. Unsere Risikowahrnehmung wird stark von außen beeinflusst, nicht nur durch die Medien, sondern auch durch die eigenen Urängste, besonders aber durch die Sichtweise unserer jeweiligen sozialen Gruppe. Eine Ozeanüberquerung mag zunächst sehr riskant wirken, bis man sich Stück für Stück an sie herangetastet hat. Auch im Alltag kann man den Umgang mit Risiken üben, indem man regelmäßig kleine Risiken eingeht, zugleich versteht, wovor man sich eigentlich fürchtet, und immer wieder überprüft, ob diese Angst begründet ist. Zum Umgang mit Risiken gehört auch, sich auf Unvorhergesehenes vorzubereiten. Bei einer Ozeanüberquerung auf dem Boot bedeutet das, genug Wasser, Proviant, Diesel, Werkzeuge und Ersatzteile dabei zu haben, aber auch, wendig zu bleiben. Im Leben muss man immer mit dem Unerwarteten rechnen. Um hier gut aufgestellt zu sein, braucht es einerseits Back-ups wie ein finanzielles Polster, nützliche Fähigkeiten und ein tragendes Beziehungsnetz, andererseits kann man durch eine regelmäßige Inventur des eigenen Lebens dafür sorgen, dass man wendig und flexibel genug ist, um sich schnell an neue Umstände anpassen zu können. Ein gewisser Minimalismus gehört neben den Backups also auch dazu.

Besonders das tragende Beziehungsnetz spielt für den Umgang mit Ungewissheit eine zentrale Rolle. Auf dem Boot ist da die Crew, auf die man sich komplett verlässt. Zwar übernimmt jede und jeder dabei für sich selbst Verantwortung, macht aber zugleich das Leben der anderen so sicher wie möglich. Im Hafen hilft man anderen Booten ganz selbstverständlich beim Anlegen. Das alles gehört zur sogenannten »guten Seemannschaft«.[223] Auch an Land gehört ein tragendes Beziehungsnetz zu den besten Absicherungen. Alles Leben basiert auf Beziehungen, und wir können bewusst die Qualität unserer Beziehungen und unseres Beziehungsnetzes beeinflussen. Wir können entscheiden, welche Impulse wir ins Netz »einspeisen« oder weitergeben. Entscheidend ist dabei auch, wie wir kommunizieren, ob das zu mehr Vertrauen führt oder ob wir durch unsere Äußerungen das Gegenüber verletzen.

Wir sind in unserer Kultur gewohnt, den schnellsten Weg von A nach B zu nehmen. Schnelle Lösungen sind gefragt. Wenn wir etwas bestellen, soll es idealerweise gleich geliefert werden, alle Unklarheiten werden durch das Internet umgehend beseitigt.

Ein Segelboot bietet keine schnelle Möglichkeit, von einem Ort zum anderen zu kommen. Durch die Tage und Wochen auf offenem Wasser wird einem bewusst, wie groß und weit dieses Dazwischen eigentlich ist. Plötzlich ist nicht mehr der Ozean der Rand des Landes, sondern das Land ist der Rand des Ozeans. Und der Ozean ist weit und tief und noch so unerforscht – so wie der Zwischenraum zwischen Gewissheiten. Es gibt Tage, an denen ist die Ungeduld unerträglich, und man will endlich ankommen. Dann gibt es die Tage, an denen man stundenlang vorne am Bug sitzt, dem Boot dabei zusieht, wie es durchs Wasser gleitet, und die eigenen Gedanken beim Kommen und Gehen beobachtet. Manchmal taucht dabei eine spannende Idee auf, manchmal auch nicht. Es spielt keine Rolle, ob man den Zwischenraum genießt oder nicht mehr aushält – das Ankommen passiert deshalb nicht schneller.

Im Alltag dagegen ist kaum Platz für Zwischenräume, stattdessen nehmen wir ständig Abkürzungen. Wir halten so lange am Alten fest, bis das Neue am Horizont zu sehen und eine neue Gewissheit da ist. Dabei übersehen wir schnell, dass es okay ist, auf eine Frage nicht auf Anhieb eine Antwort, für ein Problem erst mal keine Lösung zu haben. Es ist okay, festzustellen, dass etwas nicht mehr passt, ohne aber schon zu wissen, was dieses Neue ist. Es ist in Ordnung, etwas weder gut noch schlecht zu finden und auch mal keine Meinung zu haben, keine Position zu beziehen. Das muss nicht bedeuten, dass man gleichgültig ist, sondern dass man lieber noch etwas länger Zeit mit der Frage verbringt oder das Problem bewundert. Genauso gehören Widersprüche und Widersprüchlichkeiten dazu.

Auch wenn es sich unangenehm anfühlt, auf offenem Meer zu segeln, ohne Küste in Sicht – das Neue wird sich zeigen, früher oder später. Und das ist dann vielleicht etwas ganz anderes, als wir erwartet haben, vielleicht ein neues Land mit neuen Möglichkeiten.

Alles ist in ständiger Bewegung, Übergänge sind der Normalzustand, es sind nur wir, die an der Illusion eines Status quo festhalten. Seekarten sind mit Vorsicht zu genießen, denn die Topografie ändert sich ständig. Untiefen entstehen, Sandbänke wandern, Küstenlinien verändern sich oder man trifft plötzlich auf ein noch nicht kartiertes Wrack.

Nicht nur auf dem Boot heißt das, von ständiger Veränderung auszugehen, aufmerksam zu sein und bereit, zu reagieren. Es lohnt sich nicht, alles daran zu setzen, den Status quo aufrechtzuerhalten beziehungsweise alles zu optimieren, da sich die Umstände ständig ändern. Es geht vielmehr darum, diese Veränderungen wahrzunehmen und sich ihnen anzupassen. Man kann sich das, was kommen mag, vorstellen und anhand dessen in eine wünschenswerte Zukunft hineinleben. Wir können zwar nicht wissen, wie es werden wird, aber wir können uns vorstellen, was wir wünschenswert finden und unser Verhalten danach ausrichten. Schon allein damit gestalten wir mit, denn in einem lebendigen, dynamischen und komplexen System, wie es das Leben ist, können bereits kleine Abweichungen eine große Auswirkung auf das große Ganze haben. Kleine Handlungen Einzelner können einiges anstoßen.

Ein Wunschziel kann uns motivieren. Aber nicht nur auf einem den Naturgewalten ausgesetzten Segelboot gibt es keine Garantie, dass dieses Wunschziel auch erreicht werden kann. Oft bleibt nichts anderes übrig, als den Kurs zu ändern und offen für ein neues Ziel zu sein. Die Polynesier haben genau das schon vor langer Zeit vorgemacht: Sie mussten sich auf ihrer Fahrt ins Ungewisse ständig den aktuellen Umständen anpassen. Dazu beobachteten sie ganz genau die Gegebenheiten, im Vertrauen darauf, dass sie irgendwo ankommen würden.

Ungewissheit gehört zum Leben dazu

Wir meinen, dass wenn wir nur alles gut genug planen, organisieren und versichern, nichts schiefgehen kann. Meistens kommt es aber anders als erwartet. Das Leben geht trotzdem weiter. Aber wir hätten gerne die Garantie, dass so etwas nicht passiert, denn diese Unberechenbarkeit ist nicht leicht auszuhalten.

Gewissheit aber ist eine Illusion. Falsche Gewissheiten sind sogar gefährlich, denn der blinde Glaube an Prognosen wiegt uns in falscher Sicherheit. Wir sind dann nicht offen für anderweitige Signale und merken erst, dass sich etwas ändert, wenn es schon längst zu spät ist. Dann werden wir überrascht von Finanzkrisen und Pandemien, von zerbrochenen Beziehungen und Familiendramen. Gewissheit ist aber nicht nur eine Illusion, sie ist auch nichts, was wir uns tatsächlich wünschen sollten! Ungewissheit mag uns einiges abverlangen, aber Gewissheit würde unser Leben stinklangweilig machen. Wie würde denn Ihr Leben aussehen, wenn Sie immer genau wüssten, was passieren wird?

Ungewissheit lässt sich nicht beherrschen, nicht managen und schon gar nicht aus unserem Leben verbannen. Und das ist auch gut so. Denn im Unberechenbaren liegt Gestaltungsraum. Hier entstehen Möglichkeiten. Hier erleben wir Überraschungen. Hier kommt es zu Begegnungen.

Dieses Buch ist deshalb kein Versuch, eine vermeintliche Gewissheit durch eine neue zu ersetzen: Verstehen Sie es bitte nicht als Gebrauchsanweisung oder als Beipackzettel für Ungewissheit. Ich wollte hier keine letztgültigen Antworten geben, denn die habe ich nicht. Falls es sich an manchen Stellen doch so angefühlt haben sollte, dann sind wohl die Ponys mit mir durchgegangen. Niemand kann wirklich über Ungewissheit Bescheid wissen, das wäre ein Paradox. Ich habe dazu vor allem ein *Gefühl*, eine *Ahnung*, eine *Anziehung*. Auf diesen Seiten habe ich versucht in Worte zu fassen, auf was sich das stützt. Je länger ich mich allerdings mit Ungewissheit beschäftige, umso stärker wird mein Eindruck, dass sich mir die Dinge entziehen, wenn ich sie genauer fassen will. Was ich hier beschrieben habe, repräsentiert deshalb nur den kleinen Teil, der mir dabei nicht wegflutscht.

Auch ist das Buch nur ein *Zwischen*stand meiner Beschäftigung mit den Zwischenräumen zwischen unseren vermeintlichen Gewissheiten und ganz *gewiss* nicht der Weisheit letzter Schluss. Wahrscheinlich sehe ich einige Dinge in ein paar Monaten schon anders. Nageln Sie mich also nicht fest auf das, was Sie hier gelesen haben. Der Kopf ist schließlich rund, damit das Denken die Richtung ändern kann, wie schon meine Grundschullehrerin immer sagte.

Ich hoffe, dass dieses Buch sie anregt, sich ihren eigenen Reim auf die Ungewissheit zu machen und sich Fragen zu Ihren eigenen Gewissheiten zu stellen. Es ist eine Einladung, etwas länger im Zwischenraum zu bleiben, Ungewissheit anders zu sehen, durch ein anderes Fenster darauf zu blicken. Aufs Meer hinauszusegeln, die vertraute Küste aus den Augen zu verlieren und sich in unbekannte Gewässer zu wagen. Im Vertrauen darauf, auch ohne Karten und ohne festen Boden ein zu Ziel finden.

Dank

An meinen Partner und Käpt'n von unserem Boot *Ponyo*, sowie an unsere wunderbaren beiden Jungs, ohne die dieses Segelabenteuer nicht stattgefunden hätte und die mir besonders in den letzten Wochen den Rücken fürs Schreiben freigehalten haben.

An meine Eltern und meine Schwester, die immer hinter mir gestanden haben, auch wenn sie manches Mal nicht wussten, wohin das alles führt.

Auf diesem Buch mag mein Name stehen, aber die Gedanken darin sind inspiriert von Büchern, Vorträgen und besonders vom Austausch mit vielen verschiedenen Menschen. Mein Dank gilt dabei unter anderem, aber sicher nicht ausschließlich, Richard Schwill, Nicola Knoch, Johann Botha, Kerstin Gollner, Linda Portmann, Natalie Knapp, Jochen Schwarzmann, Stefan Bergheim und viele mehr, die durch unseren Austausch zu vielen der hier im Buch wiedergegebenen Gedanken maßgeblich beigetragen haben.

Last but definitely not least: an meine Lektorin Claudia Bitz, die meine Worte und Gedanken in eine verständliche Form gebracht und mir von Anfang bis Ende mit Geduld und Expertise zur Seite gestanden hat.

Weiterführende Literatur

Falls Sie zum faszinierenden Thema Ungewissheit weiteres Material suchen, kann ich die folgenden Medien empfehlen. Die Liste hat aber weder Anspruch auf Vollständigkeit noch Verbindlichkeit, sondern entspricht meinem eigenen Geschmack und derzeitigen Wissensstand.

Sachbücher

Bridle, James: *The New Dark Age. Technology and the End of the Future*, London/New York 2018 (Über unsere verwirrende Welt)

Barad, Karen: *Meeting the Universe Halfway. Quantum Physics and the Entanglement of Matter and Meaning*, 2007 (Über unsere verschränkte Welt)

Bohm, David: *On Dialogue*, London 2013 (Darüber, wie Kommunikation gelingen kann)

Dunne, Anthony / Raby, Fiona: *Speculative Everything. Design, Fiction, and Social Dreaming*, Cambridge Mass. 2013 (Darüber, wie unsere Welt aussehen könnte)

Kahane, Adam: *Collaborating with the Enemy. How to work with People you don't agree with or like or trust*, Oakland 2017 (Darüber, wie Kooperation gelingen kann)

Kimmerer, Robin Wall: *Geflochtenes Süßgras. Die Weisheit der Pflanzen*, Berlin 2021 (Besonders empfehlen kann ich das Hörbuch *Braiding Sweetgras. Indigenous Wisdom, Scientific Knowledge and the Teachings of*

Plants, im Original von der Autorin selbst gelesen: darüber, wie alles Lebendige miteinander in Verbindung steht)

Knapp, Natalie: *Kompass neues Denken: Wie wir uns in einer unübersichtlichen Welt orientieren können*, Reinbek 2013

O'Brien, Karen: *You matter more than you think. Quantum Social Change in Response to a World in Crisis*, im Druck, aber als pdf abrufbar unter https://www.youmattermorethanyouthink.com (Darüber, wie wir lernen können, anders zu denken)

McRaney, David: *You are not so smart. Why You Have Too Many Friends on Facebook, Why Your Memory Is Mostly Fiction, and 46 Other Ways You're Deluding Yourself*, New York 2012 (Darüber, wie wir uns ständig selbst täuschen)

Fiktion fürs Imaginations-Workout

Abbott, Edwin A.: *Flatland. Eine phantastische Geschichte über viele Dimensionen*, Nordhausen 2012

Adams, Douglas: *Per Anhalter durch die Galaxis*, Zürich 2017

Berg, Sybille: *GRM. Brainfuck*, Köln 2020

Butler, Octavia: *Parable of the Sower*, London 2019

Eagleman, David: *Sum – Forty Tales from the Afterlives*, Edinburgh 2009

Fforde, Jasper: *Der Fall Jane Eyre*, München 2011 (und die ganze Tuesday-Next-Reihe)

Forster, Edward Morgan: *The Machine Stops*, London 2011

Gaiman, Neil & Pratchett, Terry: *Good Omens. The nice and accurate Prophecies of Agnes Nutter, Witch*, New York 2006

Kling, Marc-Uwe: *Qualityland*, Berlin 2019 (auch extrem unterhaltsam als Hörbuch vom Autor selbst gelesen, eine kluge und witzige Dystopie)

LeGuin, Ursula K.: *Die linke Hand der Dunkelheit*, München 2014

Maak, Niklas: *Technophoria*, München 2020

Schätzing, Frank: *Der Schwarm*, Frankfurt 2005

The Dark Mountain Project und dessen vierteljährlich erscheinende Sammelbände mit Zukunftsgeschichten: https://dark-mountain.net

Serien, Filme, Dokumentationen

My Octopus Teacher (berührende Doku über die Begegnung zwischen einem Freitaucher und einem Oktopus)

Tomorrow – Die Welt ist voller Lösungen (Hoffnung machende Doku von und mit der Schauspielerin Mélanie Laurent)

An Ecology of the Mind – A daughter's portrait of Gregory Bateson (von seiner Tochter Nora Bateson)

The Handmaid's Tale (dystopische Serie, basierend auf dem Buch von Margaret Atwood)

Aniara (hervorragender schwedischer Science-Fiction Film)

Years and Years (eher dystopische Serie über die nähere Zukunft Großbritanniens, erzählt an der Geschichte einer Familie)

Black Mirror (Die transtopische Serie beleuchtet in ihren abgeschlossenen Folgen mögliche Technikfolgen)

War Games (Science Fiction Klassiker aus den 1980-Jahren mit einem ganz jungen Matthew Broderick)

Interstellar (ein bildgewaltiger Science-Fiction Film)

Links

Für Inspiration die Gestaltung vom Später-als-Jetzt betreffend: https://www.thealternative.org.uk

Für die Vorstellung, was in den Tiefen der Ozeane vor sich geht: https://neal.fun/deep-sea/

Lesenswertes Online Magazin: https://emergencemagazine.org

Anmerkungen

1   Nach den englischen Begriffen auch VUCA-Welt genannt. Vgl. https://
    de.wikipedia.org/wiki/VUCA

2   »Das Schiff ist die Heterotopie par excellence. Zivilisationen, die keine
    Schiffe besitzen, sind wie Kinder, deren Eltern kein Ehebett haben, auf dem
    sie spielen können. Dann versiegen ihre Träume. An die Stelle des Aben-
    teuers tritt dort die Bespitzelung und an die Stelle der glanzvollen Freu-
    beuter die häßliche Polizei.« In Michel Foucault: *Die Heterotopien. Der uto-
    pische Körper*, Frankfurt am Main 2013, S. 22

3   Einhandsegler sind Segler, die alleine unterwegs sind. Die meisten von ih-
    nen verfügen tatsächlich über zwei Hände, aber der Begriff stammt aus
    dem Englischen, wo »Hand« gleichbedeutend ist mit »Crewmitglied«.

4   Vgl. Geoffrey Wolff: *Joshua Slocum – Nur Reisen ist Leben*, München 2013

5   Vgl. Lin & Larry Pardey: *Seraffyn's Oriental Adventure*, Middleton, CA 2010

6   Auch wenn wir durch ein Buch und nicht durch einen Videokanal inspi-
    riert wurden, wäre ich von alleine sicher nicht auf die Idee gekommen, un-
    ser gesamtes Erspartes in ein Boot zu stecken und mit unserer Familie in
    See zu stechen. Zu den bekanntesten und beliebtesten Videokanälen ge-
    hören *SV Delos* und *Sailing La Vagabonde*, mit Letzteren segelte Greta Thun-
    berg von New York zurück nach Europa. Mein persönlicher Lieblingskanal
    ist eher unbekannt: *Hundred Rabbits*. Wir selbst hatten auch einen Kanal ge-
    startet, nur um nach einer Weile festzustellen, dass keiner von uns großen
    Spaß daran hatte. Ständig die Kamera bereitzuhalten, das viele Material zu
    organisieren und es dann auch noch zu schneiden, war dann doch nichts
    für uns. Anschauen kann man unsere Gehversuche aber unter www.bo-
    atnotes.de

7   Die Anmeldung für die beliebte ARC schließt deshalb jährlich früher, für die
    Rally 2021 waren bereits im Dezember 2020 alle Plätze vergeben: https://www.
    worldcruising.com/arc/newsarticle.aspx?page=S637484846595964195&
    ArchiveID=1&CategoryID=190&ItemID=268957&src=

8   Mehr Infos zu dieser Art, auf dem Wasser zu leben: https://www.yacht.de/
    tag/langfahrt

9   Der Tiefenbereich der dysphotischen Zone hängt allerdings von der Klar-

heit des Gewässers ab. In trüben Küstengewässern kann die dysphotische Zone schon ab einem Meter Tiefe beginnen.

10 Kragenhaie leben normalerweise in einer Tiefe von 500 bis 1.200 Metern und kommen nur selten nach oben. Es gibt außerdem Walarten, die bis zu 3.000 Meter tief tauchen können, um dort unten unter Zuhilfenahme von Sonar zu jagen, so zum Beispiel die Cuvier-Schnabelwale.

11 Die letzte Etappe von den Azoren nach Nordeuropa wird voraussichtlich im Sommer 2021 gesegelt.

12 Dies ist meine freie Umschreibung der Erkenntnis der britischen Schriftstellerin und Literaturkritikerin Margaret Drabble: »When nothing is sure, everything is possible.« In diess.: *The Middle Ground*, London 1980

13 Hochentwickelte Software bildet hier einen Sonderfall, sie kann sich eventuell wie ein selbstlernendes System verhalten und deshalb auch komplex sein.

14 Obwohl das »Kraken-Orakel« Paul bei der Fußballweltmeisterschaft 2010 tatsächlich einen guten Lauf hatte, scheinen auch Oktopoden damit seither nicht mehr erfolgreich gewesen zu sein.

15 Vgl. Mauri Valtonen u.a.: *The Three-body Problem from Pythagoras to Hawking*, Berlin/Heidelberg 2016

16 Vgl. Riva Greenberg, Boudewijn Bertsch (Hg.): *Cynefin – Weaving Sense-Making into the Fabric of our World*, Singapur 2020

17 Vgl. Natalie Knapp: »Kompass neues Denken«, Vortrag nachzuhören auf https://www.youtube.com/watch?v=BR7qgaQWyMQ

18 Vgl. Stuart Kauffman: *Der Öltropfen im Wasser. Chaos, Komplexität, Selbstorganisation in Natur und Gesellschaft*, München 1998

19 Vgl. Natalie Knapp: »Kompass neues Denken«, Vortrag nachzuhören auf https://www.youtube.com/watch?v=BR7qgaQWyMQ

20 Nachzulesen z. B. bei Stefan Zweig: *Magellan, Der Mann und seine Tat*, München 2013

21 Vgl. Natalie Knapp: »Kompass neues Denken«, Vortrag nachzuhören auf https://www.youtube.com/watch?v=BR7qgaQWyMQ

22 Vgl. Karen Gloy: »Die Welt als Maschine (Uhrenvergleich)«, in diess.: *Die Geschichte des wissenschaftlichen Denkens*, Köln 1995

23 Vgl. Yuval Noah Harari: *Eine kurze Geschichte der Menschheit*, München 2015

24 Vgl. Reinhard Wendt: *Vom Kolonialismus zur Globalisierung. Europa und die Welt seit 1500*, Stuttgart 2015

25 Martha Nussbaum: »Objectification« in: *Philosophy & Public Affairs* 1995 24 (4), S. 249–291

26 Vgl. Andreas Weber: *Indigenialität*. Berlin 2019, S. 30

27 Vgl. dazu folgendes Zitat von Jacob Mabé: »Kolonialismus heißt nicht nur das Vergangene, Kolonialismus heißt auch Postkolonialismus. Das ist das Denken von heute, das immer den Europäer prägt, *massiv* prägt. Er sieht nicht den

Afrikaner als einen Menschen, als seinen Nächsten.« In Rolf Cantzen: »Unheilvolle Kontinuitäten« in: *Deutschland Funk Kultur* 18.2.2017, abrufbar unter https://www.deutschlandfunkkultur.de/die-lange-nacht-ueber-deutschen-kolonialismus-unheilvolle.1024.de.html?dram:article_id=379258

28 Vgl. Aimé Cesaire: *Über den Kolonialismus*, Berlin 2017, S. 33

29 Vgl. Prof. Dr. Maja Göpel: *Unsere Welt neu denken. Eine Einladung*, München 2020

30 Vgl. Sven Titz: »Werben für das Anthropozän« in: *Neue Zürcher Zeitung* 30.08.2016 und ders.: »Ein gut gemeinter Mahnruf« in: *Neue Zürcher Zeitung* 04.11.2016

31 Vgl. Zygmunt Baumann: *Leben in der Flüchtigen Moderne*, Frankfurt am Main 2007

32 Vgl. Ulrich Beck: *The Metamorphosis of the World*, Cambridge 2016, S. 29

33 Vgl. Achim Peters: *Unsicherheit – das Gefühl unserer Zeit. Und was uns gegen Stress und gezielte Verunsicherung hilft.* München 2018, S. 122

34 Vgl. David Eagleman: *The Creative Brain*, Dokumentation (derzeit auf Netflix zu sehen), Min. 33

35 Laut Nicole Behringer kommt das Konzept ursprünglich aus der Erlebnispädagogik und sollte eher als Metapher gelesen werden (Nicole Behringer: »Erfolgreich verändern in der Stretchzone«, auf *wissensdialoge.org* 09.07.2013), es wird sehr häufig im Coaching verwendet. Allerdings konnte ich keine belastbaren Quellen dazu finden, wer das Modell ursprünglich »erfunden« hat.

36 Die Wachstumszone wird in der Pädagogik nach Lew Wygotski auch die Zone der proximalen Entwicklung genannt.

37 Vgl. Achim Peters: *Unsicherheit – das Gefühl unserer Zeit. Und was uns gegen Stress und gezielte Verunsicherung hilft*, München 2018, S. 109

38 Zitiert (in meiner Übersetzung) nach Susan David: *Emotional Agility. Get Unstuck, Embrace Change and Thrive in Work and Life*, New York 2017, S. 85; deutsch: *Emotionale Beweglichkeit. Für freie Entfaltung mit klarem Blick und offenem Geist*, Kandern 2020

39 Vgl. https://www.psychologie-aktuell.com/news/aktuelle-news-psychologie/news-lesen/die-macht-der-verdraengung.html

40 Vgl. Susan David: *Emotionale Beweglichkeit. Für freie Entfaltung mit klarem Blick und offenem Geist*, Kandern 2020

41 Vgl. Emma Elkjær / Mai B. Mikkelsen / Johannes Michalak et. al.: »*Expansive and* Contractive Postures and Movement. A Systematic Review and Meta-Analysis of the Effect of Motor Displays on Affective and Behavioral Responses«, in: *Perspectives on Psychological Science*, June 22, 2020

42 Wie bereits im Vorspann erwähnt, sollten Sie Achtsamkeit nur nach Absprache mit Ihrem Arzt oder Therapeuten praktizieren, wenn bei Ihnen eine psychische Vorbelastung vorliegt.

43 Zumindest wurde der Ausspruch bekannt, als der ehemalige israelische Staatspräsident und Feldenkrais-Schüler Ben Gurion mit diesem Satz als Motto der Feldenkrais-Methode zitiert wurde. Vgl. dazu Christian Buckard: *Moshé Feldenkrais. Der Mensch hinter der Methode*, Berlin 2015

44 Vgl. René Descartes: »Discours de la methode«, in ders.: *Philosophische Schriften in einem Band*, Hamburg 1996, Teil 4, Abschnitt 3, S. 55

45 Vgl. den Buchtitel von António Damásio: *Ich fühle, also bin ich. Die Entschlüsselung des Bewusstseins*, München 2002

46 Vgl. Lisa Feldman Barrett: *Seven and a Half Lessons of the Brain*, Boston/New York 2020

47 Wie bereits erwähnt, sollten Sie Achtsamkeit nur nach Absprache mit Ihrem Arzt oder Therapeuten praktizieren, wenn bei Ihnen eine psychische Vorbelastung vorliegt.

48 Das AIS, Automatic Identification System, zeigt Schiffe mit Sender an, die in der Nähe sind.

49 Vgl. Lisa Feldman Barrett: *Seven and a half Lessons of the Brain*, Boston/New York 2020

50 Vgl. Gerhard Roth / Nicole Strüber: *Wie das Gehirn die Seele macht*, Stuttgart 2019 und Bas Kast: »Ich fühle, also bin ich«, in: *ZEIT Wissen* 2/2006, S. 4, siehe dazu auch https://www.zeit.de/zeit-wissen/2006/02/Gefuehle_Titel/seite-4

51 Vgl. Lawrence E. Williams / John A. Bargh: »Experiencing Physical Warmth Promotes Interpersonal Warmth«, in: *Science* 24.10.2008, 322(5901): 606–607

52 Vgl. David McCraney: *You are not so smart. Why You Have Too Many Friends on Facebook, Why Your Memory Is Mostly Fiction, and 46 Other Ways You're Deluding Yourself*, New York 2012

53 Vgl. Alfred Korzybksi: *Science and Sanity. An Introduction to Non-Aristotelian Systems and General Semantics*, New York 1995, S. 747–761

54 Zum Weiterlesen: Es gibt auf Wikipedia eine tolle Liste der unterschiedlichen kognitiven Verzerrungen: https://de.wikipedia.org/wiki/Liste_kognitiver_Verzerrungen

55 Vgl. Paul Watzlawick: *Wie wirklich ist die Wirklichkeit? Wahn, Täuschung, Verstehen*, München 1976

56 Titel eines Online-Artikels von Jens Berger: »Willkommen in der Echokammer – Politische Debatten in Zeiten des Internet«, auf: *nachdenkseiten.de* 05.11.2015

57 Vgl. Bernhard Pörksen: *Die große Gereiztheit. Wege aus der kollektiven Erregung*, München 2018

58 Vgl. Jan Fleischhauer: »In der Echokammer«, in: *Spiegel Online* 23.11.2016

59 Ebenda

60 Internet-Sprech für Personen, die im Netz bewusst provozieren, entweder

zur persönlichen Unterhaltung, aus Rache oder um tatsächlichen Schaden zu verursachen – es gibt sogar professionelle Trolle (»Trollarmeen«).

61 Hier können Sie testen, ob Sie ein Synästhet sind: https://synesthesia.com/#/Task/0/0/gateway-synesthesia-test-synaesthesia-test-quick-version/1011

62 Vgl. Lars Fischer: »10 außergewöhnliche Sinne«, auf: *Spektrum.de* 04.06.2014

63 Am nächsten kommen dem heute schon sogenannte »Wearables«, die Gehörlösen ermöglichen, akustische Signale zu fühlen und sie so zu verstehen: https://futurezone.at/science/vibrierende-weste-laesst-gehoerlose-hoeren/196.748.390

64 Edwin A. Abbott: *Flatland. Eine phantastische Geschichte über viele Dimensionen*, Nordhausen 2012

65 Ludwig Wittgenstein: *Tractatus logico-philosophicus*, Frankfurt am Main 1984, Satz 5.6. Durch Studien mit Eyetracking ließ sich tatsächlich nachweisen, dass Menschen ausgehend von ihrer jeweiligen Grammatik ihre Umwelt anders wahrnehmen. Vgl. Monique Flecken / Christiane von Stutterheim / Mary Carroll: »Grammatical Aspect Influences Motion Event Perception. Findings from a Cross-linguistic Non-verbal Recognition Task«, in: *Language and Cognition 6*, 03/2014, S. 45–78

66 Sehr schön ist das beschrieben in Stephen W. Hawking: *Die Klassiker der Physik*, Hamburg 2004, S. 334

67 Vgl. Justin Kruger / David Dunning: »Unskilled and unaware of it. How difficulties in recognizing one's own incompetence lead to inflated self-assessments.« in: *Journal of Personality and Social Psychology 77*/ 6 1999, S. 1121–1134

68 David Eagleman: *Sum – 40 Tales from the Afterlife*, Edinburgh 2009

69 Vgl. Natalie Knapp: *Der Quantensprung des Denkens. Was wir von der modernen Physik lernen können*, Reinbek 2011, S. 28

70 Ebenda S. 29ff.

71 »Die Theorie liefert viel, aber dem Geheimnis des Alten bringt sie uns kaum näher. Jedenfalls bin ich überzeugt, daß *der* nicht würfelt.« In Albert Einstein / Hedwig u. Max Born: *Briefwechsel 1916–1955*, Reinbek 1972, S. 97f.

72 Natalie Knapp hat die Entwicklung der Entdeckungen im Kontext von Materie in ihrem Buch *Der Quantensprung des Denkens* wundervoll nachvollzogen und aufgezeigt, wie man sich ungewohnten Gedankenformen annähern kann.

73 Die Algorithmic Justice League (AJI) in den USA hat es sich zum Ziel gesetzt, auf diesen Missstand hinzuweisen und für weniger Diskriminierung im Kontext von KI zu kämpfen. 2020 erschien der Dokumentarfilm *Coded Bias*. Europaweit verfolgt Dataethics (dataethics.eu) und in Deutschland Algorithm Watch (algorithmwatch.org) ähnliche Ziele.

74 Vgl. Wikipedia Editors Study 2011, abrufbar unter https://upload.wikimedia.org/wikipedia/commons/7/76/Editor_Survey_Report_-_April_2011.pdf

75   Vgl. Sara Boboltz: »Editors Are Trying to Fix Wikipedia's Gender Racial Bias Problem«, in: *HuffPost* 6.12.2017

76   Vgl. Sven Milekic: »How Croatian Wikipedia Made a Concentration Camp Disappear«, in: *Balkan Insight* 26.3.2018

77   Vgl. Paul Watzlawick: *Vom Sinn des Unsinns und vom Unsinn des Sinns*, Wien 2005, S. 8of.

78   Nick Bostrom hat in seinem Aufsatz »Are we living in a Computer Simulation« ein Denkmodell entwickelt, nachdem es nicht unwahrscheinlich ist, dass wir in einer Computersimulation existieren. Ein berühmter Anhänger dieser Hypothese ist zum Beispiel Elon Musk. Vgl. Nick Bostrom: »Are we living in a Computer Simulation«, in: *Philosophical Quarterly* 2003, Vol. 53, No. 211, S. 243–255

79   Der Begriff bezieht sich darauf, dass Europäer lange glaubten, es gebe nur weiße Schwäne. Bis ihnen in Australien dann ein schwarzer Schwan begegnete – ein für sie sehr unwahrscheinliches Ereignis.

80   Vgl. Nassim Nicholas Taleb: *Antifragilität. Anleitung für eine Welt, die wir nicht verstehen*, München 2018.

81   Ein Schwarzer Schwan war beispielsweise die Finanzkrise 2008. Die Corona-Pandemie gilt nicht als Schwarzer Schwan, da eine Pandemie alles andere als unwahrscheinlich war und durchaus hätte einkalkuliert werden können.

82   Diese anthropomorphisierende Formulierung ist hier natürlich nur eine Erklärungskrücke, Natur kalkuliert nicht wirklich.

83   Charles Darwin übernahm den Begriff von Herbert Spencer und verwendete ihn erstmals in seinem Buch *On the origin of species by means of natural selection, or the preservation of favoured races in the struggle for life*, London 1859.

84   Vgl. Jan Füchtjohann: »Sokrates hätte ein Like kassiert«, in: *SZ.de* 15.03.2013

85   Vgl. Nassim Nicholas Taleb: *Antifragilität. Anleitung für eine Welt, die wir nicht verstehen*, München 2018

86   Vgl. Michael Faschingbauer: *Effectuation – Wie erfolgreiche Unternehmer denken, entscheiden und handeln*, Stuttgart 2010

87   Es gibt bereits Schulformen, die mit alternativen Methoden und Ansätzen in diese Richtung experimentieren. Montessori- und Waldorfschulen sind hierzulande wohl am weitesten verbreitet, aber es gibt darüber hinaus noch zahlreiche andere wie Jenaplan-, Sudbury-, Freinet-Schulen usw.

88   Zum Zeitpunkt der Drucklegung stand die Veröffentlichung der eigentlichen Studie von Michael Frese noch aus. Dazu nachlesen kann man unter anderem unter https://www.zeit.de/zeit-wissen/2013/04/kunst-scheitern-fehler-machen/seite-3

89   Vgl. Peter Heller: »Jede Innovation ist disruptiv. Warum aus Deutschland keine großen Erfindungen mehr kommen«, auf: *ÖkonomenBlog @INSM* 14.08.2018

90 Diulian 丢臉: diu – wegwerfen, verlieren; lian – Gesicht

91 Vgl. Ruth Benedict: *Chrysantheme und Schwert. Formen der japanischen Kultur*, Frankfurt am Main 2006

92 Vgl. Prem S. Fry / Dominique L. Debats: »Perfectionism and the five-factor personality traits as predictors of mortality in older adults« in: *J Health Psychol.* 2009 May; 14(4):513–24

93 Vgl. Achim Peters: *Unsicherheit – das Gefühl unserer Zeit. Und was uns gegen Stress und gezielte Verunsicherung hilft.* München 2018, S. 19

94 Vgl. Stuart Kauffman: *Der Öltropfen im Wasser. Chaos, Komplexität, Selbstorganisation in Natur und Gesellschaft*, München 1998

95 Vgl. Natalie Knapp: »Kompass neues Denken«, Vortrag nachzuhören auf https://www.youtube.com/watch?v=BR7qgaQWyMQ

96 Vgl. Luca Fontana: »Netflix vs. Blockbuster. Untergang eines Imperiums – wegen 40 Dollar«, auf: *Galaxus.de* 12.11.2019

97 »Disruption« oder »disruptive Innovation«: Der Begriff beschreibt einen Vorgang oder Prozess, bei dem herkömmliche Geschäftsmodelle oder Methoden, Produkte oder Dienstleistungen von neuen Ansätzen radikal infrage gestellt und letztlich verdrängt werden. Vor allem in der Digitalwirtschaft und insbesodere im Silicon Valley ist man seit dem Ende der 1990er-Jahre von der Entwicklung neuer disruptiver Technologien besessen.

98 Die Freiwache ist der Zeitraum, in dem man auf dem Boot keine Schicht hat.

99 Vgl. https://de.wikipedia.org/wiki/Geschichte_der_Logik#Die_aristotelische_Begriffslogik

100 Vgl. Erich Fromm: *Die Kunst des Liebens*, Ulm 1977, S. 84ff.

101 Allerdings ist es nicht so, dass es im kulturellen Westen nur binäre und im kulturellen Osten nur paradoxe Logik gegeben hätte. Auch in unserem Kulturkreis findet sich ein Denken des Sowohl-als-auch. Zum Beispiel wird dem Vorsokratiker Heraklit der Ausspruch »Panta rhei« zugeschrieben, das bedeutet, dass alles fließt, alles wandelt und verwandelt sich in sein Gegenteil. Von Heraklit stammt auch die berühmte Bemerkung, dass man in keinen Fluss zweimal steigen kann, weil es zum einen nicht mehr derselbe Fluss ist und zum anderen man selbst nicht mehr derselbe ist. Vgl. dazu: *Die Vorsokratiker. Die Fragmente und Quellenberichte*. Übersetzt und eingeleitet von Wilhelm Capelle, Stuttgart 1968, S. 132.

102 Vgl. z. B. Harry G. Frankfurt: »The Logic of Omnipotence«, in: *The Philosophical Review*, Vol. 73, No. 2 (1964), S. 262f.

103 Vgl. *Tao Te King*, Kapitel 11, von mir frei übersetzt nach Ursula K. Le Guins englischer Übersetzung Lao Tzu: *Tao Te Ching. A Book about the Way and the Power of the Way*, Boulder 1997

104 Vgl. Leonard Cohen: »Anthem« aus dem Album *Future*, Sony Music 1997

105 Das können Sie ausprobieren, indem Sie einfach mal eine Minute versu-

chen, an nichts zu denken. Außer Sie sind in Meditation geübt, werden Ihnen tausend Gedanken durch den Kopf schießen.

106 Vgl. Emeran Mayer: *Das zweite Gehirn. Wie der Darm unsere Stimmung, unsere Entscheidungen und unser Wohlbefinden beeinflusst*, München 2016

107 Vgl. Annie Murphy Paul: »How to Think Outside Your Brain«, in: *New York Times* 11.06.2021

108 Diesen wundervollen Begriff habe ich mir von Gert Scobel geliehen, aus seinem interessanten Video »Corona – was kommt danach? Philosophisch betrachtet«, abrufbar unter https://www.youtube.com/watch?v=5HUw-HzuoVco spricht er davon ab der 14. Minute

109 Vgl. Charlotte Kraffts Interview mit der fiktiven Autorin und Zukunftsforscherin Corinne Clark, in: *Das Wetter* März/April 2020 S. 44

110 Vgl. Hans-Peter-Dürr: *Warum es ums Ganze geht. Neues Denken für eine Welt im Umbruch*, München 2009, S. 85ff.

111 Ebenda, S. 111

112 Ebenda

113 Vgl. John Cage: *Lectures. Silence and Writings*, London 1961, S. 8

114 Andreas Weber im Interview mit Natalie Knapp, nachzulesen in Natalie Knapp: *Der unendliche Augenblick. Warum Zeiten der Unsicherheit so wertvoll sind*, Reinbek 2015, S. 35

115 Vgl. Stuart Kauffman: *Der Öltropfen im Wasser. Chaos, Komplexität und Selbstorganisation in Natur und Gesellschaft*, München 1995, S. 47

116 Durch den Kulturlieferdienst in München kommt trotz Lockdown Musik in die Straßen. Straßenmusik statt Veranstaltungsverbot: https://www.br.de/kultur/kulturlieferdienst-benjamin-david-100.html

117 Vgl. Herbert Grönemeyer: »Bleibt alles anders« auf dem gleichnamigen Album, Grönland Records 1998

118 Vgl. Hans-Peter-Dürr: *Warum es ums Ganze geht. Neues Denken für eine Welt im Umbruch*, München 2009, S. 105f.

119 Vgl. https://www.duden.de/sprachwissen/sprachratgeber/Die-Verteilung-der-Wortarten-im-Rechtschreibduden

120 Vgl. Robin Wall Kimmerer: *Braiding Sweetgrass – Indigenous Wisdom, Scientific Knowledge and the Teachings of Plants*, Minneapolis 2015

121 Vgl. Hans-Peter-Dürr: *Warum es ums Ganze geht. Neues Denken für eine Welt im Umbruch*, München 2009, S. 111f.

122 Diese Erkenntnis habe ich mir aus der zweiten Folge der Serie *American Gods* geborgt: »Why no highways?« – »Seen one, seen'em all. No chance for serendipitous lovely. Let there be beauty where there can be.«

123 Vgl. Stuart Kauffman: *Der Öltropfen im Wasser. Chaos, Komplexität, Selbstorganisation in Natur und Gesellschaft*, München 1998

124   Vgl. Pek van Andel: »Anatomy of the Unsought Finding. Serendipity: Ori-gin, History, Domains, Traditions, Appearances, Patterns and Programm-ability«, in: *The British Journal for the Philosophy of Science* Vol. 45, No. 2 (Jun., 1994), pp. 631–648

125   Vgl. S. A. Buchanan / S. Sauer / A. Quan-Haase / N. K. Agarwal / S. Erde-lez: »Amplifying Chance for Positive Action and Serendipity by Design«, in: *Proceedings of the 83rd Annual Meeting of the Association for Information Science & Technology*, Oct 23-28 2020, 57(1)

126   Matthias Eckoldt: *Kann sich das Bewusstsein bewusst sein?*, Heidelberg 2017

127   Vgl. David Epstein: *Es lebe der Generalist! Warum gerade sie in einer spezialisier-ten Welt erfolgreicher sind*, München 2020

128   Der Begriff Ästhetik bezeichnet dabei nur *die Lehre* von der sinnlichen Wahrnehmung.

129   Vgl. Lucius Burckhardt: *Landschaftstheoretische Aquarelle und Spaziergangs-wissenschaft*, hrsg. von Noah Regenass, Markus Ritter und Martin Schmitz, Berlin 2017

130   Vgl. John Bohannon and Black Label Movement: *Dance vs. PowerPoint, a mo-dest proposal.* TED-Talk, abrufbar unter https://ed.ted.com/lessons/dance-vs-powerpoint-a-modest-proposal-john-bohannon

131   Der aktuelle Link dazu: https://fb.me/e/3JqDhOlZ9

132   Keri Smith bezieht sich dabei auf Corita Kent / J. Steward: *Learning by Heart. Teachings to free the creative spirit*, New York 1992

133   Daniel Goleman: *Konzentriert euch! Eine Anleitung zum modernen Leben*, Piper München 2015, S. 61

134   Tatsächlich wurde dieses Zitat erstmals 1987 in einer obskuren Usenet Newsgroup Isaac Asimov zugeschrieben. Möglicherweise handelt es sich um eine Zusammenfassung unterschiedlicher Aussagen Asimovs. Auch hier gilt anscheinend eine gewisse Ungewissheit, auf jeden Fall ist es eine richtige Beobachtung.

135   Vgl. Patricia Marten DiBartolo / Leslie Gregg-Jolly / Deborah Gross / Ca-thryn A. Manduca / Ellen Iverson / David B. Cooke / Gregory K. Davis / Cameron Davidson / Paul E. Hertz / Lisa Hibbard / Shubha K. Ireland / Ca-therine Mader / Aditi Pai / Shirley Raps / Kathleen Siwicki / Jim E. Swartz / Pat Marsteller: »Monitoring Editor Principles and Practices Fostering Inclu-sive Excellence. Lessons from Howard Hughes Medical Institute's Capsto-ne Institutions«, in: *CBE Life Science Education* 09/2016 15(3)

136   Vgl. Michael Ende: *Momo*, Suttgart 1973

137   Vgl. *Tao Te King*, Kapitel 64, von mir frei übersetzt nach Ursula K. Le Guins englischer Übersetzung Lao Tzu: *Tao Te Ching. A Book about the Way and the Power of the Way*, Boulder 1997. Die korrekte Schreibweise nach der offizi-ellen Umschrift Pinyin ist eigentlich Laozi (»Alter Meister«), aber Laotse ist in deutschsprachigen Texten gängiger. Der Philosoph soll im 6. Jahrhun-

dert vor unserer Zeitrechnung gelebt haben, allerdings ist nicht gesichert, ob es ihn überhaupt gegeben hat.

138 Vgl. Peter Sandmeyer: »Ende einer Illusion«, in: *Mare* 129, 08/09/2018, S. 74

139 Der Begriff wurde in diesem Zusammenhang von Dr. med. Dipl. rer. pol. Gunther Schmidt, Gründer und Leiter der Systelios-Klinik und Leiter des Milton-Ericksons-Instituts, Heidelberg, geprägt. Vgl. dazu auch Günther Höhfeld: »Die Kunst des Polynesisch Segelns«, in: *manager magazin* 04/2020

140 Vgl. https://www.duden.de/rechtschreibung/Risiko

141 Vgl. Gerd Gigerenzer: *Risiko. Wie man die richtigen Entscheidungen trifft.* München 2013 S. 34

142 Vgl. Gerd Gigerenzer: »Warum fürchten wir, was uns nicht umbringt«, Erstausstrahlung ARD-alpha 01.08.2017

143 Interessanterweise schlägt sich das nicht im Global Peace Index nieder, wonach Taiwan 2021 auf Platz 34 hinter Großbritannien liegt. Das widerspricht aber sehr dem subjektiven Sicherheitsgefühl und mag an der politisch instabilen Lage Taiwans liegen. Vgl. https://www.visionofhumanity.org/maps/#/

144 Vgl. Monika Ziegler: »Wege ins Ungewisse«, auf: *kulturvision-aktuell.de* 25.02.2021

145 Vgl. Gerd Gigerenzer: »Warum fürchten wir, was uns nicht umbringt«, Erstausstrahlung ARD-alpha 01.08.2017

146 Knut Elstermann von MDR Kultur meint in seiner Rezension zu *Adrift*, es sei schon fast ein eigenes Filmgenre entstanden: »Menschen in Seenot, völlig auf sich gestellt im Kampf gegen die Urgewalten (…)« Vgl. https://www.mdr.de/kultur/empfehlungen/die-farbe-des-horizonts-filmkritik-elstermann-100.html

147 Vgl. Gerd Gigerenzer: »Warum fürchten wir, was uns nicht umbringt«, Erstausstrahlung ARD-alpha 01.08.2017

148 Vgl. Gerd Gigerenzer: *Risiko. Wie man die richtigen Entscheidungen trifft*, München 2013

149 Vgl. das Interview mit dem Statistiker Walter Krämer auf https://sciencev2.orf.at/stories/1764654/index.html

150 Narrative transportieren Werte und Emotionen. Sie wirken als sinnstiftende Erzählungen, die Einfluss darauf haben, wie wir unsere Umwelt wahrnehmen. Dabei geht es weniger um ihren tatsächlichen Wahrheitsgehalt, sondern darum, dass über sie ein gemeinsam geteiltes Bild entsteht. Vgl. dazu https://de.wikipedia.org/wiki/Narrativ_(Sozialwissenschaften)

151 Einige Wissenschaftler lehnen den Begriff der Verschwörungstheorie ab, weil Theorien für sie etwas Nobles sind und eine Wissenschaftlichkeit besitzen, die sie Verschwörungstheorien absprechen. Es gibt verschiedene alternative Vorschläge – Verschwörungsmythen, Verschwörungsideologien –, aber ich ignoriere hier die Begriffsdebatte weitestgehend und bevorzu-

ge, wenn überhaupt, den Begriff der Verschwörungsgeschichten, weil es in dem Kontext am besten passt. Vgl. dazu Michael Butter: *Nichts ist wie es scheint. Über Verschwörungstheorien*, Berlin 2018 S. 52

152 Vgl. das folgende Interview der Deutschen Welle mit Michael Butter durch Felix Schlagwein: »Verschwörungstheorien sind nicht neu«, auf: *dw.com* 19.05.2020

153 Vgl. Nick Bostrom: »Are You Living in a Computer Simulation?, in: *Philosophical Quarterly* (2003) Bd. 53, Nr. 211, S. 243–255. Der Simulationshypothese gingen auch die Forscher Alexandre Bibeau-Delisle und Gilles Brassard nach. Alexandre Bibeau-Delisle / Gilles Brassard: »Probability and consequences of living inside a computer simulation« in: *Proceedings of The Royal Society Publishing A*, 477:20200658 03/2021

154 Unter dem Begriff »Pizzagate« wurden 2016 Fake News verbreitet, wonach in einer Pizzeria in Washington ein Kinderpornoring agiere, in den auch Hillary Clinton verwickelt sei. Das Restaurant verfügte nicht einmal über einen Keller und es gab natürlich keine gefangen gehaltenen Kinder. Lesenswerter Artikel über die QAnon-Gruppe: https://www.theatlantic.com/magazine/ archive/2020/06/qanon-nothing-can-stop-what-is-coming/610567/

155 Nach Einschätzung der Verfassungsschützer passen die als extremistisch eingeschätzten Teile der Bewegung in keine der bisherigen Schubladen. Deshalb wurde ein neuer Phänomenbereich mit der Bezeichnung »Verfassungsschutz-relevante Delegitimierung des Staates« geschaffen. Vgl. https://www. tagesschau.de/inland/verfassungsschutz-querdenker-103.html

156 Vgl. Michael Butter: *Nichts ist wie es scheint. Über Verschwörungstheorien*, Berlin 2018, S. 37

157 Pascal Blaise: *Gedanken über die Religion und einige andere Gegenstände*, Berlin 1840, S. 244–252

158 Vgl. Harald Lesch: *Unberechenbar. Das Leben ist mehr als eine Gleichung*, Freiburg 2020, S. 69

159 Vgl. dazu z. B. Stephan Köhnlein: »›Lebbe geht weider‹ – ein Zitat und seine Geschichte«, in: *Gerauer Rundblick* 13.07.2021

160 Vgl. Harald Lesch: *Unberechenbar. Das Leben ist mehr als eine Gleichung*, Freiburg 2020, S. 69

161 Vgl. Hala Alyan: »Turn towards the dark. Fear, Courage and Surrender«, in: *Emergence magazine* 29.04.2021

162 Eine am Boden befestigte Kette. Anders als der eigene Anker, der vielleicht nicht gut hält oder rutschen kann, ist die Kette durch einen Betonklotz am Grund des Hafenbeckens fixiert.

163 Durch Wind hervorgerufene Wellen, die in eine Bucht oder ein Hafenbecken hineinlaufen.

164 Katamarane haben zwei Rümpfe und einen Motor in jedem Rumpf, was das Navigieren sehr erleichtert. Einrumpfboote haben oft mit dem soge-

nannten Radeffekt zu kämpfen, der das Boot in Richtung der Propellerdrehung zieht, egal, wohin man das Ruder legt.

165 Vgl. Sarah Wenzinger: »Social Prepper Manifest. Für einen neuen Umgang
mit Krisen. Interview mit Gerriet Schwen«, in: *Evolve Magazin* 29, 2021, S. 22f.
Das »Social Prepper Manifesto« kann man nachlesen unter www.socialprepper-manifesto.org.

166 Vgl. Natalie Knapp: »Kompass neues Denken«, Vortrag nachzuhören auf
https://www.youtube.com/watch?v=BR7qgaQWyMQ

167 Vgl. Syed S. Mahmood, MD / Prof. Daniel Levy, MD / Prof. Ramachandran S.
Vasan, MD / Prof. Thomas J. Wang, MD: »The Framingham Heart Study and the
epidemiology of cardiovascular disease: a historical perspective«, in: *The Lancet* 15. März 2014 und J. H. Fowler / N. A. Christakis: »Dynamic spread of happiness in a large social network: longitudinal analysis over 20 years in the Framingham Heart Study«, in: *The BMJ.* Band 337, 2008, S. a2338, doi:10.1136/bmj.
a2338

168 Vgl. Peter Wohlleben: *Das geheime Leben der Bäume. Was sie fühlen, wie sie kommunizieren – die Entdeckung einer verborgenen Welt*, München 2015

169 Vgl. Merlin Sheldrake: *Verwobenes Leben. Wie Pilze unsere Welt formen und unsere Zukunft beeinflussen*, Berlin 2020

170 Vgl. Danielle Dixcon /David Abrego / Mark Hay: »Chemically mediated behavior of recruiting corals and fishes: A tipping point that may limit reef
recovery«, in: *Science* (2014), Vol. 365, S. 892–897

171 Vgl. Stuart Kauffman: *Der Öltropfen im Wasser. Chaos, Komplexität, Selbstorganisation in Natur und Gesellschaft*, München 1998

172 Vgl. Gerald Hüther: *Die Macht der inneren Bilder: Wie Visionen das Gehirn, den
Menschen und die Welt verändern*, Göttingen 2014

173 Vgl. Thomas Bosch: *Der Mensch als Holobiont – Mikroben als Schlüssel zu einem neuen Verständnis von Leben und Gesundheit*, Kiel 2017

174 Vgl. Hartmut Rosa: *Resonanz. Eine Soziologie der Weltbeziehung*, Frankfurt am
Main 2019

175 Vgl. Sabine Kaufmann: »Spiegelneuronen«, auf: *planet-wissen.de* 28.08.2018

176 Die zu dieser Idee entstandene Stiftung *Random Acts of Kindness Foundation*
finden Sie unter https://www.randomactsofkindness.org

177 Vgl. Vera Birkenbihl: *Kommunikationstraining. Zwischenmenschliche Beziehungen erfolgreich gestalten*, München 2013

178 Wer sich hierüber noch genauer informieren will, findet alles Wichtige
unter www.hey.one

179 Vgl. Paul Watzlawick: *Anleitung zum Unglücklichsein*, München 1983, S. 37ff.

180 Vgl. Hans-Jürgen Hohm: *Soziale Systeme, Kommunikation, Mensch: Eine Einführung in soziologische Systemtheorie*, Weinheim 2006, S. 136f.

181 Sowohl die Beschäftigung mit Unterstellungen und Erwartungen als auch

die Übung basieren auf dem Vermeulen-Analyse-Modell (VAM) von Boudewijn Vermeulen.

182 Vgl. Paul Watzlawick / Janet H. Beavin / Don D. Jackson: *Menschliche Kommunikation. Formen, Störungen, Paradoxien.* 11 Auflage. Bern 2007, S. 53

183 Vgl. Friedemann Schulz von Thun: *Miteinander reden. Band 1: Störungen und Klärungen. Psychologie der zwischenmenschlichen Kommunikation,* Reinbek 1981

184 Vgl. Erin Meyer: *The Culture Map. Decoding How People Think, Lead, and Get Things Done Across Cultures,* New York 2016

185 Vgl. Friedemann Schulz-von-Thun: *Interkulturelle Kommunikation, Methoden, Modelle, Beispiele,* Reinbek 2006

186 Das Zitat wird zwar Maulana Dschelaladdin Rumi zugeschrieben, eine direkte Quellenangabe konnte ich aber nicht finden. Auch hier liegen die wahren Ursprünge offensichtlich im Ungewissen.

187 Vgl. Marshall B. Rosenberg: *Gewaltfreie Kommunikation.* Überarbeite und erweiterte Auflage, Paderborn 2013

188 Vgl. Heinz von Foerster: *Sicht und Einsicht. Versuche zu einer operativen Erkenntnistheorie,* Wiesbaden 1985, S. 49

189 Vgl. Hans-Peter Dürr: *Warum es ums Ganze geht. Neues Denken für eine Welt im Umbruch,* München 2009, S. 106

190 Vgl. Gary Lachman: *Lost Knowledge of the Imagination,* Edinburgh 2017

191 Vgl. Roman Krznaric: *The Good Ancestor. How to Think Long Term in a Short-Term World,* London 2020

192 Eine Beschreibung der Bilder von Jean-Marc Coté findet sich im Internet in dem Artikel »A 19th-Century Vision of the Year 2000«, in: *The Public Domain Review,* abrufbar unter https://publicdomainreview.org/collection/a-19th-century-vision-of-the-year-2000. Vgl. außerdem Isaac Asimov: *Futuredays. A Nineteenth Century Vision of the Year 2000,* New York 1986

193 Vgl. Stanley Kubrick: *2001: Odysee im Weltraum,* 1968. Dr. Heywood landet auf der Mondstation und ruft aus einer Telefonzelle seine Familie an.

194 Vgl. Bernard Avishai: »The Pandemic isn't a black swan but a portent of a more fragile global system«, in: *The New Yorker* 21.04.2020

195 Vgl. Anthony Dunne and Fiona Raby: *Speculative Everything. Design, Fiction, and Social Dreaming,* Cambridge Mass. 2013, S. 6

196 Vgl. Donna Haraway: *Staying with the Trouble. Making Kin in the Chthulucene.* New York 2016, dt. *Unruhig bleiben: Die Verwandtschaft der Arten im Chthulucän,* Frankfurt am Main 2018. In der deutschen Ausgabe ist die Formulierung leider nicht so konsequent übernommen worden.

197 Vgl. Riel Miller: »Is long-termism the worst kind of short-termism?«, Global Foresight Summit 2021, abrufbar unter https://www.youtube.com/watch?v=9vV2WSOXaEc

198 Vgl. Petra Kaminsky: »Aus Zukunft wird ›Zukünfte‹« in: *Die Welt* 10.09.2019

199 Vgl. Riel Miller: *Transforming the Future*. Anticipation in the 21st Century, London 2018. Zu *Futures Literacy* vgl. https://en.unesco.org/futuresliteracy/about

200 Bei der pandemiebedingten virtuellen Ausgabe der Konferenz im Dezember 2020 nahmen an die 10.000 Menschen aus der ganzen Welt teil, unter ihnen hochrangige Gäste wie die UNESCO Generaldirektorin oder der Beigeordnete Generalsekretär für strategische Koordination bei der UN etc.

201 Um zwei zu nennen: Die *Zukunftsbauer* sind eine Bildungsinitiative, die *Futures Literacy* an Schulen bringen, und *Zukünfte* haben zu dem Thema ein spannendes Weiterbildungsangebot. Siehe dazu auch https://www.diezukunftsbauer.com/ und https://www.zukuenfte.net

202 Das preisgekrönte Spiel *The Thing from the Future*, bei dem die Spieler und Spielerinnen ausgedachte Objekte aus verschiedenen hypothetischen Zukünften beschreiben, ist nur ein Beispiel dafür. Das Spiel ist unterhaltsam, regt aber auch zum Nachdenken an. Siehe http://situationlab.org/project/the-thing-from-the-future/. Eine ausführliche Darstellung dieser Methoden würde an dieser Stelle zu weit führen, aber wen das interessiert, dem lege ich Stefan Bergheims *Zukünfte – Offen für Vielfalt* ans Herz. Eine bessere Übersicht über die verschiedenen Methoden der Zukunftebildung ist mir derzeit nicht bekannt. Vgl. Stefan Bergheim: *Zukünfte – Offen für Vielfalt*, Selbstverlag 2020

203 Zu spekulativer Fiktion gehören alle Genres, die sich mit unterschiedlichen Versionen von Zukunft, Vergangenheit und Gegenwart beschäftigen. Magischer Realismus, Science-Fiction und »Virtual History« zählen dazu, und zu den Autor*innen gehören beispielsweise Octavia Butler, Ursula K. LeGuin, Margaret Atwood, Philip K. Dick.

204 Vgl. Yuval Noah Harari: *Eine kurze Geschichte der Menschheit*, München 2015

205 Auch ein Bewertungssystem mit Parallelen zur beschriebenen *Black-Mirror*-Folge findet sich schon in Chinas Social Credit System.

206 Die hoffnungsvolle Schwester von Cyber Punk nennt sich Solar Punk und ist die Vision einer Zukunft, in der Nachhaltigkeit und Kooperation zentrale Motive sind. Solar Punk wird seit einigen Jahren immer populärer, in Hollywood angekommen ist es allerdings noch kaum, meines Wissens nur in dem Blockbuster *Black Panther*. In dem darin porträtierten Land Wakanda fügen sich modernste Technologie und Transportmittel organisch ins bunte Stadtbild aus afrikanischer Architektur.

207 Anab Jains TED-Vortrag gibt einen tollen Überblick über die Arbeit von Superflux. Vgl. Anab Jain: *Why we need to imagine different futures*, TED-Talk 2017, abrufbar unter https://www.ted.com/talks/anab_jain_why_we_need_to_imagine_different_futures/transcript

208 Vgl. Besucherreaktionen und Medienspiegel auf https://superflux.in/index.php/work/mitigation-of-shock-singapore/#

209 Vgl. Christinane Peitz: »Angst kann große Energien freisetzen« in: *Der Ta-gesspiegel* 18.06.2019

210 Deutscher Pavillon der 17. Architekturbiennale in Venedig, abrufbar unter https://2038.xyz

211 Vgl. Roman Krznaric: *The Good Ancestor. How to Think Long Term in a Short-Term World*, London 2020, S. 86ff.

212 Vgl. Tatsuyoshi Saijo: »Future Design. Bequeathing Sustainable Natural Environments and Sustainable Societies to Future Generations«, in: *Sus-tainability* 2020, 12

213 Beispiele hierfür sind die Mandelbrotmenge und das Sierpinskidreieck, die selbstähnliche Muster erzeugen.

214 Karen O'Brien: *You matter more than you think. Quantum Social Change in Res-ponse to a World in Crisis* (Im Druck, aber als pdf abrufbar unter https://www.youmattermorethanyouthink.com)

215 Vgl. Nicholas Christakis: *Connected – The surprising power of our social networks and how they shape our lives. How Your Friends' Friends' Friends Affect Everything You Feel, Think, and Do*, New York 2011

216 Angelehnt an ein Zitat aus Margaret Atwoods *Report der Magd*, in der eine fundamentalistisch-christliche Gruppierung aus den USA den totalitären Staat Gilead erschafft: »Besser bedeutet nie besser für alle. Es bedeutet immer schlechter für manche.« Vgl. Margaret Atwood: *Report der Magd*, München 1987, S. 284

217 Das Unternehmen Rügenwalder Mühle stellt schon seit 2014 fleischlo-se Wurst her und machte 2020 damit mehr Umsatz als mit dem fleisch-haltigen Sortiment: https://www.handelsblatt.com/unternehmen/handel-konsumgueter/ceo-michael-haehnel-ruegenwalder-muehle-veggie-fleisch-ueberholt-erstmals-klassische-wurst/26128214.html?ticket=ST-4037469-Lma3rUetcyCD7uDKpq2V-ap4.

218 Interessante und Hoffnung machende Doku zum Thema Boden von Jos-hua Tickell & Rebecca Harrell Tickell: *Kiss the Ground*, Netflix 2020

219 Eine Gruppe Mannheimer Sprachwissenschaftler hat tausend zum Teil neue Wörter zusammengetragen, die 2020 Einzug in unseren Wortschatz gehalten haben: https://www.owid.de/docs/neo/listen/corona.jsp

220 Vgl. beispielsweise Arundhati Roy: »The pandemic is a portal«, in: *The Fi-nancial Times* 3.4.2020

221 Inspiriert durch Bruno Latour: *What protective measures can you think of so we don't get back to the pre-crisis production model?* Abrufbar unter http://www.bruno-latour.fr/sites/default/files/downloads/P-202-AOC-ENGLISH_1.pdf

222 William Wordsworth: *The Collected Poems*, London 1994

223 Vgl. *Seemannschaft. Handbuch für den Yachtsport*, Bielefeld 2013

Die Kunst des Fragenstellens

Elke Wiss

SOKRATES IN SNEAKERN

Von der Kunst, gute
Gespräche zu führen

Kösel

In einer Zeit, in der Meinungen schnell zu Tatsachen
erhoben werden, ist echter Austausch oft schwer.
Mithilfe der alten Philosophen können wir unsere
Kommunikationsfähigkeit weiterentwickeln, Offen-
heit leben und Gespräche führen, die echte
Verbindung schaffen.